Esoterik

Herausgegeben von Gerhard Riemann

Es existieren viele Möglichkeiten, kranken Menschen zu helfen. Angefangen bei schulmedizinischen Methoden über Kräuterheilkunde, Akupunktur, Homöopathie, Psychotherapie, um nur einige zu nennen. Aus dem ebenso breiten wie vielfältigen Angebot medizinischer Techniken ragt aber Heilen heraus. Unter Heilen im Sinne dieses Buches versteht man die direkte Beeinflussung von Körperenergien im Patienten. Leider ist die Gabe, andere Menschen gezielt harmonisierend energetisch zu beeinflussen, selten zu finden.

Die amerikanische Schriftstellerin Ruth Montgomery hat das Wirken eines bedeutenden Heilers jahrelang verfolgt. Im vorliegenden Buch dokumentiert sie die Heilerfolge des »Mr. A«. Sie beschreibt, wie Mr. A »Wunderheilungen« vollbracht hat, indem er die im Prinzip jedermann zugängliche kosmische Energie kanalisiert und so Menschen geheilt hat, die von der Schulmedizin aufgegeben worden waren. Die Gabe zu heilen hatte Mr. A seit frühester Jugend, wobei er nicht nur persönlich anwesenden Patienten half, sondern über Entfernungen bis zu einigen tausend Meilen heilte.

»Der Heiler« – die bewegende Biographie eines großen Heilers und dessen Erklärungen zum tieferen Verständnis von Krankheit und Gesundheit.

Deutsche Erstausgabe
© 1989 by Droemersche Verlagsanstalt Th. Knaur Nachf., München
Das Werk einschließlich aller seiner Teile ist urheberrechtlich geschützt.
Jede Verwertung außerhalb der engen Grenzen des Urheberrechts-
gesetzes ist ohne Zustimmung des Verlages unzulässig und strafbar.
Das gilt insbesondere für Vervielfältigungen, Übersetzungen,
Mikroverfilmungen und die Einspeicherung und Verarbeitung
in elektronischen Systemen.
Titel der Originalausgabe »Born to Heal«
© by Ruth Montgomery and Dena L. Smith, M.D.
Umschlaggestaltung Dieter Bonhorst
Satz IBV, Berlin
Druck und Bindung Ebner Ulm
Printed in Germany 5 4 3 2 1
ISBN 3-426-04218-5

Ruth Montgomery:
Der Heiler

Aus dem Amerikanischen übersetzt von Karl Friedrich Hörner

*Dieses Buch ist
der ganzen Menschheit gewidmet
in der Hoffnung, daß alle
aus der uralten Weisheit
Nutzen haben werden.*

Wenn in diesem Buch echte Namen und Identitäten gebraucht werden, geschieht es mit Erlaubnis der genannten Personen. Einige Menschen baten aus persönlichen Gründen, auf die Nennung ihres Namens zu verzichten; andererseits war es aufgrund der langen Zeit, die inzwischen verstrichen ist, unmöglich, manche Fälle zurückzuverfolgen, die aus den früheren Lebensjahren von Mr. A geschildert werden. Also wurden hier fiktive Namen angegeben, da niemand Freude daran hat, die Privatsphäre eines anderen Menschen zu verletzen; die Fallbeispiele jedoch befinden sich in den Akten. Da einige der Anwälte, die mit dem Prozeß um Mr. A zu tun hatten, nicht mehr am Leben sind, habe ich davon Abstand genommen, im betreffenden Kapitel wirkliche Namen anzugeben; die genaue Niederschrift des Geschehens ist in den Gerichtsprotokollen zu finden. In allen anderen Fällen sind Namen und Identitäten authentisch, wenn ich es nicht ausdrücklich anders erwähnt habe.

Anfragen bezüglich Mr. A sind zu richten an: Life Energies Research Foundation, Suite 406, 3808 Riverside Drive, Burbank, California 91505, USA.

RUTH MONTGOMERY

INHALT

Einführung von Dena L. Smith, M.D. 11

Vorwort 15

I   Das Drama des Heilens 21

II   Im Anfang 38

III   Der universale Ring 47

IV   Die mageren Jahre 60

V   Das Lebenswerk beginnt 79

VI   Die Kriegsjahre 88

VII   Der Prozeß 101

VIII Öffentliche Vorführung 115

IX   Die mittleren Jahre 126

X   Nicht im Lehrbuch 138

XI   Energie über die Luft 156

XII   Mr. A geht nach Washington 172

XIII Will man einmal fischen gehen 185

XIV Lebensweise und Ernährung 200

XV   Die Philosophie des Lebens 208

EINFÜHRUNG

Von Dena L. Smith, D. M.

Gern schreibe ich die Einführung zu der Geschichte von Mr. A, um etwas zu der Verbreitung des Wissens über die Lebensenergien beizutragen, über ihre Auswirkung auf unser Leben und unsere Gesundheit, und um darauf hinzuweisen, was die Erforschung der Lebensenergie zum Wohle der Menschheit erreichen könnte.

Mr. A begegnete ich zum erstenmal vor sechzehn Jahren, als ich noch einen Vorbereitungskurs zum Medizinstudium besuchte. Damals hatte ich ein Herzleiden, das Mr. A mit der Energie, die er zu erzeugen fähig ist, augenblicklich korrigierte – eine solche Art der Behandlung war mir völlig neu.

Die erstaunlichen Erfolge, die Mr. A erzielte, faszinierten mich, und ich begann mich eingehender mit seinem Wirken zu beschäftigen. In der Hoffnung, eines Tages selbst Menschen auf diese oder ähnliche Weise helfen zu können, begann ich das Studium der Medizin. 1962 schloß ich meine Ausbildung an der University of Southern California School of Medicine ab, 1963 mein Medizinalpraktikum am Los Angeles County General Hospital. 1963 bis 1967 unterzog ich mich einer Spezialausbildung für Chirurgie am Kaiser Foundation Hospital in San Franzisko, in dem ich 1966/67 als leitende chirurgische Assistenzärztin arbeitete. 1968 wurde ich vom Verband amerikanischer Chirurgen anerkannt. Im selben Jahr erhielt ich die Zulassung der kanadischen Ärztekammer und 1969 die Zulassung des Commonwealth of England. Trotz all dieser Ausbildungen und Anerkennungen war es mir freilich nicht möglich zu tun,

was Mr. A vollbrachte, und ich bin mir immer noch nicht sicher, ob ich seine Weisheit des Heilens verstehe.
Während meiner Jahre des Studiums behielt ich diesen bemerkenswerten Mann im Auge. Mir wurde dabei immer klarer, daß seine Erfolge, die er in seiner quasi selbstverständlichen, nüchternen und bescheidenen Art erzielte, einfach verblüffend waren. Er schien die Leiden und Probleme der Menschen schon zu spüren, wenn diese auf ihn zutraten, oder sobald er ihnen seine Hand auflegte. Über diesen körperlichen Kontakt konnte er menschliche Energie erzeugen, die zu der individuellen Schwingungsfrequenz und Wellenlänge des einzelnen paßte, und dessen Leiden binnen weniger Minuten heilen.
Vieles von dem, was er vollbrachte, erscheint vielleicht wie ein Wunder, und manchem Leser wird es schwerfallen, es zu glauben – jedenfalls ging es mir damals so. Auch im Laufe der Jahre hatte ich oft meine liebe Not, seine geradezu unheimlichen, auf der Stelle eintretenden Erfolge zu begreifen. Obwohl ich seine Arbeit als Ärztin und mit eigenen Augen beobachtete, obwohl ich seine Patienten untersuchte, bevor und nachdem sie die Energie vermittelt bekamen, sagte mir doch alles Wissen meiner schulmedizinischen Ausbildung und Erfahrung immer wieder, daß gewisse Zustände nicht mehr zu korrigieren seien, daß solche dramatischen Veränderungen in körperlicher Verfassung und Funktion unmöglich sein müßten.
Stets fröhlich, bescheiden und freundlich, zeigte Mr. A Geduld und Bereitwilligkeit, in allen Einzelheiten die vielen Facetten und Aspekte der den Körper steuernden Frequenzen – das Leben selbst! – zu erklären. Häufig brachten seine Erläuterungen mein Denken ins Wanken – um sich aber dann als zutreffend und richtig zu erweisen.
Da ich buchstäblich alles in Frage stellte und wissen wollte, war ich bestimmt nicht leicht zu überzeugen. Doch Jahr um Jahr habe ich die Fälle und Heilungserfolge beobachtet und kann nur zu einem einzigen Schluß gelangen: Er war zum Heilen geboren!

Ich meine, dieses Wissen um den Einsatz der Lebensenergien sollte die ganze Welt erfahren, zum Wohle und im Interesse der Menschen. Die Möglichkeiten dessen, was mit Hilfe von Lebensenergien zu erreichen ist – auch in Kombination mit einigen unserer derzeitigen medizinischen Methoden –, sind grenzenlos. Was er für Patienten vor und nach Operationen geleistet hat, ist unglaublich. Mr. A jedoch sagt, es handele sich einfach um die uralte Weisheit von der Erzeugung menschlicher Energie, die der Schwingungsfrequenz des einzelnen entsprechen müsse. Diese Energieschwingung eines Menschen sei so individuell und einmalig wie ein Fingerabdruck, und, so gesehen, sei ein jeder ein Planet, eine kleine Welt für sich.

Vor über einem Vierteljahrhundert veröffentlichte Mr. A ein kleines (mittlerweile längst vergriffenes) Buch mit dem Titel *Know Your Magnetic Field* (»Lerne dein Magnetfeld kennen«), in dem er einige der Grundprinzipien der Lebensenergien erläuterte. Damals hatten viele den Eindruck, daß diese Schrift ihrer Zeit um Jahre voraus sei. Viele der seinerzeit völlig neuen Begriffe, die Mr. A darin vorstellte, sind heute durchaus gebräuchlich, nachdem die medizinische Wissenschaft sich weiterentwickelt hat. So wird die Geschichte von Mr. A zu einer Zeit der Öffentlichkeit zugänglich, in der wir alle dafür offen sind, natürliche Methoden kennenzulernen und zu verstehen, ein Höchstmaß an Gesundheit und Zufriedenheit zu erhalten und zu bewahren.

Im Laufe des letzten Jahrzehnts habe ich eng mit Mr. A zusammengearbeitet und von Geschichte und Befunden vieler seiner Patienten detaillierte Aufzeichnungen gemacht, die ich sehr gründlich und genau untersuchte. Ich habe mit eigenen Augen sein Wirken bei Tausenden von Menschen beobachtet, die ein weites Spektrum von Krankheiten und Beschwerden – quer durch die medizinische Fachliteratur – zu Mr. A geführt hatte; dabei habe ich noch keinen einzigen Fall erlebt, in dem ein Patient nicht Heilung oder zumindest eine wesentliche Linderung erfahren konnte. Mr. A's Erklärung über die uralte Kunst des Heilens mit Lebensenergien kann sich meiner Meinung nach als so hilfreich für die Menschheit erweisen, daß ich glaube, dieses Buch dürfte einen wichtigen Beitrag zum medizinischen Wissen leisten.

VORWORT

Wir leben in einer Zeit scheinbarer Wunder. Künstliche Satelliten umkreisen die Erde oder rasen in den Weltraum hinaus, um uns Wissen über andere Planeten zu verschaffen. Menschen betreten den Mond und fahren mit wunderlichen Vehikeln über dessen kahle Oberfläche. Die Kommunikation ist praktisch im selben Augenblick mit jedem Ende der Welt möglich, und zu Hause im Wohnzimmer können wir auf den Fernsehbildschirmen beobachten, was gleichzeitig an verschiedenen Orten der Erde geschieht.
Auch die medizinischen Errungenschaften sind phantastisch. Ein nicht funktionierendes Herz kann man ersetzen durch das, was noch wenige Minuten zuvor in der Brust eines anderen Menschen geschlagen hat. Nierentransplantationen gehören bereits zum chirurgischen Alltag. Künstliche Hüftgelenke werden an die Stelle der eigenen, durch Krankheit unbrauchbar gewordenen, eingesetzt – aber die Menschheit hat nach wie vor unter schmerzhaften Gebrechen zu leiden.
Wir leben in einer Zeit, da Kirchen und andere spirituell ausgerichtete Organisationen zunehmend danach streben, das biblische »Handauflegen« mit neuem Leben zu erfüllen. Wir hören von Sofort-Heilungen, die man mit den unterschiedlichsten Begriffen bezeichnet, z. B. als Geistheilung, Gebetsheilung oder Glaubensheilung.
Zu allen Zeiten haben die Männer der Wissenschaft über solche »Wunder« wie das heilkräftige Wasser von Lourdes oder andere Zeichen von Wunderkräften, die sie noch nicht verstehen,

gespottet. Leider scheint auch die amerikanische Ärztevereinigung den Standpunkt zu vertreten, daß eine Heilbehandlung nicht legitim sei, solange die behandelnde Person kein medizinisches Diplom besitzt, das sich in einem hübschen Rahmen an die Wand des Sprechzimmers hängen läßt. Birgt denn ein Stück Pergament in sich bereits magische Kräfte?
Dieses Buch handelt von einer anderen Art von Heiler. Er besitzt kein medizinisches Diplom, und er heilt die Leiden seiner Zeitgenossen auch nicht, indem er einfach Gott anruft: »Heile diesen Menschen!« Er arbeitet, indem er wieder auflädt und belebt, was er als das menschliche Magnetfeld oder das »Hauptgehirn« bezeichnet, von dem aus Energie in alle Teile und Funktionen des Körpers verteilt wird. Wenn er das Ohr auf die Brust seines Patienten legt, sagt er manchmal hörbar: »O ja, ich habe das Signal erhalten.« Während er lauscht, haben die Schwingungen ihm die Spannungen im Organismus und die Lage jener Nervenzentren offenbart, die verkrampft sind. Legt er dann die Finger auf bestimmte Stellen, erzeugt er genau die Energie, die mit der des Patienten übereinstimmt, und danach tritt die nötige Korrektur in der Regel binnen weniger Minuten ein. Das ist für ihn so natürlich und selbstverständlich wie für andere das Wechseln von einem Rundfunk- oder Fernsehkanal zum nächsten auf der Suche nach dem Programm, das ihnen am besten gefällt.
Jeder von uns kommt mit anderen Begabungen in dieses Leben, und wir entfalten unsere Talente in größerem oder geringerem Maße. Die einen sind mit einer vollendeten Singstimme begnadet, andere haben ihre Stärke auf dem Gebiet der Malerei, Schriftstellerei, des Kochens, Haushalts- oder Buchführens, und so kann eben ein Talent wie das des Mr. A nicht jedermann gegeben sein. Ich fragte ihn, ob man seine Heilmethode auch anderen Menschen lehren könne, und er antwortete: »Viele Menschen besitzen einen kräftigen Energiestrom zum Heilen, der sich noch weiter entfalten ließe. Voraussetzung ist allein,

daß die Person in ihrer eigenen Energie stark ist – was bei vielen zutrifft, andere wiederum haben von Geburt an ein schwaches Nervensystem. Jene aber mit einem kräftigen System erzeugen genügend Energieströme, um ihren eigenen Bedürfnissen gerecht zu werden und noch einen Überschuß ausstrahlen zu können. Ein solcher Mensch ist am besten geeignet, andere zu behandeln; ihn könnte man unterweisen, die Energie durch seine Hände zu leiten, um das Nervensystem anderer zu kräftigen und Verkrampfungen zu lösen, wenngleich auch nur bei jenen, die entsprechende Energiefrequenzen besitzen. Sonst wäre ein Energiemangel die Folge. Ein unter Spannung geborenes Baby hat ein schwaches Magnetfeld, aber diese Spannungen des Beckens können bald nach der Geburt von einem Menschen gleicher Energiefrequenz gelöst werden, der die Energie in das Feld des Kleinkindes übertragen kann.«

In *A Search for the Truth* (»Eine Suche nach der Wahrheit«) schrieb ich ein Kapitel »Die uralte Weisheit«, in dem ich von den wunderbaren Heilungen berichtete, die dieser Mann vollbrachte, den ich Mr. A nannte, um seine Privatsphäre zu schützen. An jener Stelle schrieb ich: »Ohne Einwände akzeptieren wir den Einfluß des Mondes auf die Gezeiten, weil Wissenschaftler uns erklären, daß es so stimmt. Wir stellen auch das Kreisen der Planeten um die Sonne oder den Wechsel der Jahreszeiten auf unserer Erde nicht in Frage. Wir sehen keinen Grund, daran zu zweifeln, daß ein elektromagnetisches Feld die Bewegungen der Planeten regiert. Warum erscheint es uns dann so fremd, daß ein magnetisch-elektrisches Feld auch das Geschehen im Menschen bestimmt? Wir bestehen aus unzähligen Atomen, und Wissenschaftler berichten, daß das Atom mit seinen Elektronen nach dem gleichen Muster aufgebaut sei, wie Zentralgestirn und Planeten in einem Sonnensystem.«

Mr. A, der sagt, daß jeder von uns ein eigener Planet sei, ist ein gesprächiger, liebenswürdiger Mann von kräftigem Körperbau. Er hat strahlende, blaue Augen und ein freundliches Lächeln. Er ist keine auffällige Erscheinung, doch im persönlichen Gespräch wird die Kraft seiner Persönlichkeit deutlich spürbar. Wenn er in der entsprechenden Stimmung ist, spricht er von seiner außerordentlichen Fähigkeit, als handele es sich um eine Laune der Natur. Es ist nicht zu übersehen: Mr. A, der sich auf gewöhnlicheren Gebieten – einschließlich des Maschinenbaus – ein gutes Einkommen verdient hat, muß sich manchmal selbst über seine eigentümliche Gabe und die Nachfrage wundern, die seitens Kranker und Leidender auf ihn zukommt.

Mr. A folgt in allem seiner inneren Führung, die er »die Macht aller Mächte« nennt. Das kann die Konversation mit dem Menschen Mr. A zuweilen peinlich werden lassen. Fragt man ihn über etwas nach seiner Meinung, antwortet er des öfteren: »Ich weiß nicht.« Dann, einige Augenblicke später, unterbricht er einen mitten im Satz und sagt: »Moment, ich bekomme eine Eingebung.« Wir unterbrechen die Konversation, während er nach innen zu lauschen scheint. Dann bringt er seine Ausführungen zu dem angesprochenen Thema und gibt oft brillante Erläuterungen zu grundlegenden Aspekten, die wir übersehen hatten.

In diesem Buch sollen die Theorien und Methoden von Mr. A ausführlich besprochen und durch zahlreiche Fallbeispiele aus dem großen Kreis jener illustriert werden, die durch seinen Dienst geheilt worden sind. Da es einen klaren Plan für sein Leben zu geben scheint, ist es möglich, daß seine jahrelange Ausbildung auf den Gebieten Maschinenbau und Elektronik für sein Wirken als Heiler wesentlich waren, denn Mr. A betrachtet den menschlichen Körper als eine hochkomplizierte Maschine, die nur dann ungestört und vollendet funktionieren kann, wenn die richtige Einstellung, Schmierung und Energie vorhanden sind. Die Lebenskraft, sagt er, ist aus elektrischer Energie, und unser Körper ist mechanisch so konstruiert, daß er die menschlichen Energieströme leiten und transportieren kann.

Ein Schlaganfall zum Beispiel, sagt Mr. A, habe seinen Ursprung im Magnetfeld. Er betont jedoch, daß man ihn vermeiden könne, indem man vorher die Verkrampfung löse, die sich im Magnetfeld aufgebaut habe; dazu müsse man den menschlichen Energiestrom in das entsprechende Gebiet lenken. Solche Dinge klingen bei Mr. A so einfach, als handele es sich um die Reparatur einer elektrischen Leitung – doch, ich gebe es zu, auch die Elektrizität zählt für mich noch zu den Geheimnissen des Lebens.

Dieser sogenannte Wunderheiler erklärt auch die Arthritis in ähnlich mechanistischen Begriffen: Das Magnetfeld dient der Verteilung von Energie in alle motorischen Punkte oder Organe des Körpers. Kalzium wird normalerweise in flüssiger Form durch den Organismus zirkuliert, »aber jedesmal, wenn das Feld nicht die Energie verteilt, die notwendig ist, um es flüssig zu halten, verfestigt sich das Kalzium an den schwächsten Stellen des Körpers, in Gelenken und überall dort, wo die Nerven träge sind«. Diesen Vorgang bezeichnet Mr. A als »Rosten« oder »Patinieren«. Er behauptet, daß die Nerven, wenn sie auf verfestigtes Kalzium stoßen, Schmerzen und Reizungen registrieren, und je mehr Ablagerungen entstehen, desto unbeweglicher und schmerzhafter werden die betroffenen Gelenke.

Wenn er daran geht, Patienten mit solchen Beschwerden zu behandeln, und Energie in die Ablagerungen aus verhärtetem Kalzium strahlt, werden diese weicher und beginnen sich aufzulösen; die Gelenke erlangen ihre Beweglichkeit zurück. Wenn die Energie zunimmt, werden die Schlackenstoffe allmählich über Nieren und Blase ausgeschieden. Dies kann zu vorübergehenden, leichten Beschwerden führen, aber in praktisch allen Fällen werden die Schmerzen in den arthritischen Gelenken binnen weniger Minuten zumindest gelindert; im Verlaufe weiterer Behandlungen gehen die Schwellungen zurück und verschwinden schließlich ganz. Das »Zaubermittel«

besteht in der Energie, die von der »Macht aller Mächte« durch Mr. A erzeugt wird.

Noch im siebzehnten Jahrhundert wurde Galilei von der Inquisition in Rom der Prozeß gemacht, mit der Folge, daß er die letzten acht Jahre seines Lebens unter Hausarrest verbringen mußte, weil er erklärt hatte, daß die Erde sich um die Sonne drehe und deshalb nicht der Mittelpunkt des Universums sein könne. Heute lächeln wir über die Unwissenheit von Galileis Verfolgern und all denen, die darauf beharrten, daß die Erde flach sei. Ist es bei den Menschen unserer Zeit vielleicht eine ähnliche Ignoranz, wenn sie die Vorstellung als bloßen Aberglauben abtun, daß wir – wie die Gezeiten des Meeres – der Anziehungskraft des Mondes und dem Einfluß der Sterne auf unser menschliches Energiefeld unterworfen sind? Oder daß wir durch Lauschen nach innen Wissen erlangen können?

Ich glaube, es dauert nicht mehr lange, bis wir Mr. A's Aussagen über ein individuelles Energiefeld des Menschen und die Quelle seines Heilwissens für etwas Selbstverständliches halten werden. Gewiß leben heute noch viele Tausende von gesunden, zufriedenen Menschen, die seine Heilungskraft bezeugen können. »So etwas wie ein Wunder gibt es nicht«, behauptet er mit Entschiedenheit. »Was uns als solches erscheint, ist die Folge der korrekten Anwendung von Naturgesetzen: Ein Wunder ist lediglich das, was man noch nicht versteht.«

RUTH MONTGOMERY

KAPITEL I

Das Drama des Heilens

Die ersten fünfzehn Jahre ihres Lebens war Patricia Lucille Golden in der Tat ein goldiges Mädchen. Blond, blauäugig und außergewöhnlich intelligent, war sie in der Welt schon weit herumgekommen und mit Englisch und Spanisch zweisprachig aufgewachsen. Einer ihrer Urgroßväter mütterlicherseits war Dr. José Maria Castro, Gründer der Republik Costa Rica; ihr Vater, William Golden, arbeitete für eine Reihe von lateinamerikanischen Regierungen als beratender Experte auf den Gebieten Luftverkehr und Erdöl. Patricia wurde am 23. September 1949 in Powell im US-Bundesstaat Wyoming durch Kaiserschnitt entbunden. Im Laufe der ersten sechs Monate ihres Lebens hatte sie bereits in elf Bundesstaaten und etlichen Ländern gewohnt, bis ihre Eltern sich dann für einige Jahre in Argentinien niederließen.
Patricia war ein glückliches, gesundes Kind. Als ihre Familie auf Dauer in die Vereinigten Staaten zurückkehrte, war sie zehn Jahre alt. Sie besuchte zunächst die St. Christopher's Catholic Grammar School, dann absolvierte sie St. Cecilia's, und schließlich ging sie zur St. Agnes Catholic High-School – ein durchaus normales, ausgeglichenes, äußerst athletisches Mädchen.
Am Ende ihres zweiten High-School-Jahres begann sie über Kopfschmerzen zu klagen, und im Laufe der Zeit wurde sie derart aufsässig, unsozial und widerspenstig, daß ihre Eltern sie zu etlichen Ärzten brachten, darunter auch zu einem Spezialisten für Neurologie und Psychiatrie. Keinem jedoch gelang es, Pa-

tricia an ihre Umgebung anzupassen. Mit neunzehn Jahren verließ sie ihr Elternhaus und zog nach Kalifornien, wo sie so krank wurde, daß sie schließlich in San José in eine Klinik ging. Ihre Eltern kamen ans Krankenbett und waren fast am Verzweifeln. Zwischen dem 16. Oktober und 7. November 1968 wurden alle möglichen Untersuchungen und Tests durchgeführt, die kein Resultat erbrachten – bis man schließlich einen Tumor an der Schädelbasis feststellte.

»Zu diesem Zeitpunkt«, sagt William Golden in Houston, »war Patricia fast blind und bereits so gelähmt, daß sie das Bett nicht mehr verlassen konnte. Die Ärzte meinten, man müsse sofort operieren; doch sähen sie nur geringe Chancen für einen Erfolg, da der Tumor sich an einer sehr problematischen Stelle befinde. Ich war verzweifelt! Doch zum Glück hatten Patricia und ich ein Buch mit dem Titel *A Search for the Truth* gelesen, in dem die Autorin, Ruth Montgomery, über einen bemerkenswerten Heiler berichtete, den sie Mr. A genannt hatte. Sofort versuchte ich, sie telefonisch zu erreichen, und ich hatte Erfolg. Sie teilte mir mit, daß Mr. A nach wie vor anonym bleibe, aber auf mein Drängen hin versprach sie mir, zu arrangieren, daß Mr. A Patricia nach der Operation, so bald es menschenmöglich wäre, behandelte.«

Ich erinnere mich noch gut an jenen Anruf eines verzweifelten und deprimierten Unbekannten, dessen Tochter dem fast gewissen Tode gegenüberstand. So behutsam wie möglich erklärte ich ihm, wie unmöglich es sei, daß Mr. A ins Krankenhaus von San José hereinplatzte und die Behandlung eines Falles übernähme, den einige der besten Ärzte und Chirurgen der Westküste betreuten. Der Anrufer war jedoch so beharrlich und flehte um Hilfe, daß ich schließlich zusagte, alles zu unternehmen, was in meiner Macht stand, um in die Wege zu leiten, daß Mr. A Patricia behandelte, nachdem diese aus dem Krankenhaus entlassen wäre.

Nun soll Mr. Golden wieder zu Wort kommen: »Es gab für

mich nur einen einzigen Grund, mit Mr. A Verbindung aufzunehmen: Patricias Ärzte hatten mir offen zu verstehen gegeben, daß die Situation hoffnungslos scheine und es zweifelhaft sei, ob Patricia die Operation überleben könne. Nachdem ich mit Ruth Montgomery gesprochen hatte, wurde die Operation durchgeführt, und die Befunde zeigten, daß Patricias Tumor zu den bösartigsten Geschwülsten gehörte, die man kannte. Es hieß, er habe sich in die Wirbelsäule hinab ausgebreitet und sei deshalb unmöglich vollständig zu entfernen. Als Patricia nach Houston heimkam, befand sie sich in einem schrecklichen Zustand; sie glich einem überlebenden Opfer eines Konzentrationslagers und wog nur noch vierunddreißig Kilo. Das Mädchen schien mehr tot als lebendig. Ihre Hautfarbe war grünlich, ihre Knie waren breiter als die Oberschenkel, der Leib eingesunken, die Augen glasig; nicht einmal einen Teelöffel Limonade oder Wasser konnte sie mehr bei sich behalten.«

Bevor wir mit der eidesstattlichen Erklärung von Mr. Golden fortfahren, die übrigens auch von seiner Frau Hilda unterzeichnet wurde, möchte ich einen kurzen Blick auf das werfen, was nebenbei geschah. Anfang Dezember 1968 hielten mein Mann und ich uns in unserem Haus am Strand von Virginia Beach im US-Bundesstaat Virginia auf, als das Telefon klingelte. Es war Mr. A, der uns mitteilte, daß er von Washington hergeflogen sei, weil er erfahren habe, daß ich mir kürzlich Schulter und Arm gebrochen hatte; er würde nur zu gern herausfinden, was die Energien zur Heilung der Restsymptome meines Sturzes beitragen könnten. Er mußte mich für besonders undankbar gehalten haben, denn anstatt ihm zu danken, klagte ich: »Aber Sie sollten doch in Kalifornien sein! Ich habe mein Wort gegeben, daß Sie dort ein junges Mädchen behandeln, sobald es aus dem Krankenhaus entlassen wird!«

In Begleitung von Frau Dr. Dena L. Smith kam Mr. A vom Flughafen zu uns ins Haus. Nachdem ich ihm das Wenige berichtet hatte, was ich über den Fall Patricia Golden wußte, mußte er mir versprechen, für Patricia zu tun, was er konnte, sobald sie aus der Klinik entlassen wäre. Das Flugzeug, mit dem er und Dena nach Hause, nach Kalifornien, zurückkehren sollten, hatte eine planmäßige Zwischenlandung in Dallas, Texas. So schlug ich ihm vor, vom Flughafen Dallas aus Mr. Golden in Houston anzurufen, um festzustellen, ob Patricia noch am Leben sei und wo man sie gegebenenfalls in Kalifornien finden könne, nachdem sie aus dem Krankenhaus entlassen wäre. Später erfuhr ich von Dr. Dena Smith, die auf einer Forschungsreise mit ihm war, daß Mr. A, während das Flugzeug noch über Dallas kreiste und auf Landeerlaubnis wartete, plötzlich sagte: »Lassen wir unser Gepäck besser schon hier aus der Maschine holen. Ich habe gerade eine Eingebung, daß das Mädchen wieder zu Hause in Houston ist.«

Zurück zu Mr. Goldens Bericht: »Meine Frau flog mit Patricia aus Kalifornien zurück; sie kamen um drei Uhr am Morgen des 5. Dezember 1968 in Houston an. Im Krankenhaus von San José hatte man Vorbereitungen getroffen, sie sofort vom Flugzeug ins Dr.-Anderson-Hospital in Houston zu bringen, aber als Pat meinte, sie wisse, daß sie sterben würde, wenn sie nicht nach Hause käme, sagten wir den Krankentransport ab.

Wie als Antwort auf unser Gebet traf Mr. A mit Dr. Dena Smith am selben Tage um zwei Uhr nachmittags in Houston ein. Er behandelte Patricia ungefähr eine halbe Stunde und strahlte, was er als Energien bezeichnete, in ihre Bauchgegend, das Magnetfeld. Nach dieser ersten Behandlung war Patricia in der Lage, vom Bett aufzustehen und mit nur sehr geringen Schwierigkeiten umherzugehen. Um 18 Uhr kam Mr. A wieder und gab ihr eine weitere Behandlung, nach der Pat, die bisher nicht einmal Wasser im Magen behalten konnte, eine volle Mahlzeit zu sich nahm. Er hatte ihr geraten, jede Stunde einen Teelöffel Whisky und einen salzigen Keks zu sich zu nehmen. Um 22 Uhr behandelte er sie wieder; schon seit der ersten Behandlung hatte sich ihre Hautfarbe normalisiert, der Blick war

wieder klar und ihre Sprache zusammenhängend. Am nächsten Morgen erhielt Patricia abermals eine Behandlung und entwickelte darauf einen Bärenhunger; nun konnte sie alles essen, was sie wollte, ohne irgendwelche unangenehmen Folgen zu spüren. Um die Mittagszeit behandelte Mr. A sie zum letztenmal und sagte danach, Patricia würde keine Probleme mehr haben, solange sie ein normales Leben führte.
Drei Wochen später fuhr Patricia wieder ihren Wagen und schien in jeder Hinsicht völlig normal – ein Umstand, den die Ärzte des Dr.-Anderson-Hospitals, dem Krebszentrum des Houston Medical Centers und eines der modernsten Krankenhäuser der Welt, nicht akzeptieren konnten. Patricia hatte wieder 52 Kilo und erfreute sich bester Gesundheit. Diese Fakten lassen sich jederzeit mit Leichtigkeit überprüfen; das gilt auch für die Tatsache, daß noch kein anderer in ähnlichem Zustand eine siebeneinhalbstündige Gehirnoperation überlebt hat, und daß noch niemand länger als wenige Monate nach der Entfernung dieses bösartigen Tumortyps am Leben geblieben ist.«
Als Mr. Golden diesen Bericht schrieb – zweieinhalb Jahre nach dem Geschehen –, fügte er hinzu: »Patricia arbeitet nun bei Texas Instruments, gilt als glänzende Fachkraft und ist innerhalb der Firmenhierarchie rasch aufgestiegen. Probleme mit ihrem Verhalten gibt es nicht mehr; wir wissen nun, daß diese von dem Tumor verursacht waren, der auf wichtige Gehirnzentren drückte. Patricia ist ein wunderbarer Mensch geworden, eine hervorragende Tochter und Ehefrau; jeder ist ihr zugetan, einschließlich der Führungsspitze von Texas Instruments. Zu jener Zeit, als Mr. A kam, um Patricia zu helfen, hatte ich schreckliche finanzielle Schwierigkeiten, aber ich hätte ihm alles gegeben, was er verlangte. Mr. A jedoch lehnte alles ab, und so konnte ich nicht mehr tun, als seine Übernachtung im Motel und die Flugtickets ab Houston zu bezahlen. Es wird nie möglich sein, Mr. A für all das zu entlohnen, was er für uns getan hat, obwohl wir alles geben oder leisten würden, was in unserer

Macht steht. Wir wissen, daß er das Leben unserer Tochter gerettet hat, und darüber hinaus gab er ihr Kraft, Mut und den Willen, etwas aus ihrem Leben zu machen – und diese Fähigkeit stellt sie nun sehr tüchtig unter Beweis.«

An Mr. Goldens Aussage ist ein längerer medizinischer Bericht des Krankenhauses geheftet, dem folgende Zitate entnommen sind: »Ein Pneumoenzephalogramm am 07.11.68 ergab einen großen Tumor am Boden des vierten Ventrikels. Durch suboccipitale Kraniotomie wurde am 11.11.68 ein walnußgroßes Ependymom des vierten Ventrikels entfernt. Der große, weiche, graue Tumor war gut verkapselt und erstreckte sich von seinem Verwachsungspunkt am Calamus scriptorius aus in die lateralen Ausbuchtungen des vierten Ventrikels, ferner in das mehr kaudale, zerebrale Aquädukt. Zum Zeitpunkt der operativen Entfernung wurde ein sicht- und hörbares Zeichen der Erleichterung ihres isolierten Hydrozephalus mit einem plötzlichen Schwall von Flüssigkeit begrüßt, was bedeutete, daß das zerebrale Aquädukt nun nicht mehr blockiert war. Die histologische Untersuchung des Tumorgewebes erbrachte den Befund: malignes Ependymom. Dr. Lucien Rubinstein, Professor der Neuropathologie von der Universität Stanford, war von der zellulären Beschaffenheit, der Mitose-Aktivität und den nekrotischen Bereichen so beeindruckt, daß er diesen Tumor als besonders bösartiges Ependymom einstufte. Dr. John Hanbery, Professor der Neurochirurgie von der Universität Stanford, äußerte ebenfalls die Ansicht, daß die gesamte kraniospinale Achse der Patientin postoperativ zu bestrahlen sei, trotz der Tatsache, daß alles sichtbare Tumorgewebe entfernt wurde.«

Als ich das spontane Schreiben von Mr. Golden erhielt, war ich zutiefst dankbar für die wunderbare Heilung, die »die Macht der Mächte« durch Mr. A offenbar bewirkt hatte, aber ich unternahm keinerlei Versuche, dem Fall weiter nachzugehen, da ich mit dem Verfassen eines anderen Buches sehr beschäftigt war und nun in Mexiko lebte. Erst viel später, als ich beschlossen hatte, Material für dieses Buch zu sammeln, nahm ich brieflich Kontakt mit den Goldens auf. Im April 1972 erhielt ich einen freudigen Brief von Patricia, die voll des Lobes über Mr. A war und mitteilte: »Ich erfreue mich vollendeter Gesundheit. Habe mich erst letzten Montag wieder gründlich untersuchen lassen und werde Ihnen einen schriftlichen Arztbericht zuschicken, sobald dieser fertiggestellt ist.«

Es dauerte nicht lange, bis der Befund von ihrem Arzt in Houston eintraf. Er war auf offiziellem Briefpapier geschrieben und lautete auszugsweise folgendermaßen: »Pat kam erstmalig vor gut sechs Monaten in die Sprechstunde; damals hatte sie jeden zweiten Tag 55 mg Prednison eingenommen. Das ist eine verhältnismäßig hohe Dosis, und die Patientin machte sich Sorgen wegen möglicher Nebenwirkungen. Sie hatte einen Gehirntumor, ein Ependymom des vierten Ventrikels, gehabt, das 1968 in Kalifornien entfernt wurde. Anschließend erhielt sie Chemotherapie am Dr.-Anderson-Hospital, verlor dabei das Haupthaar völlig und wurde auch sonst sehr geschwächt. Sie glaubte, von Mr. A geheilt worden zu sein, bevor sie ins Dr.-Anderson-Hospital ging, aber die Ärzte dort verordneten ihr weiter Prednison. Im September 1971 konsultierte sie mich, weil sie das Prednison absetzen wollte. Außer aufgedunsenschwammigem Gewebe im Gesicht – einer Nebenwirkung des Kortison-Präparates – konnte ich seinerzeit keine neurologische Abweichung feststellen und stimmte der Beendigung der Prednison-Behandlung zu. In der Zwischenzeit habe ich sie genau beobachtet und neurologisch untersucht. Die Patientin zeigte keine Anzeichen eines Rückfalles und ist bei guter körperlicher Gesundheit.« Dieser sehr vernünftig scheinende Arzt gab mir freundlicherweise die Erlaubnis, seinen Namen anzugeben; um ihn aber nicht eventueller Kritik seiner medizinischen Kollegen auszusetzen, mache ich von dieser Genehmigung keinen Gebrauch.

Doch typisch ist es für viele andere Ärzte, die Augen und Ohren vor einer Heilung zu schließen, die durch andere Mittel bewirkt wurde als jene, die ihr eigener Berufsstand einsetzt: Deshalb versuchen sie unbeirrt, den Patienten mit Medikamenten weiterzubehandeln. Das einzige medizinische Problem, das bei Patricia noch festzustellen war, bestand offensichtlich in den unangenehmen Nebenwirkungen sinnloser Medikamenteneinnahme.

Bevor ich dieses Buch beendete, rief ich Mr. Golden an, um mich über den Zustand seiner Tochter zu erkundigen. Er sagte, Patricia erfreue sich glänzender Gesundheit, sei nun Design-Servicetechnikerin, arbeite eng mit Ingenieuren bei Texas Instruments zusammen und sei glücklich verheiratet mit Patrick Murphy, einem erfolgreichen jungen Siebdrucker, der für eine Werbeagentur in Houston arbeitete. Als er erwähnte, daß Patricias Tante und Onkel hochgeachtete und international anerkannte Ärzte sind, fragte ich, was diese über Patricias unorthodoxe Heilung dachten.

»Wie alle anderen Ärzte, sind sie verblüfft«, antwortete Mr. Golden. »Doch nachdem sie die ärztlichen Berichte vor und nach der Operation gelesen hatten, und da sie Patricia gut kennen, akzeptieren sie die unumstößliche Tatsache, daß Mr. A ihr das Leben gerettet hat.«

Ich führte auch ein Ferngespräch mit Patricia Golden Murphy, um mir alle Fakten bestätigen und ihre Sicht der Dinge mitteilen zu lassen. Sie sagte, sie habe intuitiv gewußt: Wenn sie nach ihrer Rückkehr nach Houston in ein weiteres Krankenhaus gekommen wäre, hätte dies ihren »sicheren Tod« bedeutet; ihre einzige Chance auf Rettung bestand in der Rückkehr ins Haus der Eltern. Die Ärzte in San José hatten darauf bestanden, daß sie sofort ins Dr.-Anderson-Hospital gebracht würde. Nachdem die Behandlungen durch Mr. A sie wiederbelebt hatten, fragte sie diesen, ob sie tatsächlich in die Klinik gehen sollte. Seine Antwort lautete: »Das ist eine Entscheidung, die Sie allein zu treffen haben.«

»Widerwillig ging ich nach der Abreise von Mr. A ins Krankenhaus«, fuhr sie fort, »und die Ärzte verordneten mir Kortison- und Kobaltbehandlungen, obwohl ich das Gefühl hatte, daß diese nicht notwendig waren. Schließlich weigerte ich mich, mir weiter Kobalt verabreichen zu lassen, und wollte auch mit dem Kortison (Prednison) aufhören. Doch dann heirateten Patrick und ich, und er bestand darauf, daß ich es weiterhin einnahm. Später kamen mir wiederholt Träume, daß ich mich selbst vergiftete. Also suchte ich im September 1971 einen anderen Arzt in Houston auf, der kein neurologisches Problem feststellen konnte und damit einverstanden war, das Kortison abzusetzen. Inzwischen bin ich völlig gesund und fest entschlossen, meine richtige Rolle zu finden und zu erfüllen, was auch immer meine Aufgabe im Leben sein mag.«

Dank einer besonderen Serie von Fügungen ist Pat Golden Murphy heute am Leben und bei bester Gesundheit: Hätte Mr. A mich damals nicht unerwartet in Virginia Beach angerufen, hätte Patricia die Chance verpaßt, von ihm behandelt zu werden, und Mr. A wäre nach Kalifornien zurückgeflogen, während sie sich auf dem Heimweg nach Houston befand. Hätte eine »Eingebung« ihm nicht gesagt, daß sie sich bereits in Texas befand, hätte Mr. A das Flugzeug nicht schon in Dallas verlassen. Hätte Pat sich nicht geweigert, in Houston ins Krankenhaus zu gehen, hätte Mr. A nicht in jenem entscheidenden Augenblick eingreifen können. Hätte ihr Vater nicht über die erstaunlichen Heilungskräfte dieses Mannes mit seiner einmaligen Fähigkeit gelesen, wäre Patricia heute wohl kaum noch am Leben. Diejenigen unter uns, die an Gott glauben, können nur zu dem Schluß kommen, daß Er Patricia noch eine Chance geben wollte, und daß ihr Leben zu einem bestimmten Zweck gerettet wurde.

Mr. A ist der erste, der gesteht, daß nicht alle von ihm behandelten Fälle uneingeschränkt erfolgreich verlaufen sind. Häufig deshalb, weil seine Patienten nach ein oder zwei Behandlungen gleich eine Besserung spüren und dann nicht mehr wiederkommen. Obwohl er weiß, daß sie ohne weitere Anwendungen der Energie keine Fortschritte machen werden, läuft er seinen Patienten nicht nach und gibt auch nicht vor, die Bedenklichkeit ihres Leidens oder Zustandes zu diagnostizieren oder festzustellen. Die Menschen, die zu ihm kommen, müssen selbst entscheiden, ob sie wiederkehren, und manchmal scheint ihre Entscheidung grundfalsch zu sein. Ein solcher Fall, der mir persönlich bekannt ist, illustriert dies nur zu deutlich.

Kurz nach der Veröffentlichung von *A Search for the Truth* rief mich eine Unbekannte aus einem benachbarten Bundesstaat in Washington, D. C., an und bat dringend darum, daß Mr. A ihren kleinen Sohn behandele, bei dem eine spastische Gehirnlähmung diagnostiziert worden sei. Larry, der schon zwei Jahre alt war und sprechen konnte, vermochte sich damals noch nicht allein aufzusetzen oder umzudrehen. Ich erklärte der Anruferin, daß Mr. A nach wie vor anonym bleibe, aber die Gedanken an das hilflose Kind ließen mir keine Ruhe, und als auch die Mutter von Mrs. Andrews um Vermittlung flehte, bat ich Mr. A, das Kind bei seinem nächsten Aufenthalt in Washington zu behandeln.

Ich war bei jenem Besuch nicht zugegen und habe die Familie, die ich hier mit dem Namen Andrews benenne, nicht kennengelernt. Im November 1969 aber erhielt ich einen Brief von der Mutter: »Ich habe meinen Sohn am Freitag nach Washington gebracht, und Mr. A gab ihm an jenem und dem darauf folgenden Tag insgesamt sechs Behandlungen. Nach der ersten Behandlung kehrten meine Mutter und ich ins Hotelzimmer zurück, wo wir Larry auf dem Fußboden absetzten. Er begann sofort, auf allen Vieren einen halben Meter zu krabbeln. Das scheint vielleicht nicht viel zu sein, aber Larry war immerhin schon fast zweieinhalb und hatte sich noch niemals allein auf allen Vieren bewegt. Ich brauche wohl nicht zu sagen, wie überrascht wir bei diesem Anblick waren.

Nach der zweiten Behandlung durch Mr. A krabbelte Larry zu einem Stuhl, zog sich daran hoch, ließ beide Hände los, hielt den Rücken gerade und setzte sich dann auf sein Hinterteil zurück. Sie können sich vorstellen, wie aufgeregt wir waren, das Kind bei etwas zu beobachten, was es Zeit seines Lebens noch nie getan hatte. Wir haben ihm in keiner Weise dabei geholfen oder ihn gestützt. Larry war selbst so begeistert, daß er lachte und sagte: ›Jetzt, paß auf, Mama‹, und er erstaunte uns von Minute zu Minute mit neuen Überraschungen. Jetzt sind wir wieder zu Hause, und seine spektakulären Kunststücke gehen weiter, vor den Augen meines Mannes, meines Vaters und der Nachbarn, die geradezu sprachlos vor Staunen sind. Mr. A sagte, Larry habe von Geburt an ein blockiertes Becken gehabt, das durch die Energien aufgeschlossen worden sei. Ich möchte nicht behaupten zu verstehen, was Mr. A mit unserem Sohn gemacht hat. Ich weiß nur, daß ich Larry in den letzten drei Tagen Dinge tun sah, die ihm noch nie zuvor gelungen waren. Ich werde wohl nie zum Ausdruck bringen können, wie dankbar ich bin.«

Mr. A hatte Mrs. Andrews gegenüber geäußert, daß es ratsam sei, Larry bei seinem nächsten Aufenthalt in Washington wieder zu bringen. Einige Monate später wurde Mrs. Andrews darüber informiert, daß Mr. A wieder nach Washington komme und Larry gern weiterbehandeln wolle, aber sie nahm das Angebot nicht an, brachte den Jungen nicht zu Mr. A und unternahm auch keinen weiteren Versuch der Kommunikation.

Fast drei Jahre vergingen, bis ich dann den Entschluß faßte, ein Buch über Mr. A und seine phänomenale Heilkraft zu schreiben. Ich erinnerte mich an die Begeisterung von Mrs. Andrews und schrieb ihr, um mich nach den weiteren Fortschritten ihres Sohnes zu erkundigen. Sie erwiderte meinen Brief sofort im April 1972 und gab mir die Erlaubnis, ihren wirklichen Namen zu nennen – wovon ich keinen Gebrauch mache aus Gründen, die der Leser bald verstehen wird.

In leuchtenden Farben schilderte sie ihren Besuch bei Mr. A und schrieb: »Larry hatte sich nie richtig fortbewegen können und war damals noch nicht einmal imstande, sich am Boden umzudrehen, ganz zu schweigen von Krabbeln oder gar Stehen. Mr. A forderte mich auf, das Kind zu entkleiden und aufs Bett zu legen. Dann legte er seine rechte Hand auf den Bauch des Knaben, während er mit meiner Mutter und mir weiterhin sprach. Eine pulsierende Bewegung setzte in seinem Oberarm ein und schien sich durch den Arm bis zu Larry fortzusetzen. Dies dauerte ungefähr fünf Minuten. Dann bat er uns, mit Larry wieder in unser Hotelzimmer zurückzugehen; er würde uns anrufen. Wir kehrten also auf unser Zimmer zurück, und nach wenigen Minuten fiel uns auf, daß Larry sich sehr eigentümlich verhielt. Wir konnten buchstäblich unseren Augen nicht trauen, als er sich umdrehte und auf Hände und Knie stellte. Das hatte er in seinem Leben noch nie getan, und wir waren wie vom Donner gerührt. Mr. A ließ uns noch etliche Male kommen und tat jedesmal genau das gleiche. Nach jedem Besuch überraschte Larry uns mit weiteren Leistungen.

Wir blieben über Nacht, und am nächsten Tag krabbelte der Junge tatsächlich auf dem Fußboden umher. Er zog sich auch schon an Möbelstücken empor, setzte sich auf und drehte sich sitzend im Kreise. Er krabbelte zu einem Stuhl, zog sich daran hoch, richtete sich auf die Knie auf, ließ dann die Hände los und konnte einige Sekunden lang die Balance halten. Während all dies geschah, machte auch seine Persönlichkeit eine Veränderung durch. Immer wieder forderte er uns auf, zu beobachten, was er nun tun würde, und er war so gesprächig! Während des Abendessens und Frühstücks im Speisesaal des Hotels führte er eine Unterhaltung mit dem Ober, gab seine eigene Bestellung auf, saß auf einem Kinderstuhl und erklärte, er brauche keinen Hochstuhl mehr.

Nach fast drei Jahren fehlten meiner Mutter und mir immer noch die Worte um zu erklären, was wir damals erlebten. Wir

sind beide nicht leichtgläubig, und ich muß zugeben, daß wir sehr skeptisch waren, als wir nach Washington fuhren. Aber selbst nachdem wir heimkehrten, machte Larry weiter solche Dinge. Am erstaunlichsten für mich aber war, daß Mr. A jegliche Bezahlung ablehnte. Als ich ihm später einen Scheck schickte, schrieb er einen Brief und teilte mir mit, daß er nicht einlösen werde, und das hat er bis heute noch nicht getan. Damit erübrigt sich die Frage, ob er nur Profit machen wollte.
Einige Zeit danach meldete sich Mr. A bei mir und fragte, ob ich Larry wieder nach Washington bringen wollte, aber ich konnte mir die Fahrt damals nicht leisten. Ich habe oft überlegt, ob ich ihm schreiben und um einen weiteren Termin bitten sollte, denn obgleich Larry eine Zeitlang gute Fortschritte machte, scheint seine Entwicklung nun zum Stillstand gekommen zu sein. Meine Mutter und ich machten uns – auch innerhalb der Verwandtschaft – immer wieder lächerlich, wenn wir erzählten, was wir gesehen und erlebt hatten, aber wir sind nach wie vor der Überzeugung, daß Mr. A ein großartiger Mensch mit einer seltenen und kostbaren Begabung ist.«
Begeistert über die Fortschritte des kleinen Buben und betrübt bei dem Gedanken, daß ein Mangel an Geld ihm seine Chance im Leben verbauen sollte, führte ich sofort von Mexiko aus ein Ferngespräch mit Mr. A in Kalifornien. Als ich erfuhr, daß er und Frau Dr. Smith gerade in Washington waren, rief ich dort an um zu fragen, ob Mr. A den kleinen Larry wieder kostenlos behandeln würde. Gern war er dazu bereit, und Dena rief noch am selben Abend bei Mrs. Andrews an, um ihr anzubieten, Larry zu einer zweiten kostenlosen Serie von Behandlungen zu bringen.
Am nächsten Tag schrieb mir Dena, daß Mrs. Andrews am Telefon »herumgedruckst und gemeint habe, sie sei nicht sicher, ob sie kommen könne oder nicht«. Am Ende teilte sie Dena mit: »Mein Mann glaubt nicht an diese Dinge, und ich muß ja schließlich mit ihm leben.«

Aber muß sie das wirklich? Sollte eine Mutter, die selbst von der wunderwirkenden Kraft der durch Mr. A vermittelten Energien überzeugt ist, die engstirnigen Vorurteile des Mannes, mit dem sie das Leben teilt, über das Recht ihres Kindes auf ein gesundes und glückliches Leben stellen? Es ist doch der Sohn, von Geburt an in einem defekten Körper gefangen, der für die Entscheidung seiner Eltern bezahlen muß. Wenn tatsächlich jeder von uns ein Planet für sich ist, dann ist es um so trauriger, daß man Larry die Chance auf ein perfektes Funktionieren seines Körpers verweigert.
Hat hier Mr. A versagt? Wohl kaum!

Zum Glück fanden die meisten Fälle, die Mr. A behandelte, einen besseren Ausgang. Dorothy Hughes aus Hayward in Kalifornien erzählte mir kürzlich, daß ihr 1952, mit 44 Jahren, wegen einer Endometriose die Gebärmutter entfernt wurde; vor der Operation erhielt sie eine Rückenmarks-Anästhesie.
»Gleich nach dem Eingriff«, berichtet sie, »spürte ich entsetzliche Schmerzen in Nacken und Kopf, und mir war speiübel. Ich erbrach mich immer wieder und merkte, daß mein Kopf und Hals sich gegen meinen Willen ständig nach links drehten. Als ich mich schließlich von der Operation erholt hatte, ging ich an meinen Arbeitsplatz als Buchhalterin beim *Examiner* in Los Angeles zurück. Aber ich mußte eine Vorrichtung tragen, die sicherstellte, daß mein Kopf nach vorn gerichtet blieb, damit ich die Seiten sehen konnte, an denen ich arbeitete; die Verdrehung meines Halses wurde immer schlimmer. Ohne diesen Kragen mußte ich meinen Kopf mit der Hand festhalten, sonst bewegte er sich von selbst sofort wieder 45 Grad zur Seite. Inzwischen konsultierte ich einen Arzt nach dem anderen – insgesamt neunundzwanzig – auf der Suche nach Hilfe. Einmal lag ich einige Tage im Krankenhaus, wo mein Hals gestreckt wurde; ein andermal erhielt ich von einem Neurochirurgen Injektionen tief in den Nacken hinein – alles half nicht. Danach

unterzog ich mich einer Operation, um einen Bruch schließen zu lassen, der sich an der Stelle der ersten Operationswunde gebildet hatte; die Ärzte meinten, dies sei auf mein dauerndes, krampfartiges Erbrechen nach dem ersten Eingriff zurückzuführen. Die Zeitung teilte mir aufgrund meines körperlichen Zustandes mit, daß man meine Dienste nicht weiter benötige, und ich erhielt eine Entlassungsabfindung. Ich kehrte zu meiner Mutter nach Kansas City zurück und versuchte, mich in ein Leben der Entstellung zu fügen.

Ungefähr einen Monat danach sagte mir, während ich in der Kirche war, eine Stimme im Innern, ich solle zurück nach Kalifornien gehen, und obwohl ich mir nicht vorstellen konnte, warum, bestieg ich den El-Capitan-Zug. Ich setzte mich in den Panorama-Wagen, den Kopf nach links verdreht, als ein freundlicher Mann fragte, ob er den Platz neben mir einnehmen dürfe. Ich antwortete: ›Ja, aber entschuldigen Sie bitte mein Aussehen und meine Haltung.‹ Er erwiderte: ›Ich will Ihnen etwas erzählen, was Ihnen vielleicht sehr eigenartig vorkommen wird: Meine Frau und zwei ihrer Freundinnen gehen zu einem Mann in San Franzisko, der ihnen wirklich geholfen hat. Eine der Freundinnen hatte über drei Monate lang nichts schlucken können, aber nach einer einzigen Behandlung durch diesen Mann aß sie eine komplette Mahlzeit und hat seitdem ohne Probleme alles essen und sich daran erfreuen können. Vielleicht halten Sie das für Hexerei, aber die Frauen meinen, daß er wirklich alles heilen kann.‹

Ich gestand ihm, daß ich in letzter Zeit eigenartige Eingebungen gehabt hatte, die besagten, ich solle nach San Franzisko gehen, obgleich ich in dieser Stadt keine Menschenseele kannte; daraufhin erklärte mir der Mann, wie ich Mr. A erreichen könne. Im Juni 1953, genau ein Jahr nach der ersten Operation, fand ich mich in seiner Praxis ein, wo eine große Zahl von Menschen darauf wartete, von ihm behandelt zu werden. Als ich schließlich an die Reihe kam, lauschte Mr. A an meiner Brust

und begann sofort, mir Dinge über mich selbst mitzuteilen, erklärte verschiedene Situationen aus meinem Leben, von denen außer mir keiner etwas wissen konnte, und auch einiges über mich, das mir selbst nicht bekannt war, bis ich es inzwischen prüfte und bestätigt fand. Verwundert fragte ich, woher er solche Dinge über einen völlig Unbekannten wissen könne, und er antwortete: ›Ihre Schwingungen kennen keine Geheimnisse.‹
Nach der ersten Behandlung fühlte ich mich viel besser und hatte einen mächtigen Appetit. Am dritten Behandlungstag befand sich mein Kopf wieder in normaler Position. Ich erhielt weiterhin Energie-Behandlungen, aber nur noch von sehr kurzer Dauer, weil ich mehr nicht vertragen konnte. Bald darauf wurde ich als Buchhalterin von einer großen Furnierholzfirma in der East-Bay-Gegend eingestellt, für die ich heute noch arbeite. In jenen Jahren schrieb ich meiner Familie über diesen wunderbaren Mann, der mir und anderen so viel geholfen hatte, aber meine Angehörigen konnten das nicht fassen.
Schließlich kam meine Mutter nach San Franzisko, ›um einmal zu sehen, welchen Einfluß dieser Mann über meine Tochter hat‹, aber sie war so überrascht, meinen geraden Hals und glänzenden Gesundheitszustand festzustellen, daß sie Mr. A selbst aufsuchte. Dieser bekam somit die Aufgabe, meine einundachtzigjährige Mutter wegen ihres grünen Stars und eines Herzleidens zu behandeln, und sie war so begeistert über ihre prompte Genesung, daß auch sie nicht mehr nach Kansas zurückwollte. Sie hatte den Wunsch, in seiner Nähe zu bleiben, um die Energien zu empfangen. Im Alter von drei Jahren wurde meine kleine Nichte fast leblos zu Mr. A gebracht, als sie gerade einen schweren Asthma-Anfall hatte. Sie rang und kämpfte um Luft, und schon nach einer Behandlung ging es ihr wieder gut; jetzt ist sie sechzehn Jahre und erfreut sich ihres erfüllten, aktiven Lebens.«
Ich fragte Miß Hughes nach ihrem allgemeinen Eindruck über das Wirken von Mr. A, und sie gab mir zur Antwort: »Jetzt, im

Frühjahr 1972, bin ich 63 Jahre alt, und ich arbeite immer noch und genieße ein erfülltes Leben, dazu gehört auch die Versorgung des 6-Zimmer-Hauses und die ganze Arbeit um das Haus. Meine Gesundheit ist prächtig, und ich brauche keinen einzigen Tag wegen Krankheit vom Arbeitsplatz fernzubleiben. Mit Worten kann ich meiner Dankbarkeit nicht Ausdruck geben, die ich gegenüber Mr. A empfinde für all das, was er für mich getan hat.«

Diese dramatischen Fälle sind keinesfalls einzigartig oder besonders. In den sieben Jahren, seit Mr. A zum erstenmal mein Haus in Georgetown (Washington, D. C.) betreten hat, konnte ich sein Wirken bei zahlreichen Patienten beobachten, wurde selbst behandelt von den heilenden Lebensenergien, die durch seine Finger ausstrahlen, und habe mit Hunderten von Menschen gesprochen, die durch seine Dienste Heilung erfahren konnten. Mehr als zehntausend Leser von *A Search for the Truth* haben geschrieben, um mich nach diesem bemerkenswerten Heiler zu fragen, und wollten mehr über seine Behandlungsmethoden, seine Lebensphilosophie und über die Quelle seines Heilwissens erfahren.
Nachdem ich persönlich mit den Fällen von Patricia Golden, dem kleinen Larry Andrews und mehreren anderen zu tun hatte, war meine eigene Neugierde angestachelt, und auch ich wollte mehr über Mr. A und die Lebensenergien in Erfahrung bringen. Also ging ich daran, einen großen Querschnitt seiner Patienten zu befragen, und während ich ihren erstaunlichen Geschichten lauschte und die ärztlichen Befunde prüfte, wurde mir klar, daß die Geschichte dieses Mannes aufgrund der Bedeutung seines Wirkens für die Menschheit es verdient, ausführlich dargestellt zu werden.

KAPITEL II

Im Anfang

Wer ist dieser sogenannte Wunderheiler, der durch eine Berührung seiner Finger anscheinend Schmerzen auszulöschen vermag? Wie hat er sein eigentümliches Talent erworben und sein Wissen über die universellen Gesetze, die er als uralte Weisheit bezeichnet?

Philip A (so will ich ihn nennen) wurde am frühen Morgen des 13. Juli 1895 im Haus seiner Eltern – seiner irischen Mutter und des Vaters von schottisch-irischer Abstammung – in St. Paul im US-Bundesstaat Minnesota geboren. Annie, die Mutter, war schon in den Fünfzigern; sie hatte zehn Jahre zuvor eine Tochter, und vierzehn Jahre vor dieser einen Sohn geboren. Phil war ein Kind der Wechseljahre, und Mary Egan, eine irische Freundin, die im Nachbarhaus wohnte, sagte später zu ihm: »Als du in dieses Leben kamst, warst du in mehrere Schleier gehüllt. Deine Mutter kümmerte sich selbst um die ganze Sache, und dann bereitete sie das Frühstück für die Familie.«

Annie war ein Charakter für sich. Die Erstgeborene irischer Eltern, die während der Kartoffelknappheit aus ihrer Heimat nach Amerika eingewandert waren, wurde in Covington, Kentucky, geboren und von ihrem Vater wie ein Knabe aufgezogen. Er brachte ihr gründlich den Umgang mit dem Gewehr bei, und als sie mit 21 Jahren alt genug war, um sich um ein Stück Land zu bewerben, zog sie allein in die Wildnis des nördlichen Minnesota, das damals gerade zu den Vereinigten Staaten gekommen war, um ihren Claim in der Nähe von Wadena

abzustecken. Um einen dauerhaften Anspruch auf das Land geltend machen zu können, mußte sie es vier Jahre lang bewohnen; danach rief sie ihre Eltern und deren jüngere Kinder nach. Sie übergab ihnen die Farm und zog nach Brainerd, Minnesota, um dort ihren Lebensunterhalt zu verdienen.
Hier lernte sie ihren späteren Mann kennen, der im Staate New York geboren war, in Eisenbahn-Bautrupps gearbeitet hatte, beim Ernteeinsatz und in Holzlagern mithalf, bevor er seinen Saloon in Brainerd eröffnete, der legendären Heimat des gewaltigen Paul Bunyan. Ed A, der spätere Vater von Phil, besaß den einzigen Tresor in der Stadt, in dem die Holzfäller oft ihre Wertsachen aufbewahrten, und weil er so viele ihrer Auseinandersetzungen friedlich beilegen konnte, nannten sie ihn voll Respekt »Richter«.
Einige Jahre nach der Geburt ihres ersten Sohnes zogen Ed und Annie nach St. Paul, wo ihre einzige Tochter auf die Welt kam. Annie war immer noch eine kräftige Frau von über 1,80 m und 90 Kilo Körpergewicht, als Phil zehn Jahre später geboren wurde. Sein zweigeschossiges Geburtshaus war mit fünf Zimmern und einer überdachten Veranda sehr geräumig. Wie den meisten Häusern im mittleren Westen jener Tage, fehlte auch hier die Zentralheizung, und Phil erinnert sich noch deutlich an so manchen kalten Wintermorgen, an dem die Kinder alle nach unten huschten, um sich neben dem großen alten Ofen im Wohnzimmer anzuziehen. Umgeben von Eichen, Haselsträuchern, offenen Feldern und einem Gehölz, war das Haus ungefähr einen Block weit vom Nachbargebäude entfernt. Wenn im Sommer die Zigeuner-Karawanen St. Paul erreichten, trieb Phils Mutter die Hühner in den Stall und die Kuh in die Scheune. Als einmal eine Zigeunerin sich über den Stern begeisterte, den sie in Phils rechter Handfläche entdeckt hatte – er bedeutete ihrer Meinung nach große mediale Begabung –, trieb Annie auch ihr jüngstes Kind ins Hausinnere und befahl ihm, das Haus nie mehr zu verlassen, wenn Zigeuner in der Nähe wären.

Phil, der soviel jünger war als seine Schwester oder gar der Bruder, sagte, er habe, solange er sich zurückerinnern könne, ständig »Instruktionen, Belehrungen und Erklärungen des Lebens von anderen Mächten« gespürt. Damals hielt er das für völlig natürlich, bis er entdeckte, daß er nur auf Verwunderung stieß, wenn er versuchte, mit anderen Kindern oder mit Erwachsenen darüber zu sprechen. »Wer hat dir denn das gesagt?« wollten Freunde und Verwandte wissen, und Phil konnte nur antworten: »Es kam mir gerade so.«
Aufgrund des Heilwissens, das anscheinend immer ein fester Teil seines Lebens gewesen war, kam es wie selbstverständlich, daß Phil versuchte, das Leiden anderer zu lindern. Als ein Onkel, der Vieh nach St. Paul gebracht hatte, zu Besuch weilte und über seine »schlimme Darmerkrankung« klagte, hatte Phil – noch kaum über das Kleinkindalter hinaus – eine »Eingebung«, die ihm mitteilte, daß in einem Stück Fleisch, von dem der Onkel unterwegs gegessen hatte, Eier von Schmeißfliegen gewesen waren. Der Knabe ging zum Küchenschrank, stellte sich auf die Zehenspitzen, um an das Epsomer Bittersalz zu gelangen, rührte zwei Eßlöffel davon in ein Glas Wasser und gab dies seinem Onkel zu trinken.
»In meinem Zustand auch noch Salzwasser trinken?!« lamentierte der Onkel. »Der Bursche muß verrückt sein!«
Phils Mutter, die auf die eigenartige Begabung ihres Sohnes inzwischen aufmerksam geworden war, lachte nur: »Ich rate dir: Tu, was der Junge will. Phil hat so seine Art, von der wir nichts verstehen.«
Mit gemischten Gefühlen spülte der Mann das Salzwasser herunter und berichtete am nächsten Morgen, daß alle seine Darmbeschwerden restlos verschwunden waren.
Ein andermal klagte eine Nachbarin, die Phils Mutter besuchte, über ständige Magenschmerzen. Der kleine Junge, für den der leidende menschliche Körper schon immer eine Maschine war, die der richtigen Einstellung und Schmierung bedurfte, wollte

der Frau die Hand unter dem Kleid auf den Leib legen und Energie in ihr Magnetfeld senden, erhielt aber sofort eine Ohrfeige für seine Aufdringlichkeit. Kurz darauf rief Annie den Hausarzt, einen bärtigen alten Herrn im Gehrock, der seine Hausbesuche im Pferdewagen zu absolvieren pflegte, und berichtete ihm, was geschehen war. Dann deutete sie auf ihren Jüngsten und fragte: »Herr Doktor, der gehört zu mir, aber was soll ich nur damit anfangen?«
»Sehen Sie, Lady«, erwiderte er, »wenn Sie nicht wissen, was Sie damit anfangen sollen: ich weiß es. Ich werde Gebrauch davon machen.« Er rief den Jungen herbei und fragte ihn: »Würdest du gern mit mir fahren und die Patienten besuchen? Ich gebe dir auch die Zügel in die Hand!«
Außer sich vor Begeisterung über den Gedanken, den Zweispänner lenken zu dürfen, stimmte Phil freudig zu und war seit der Zeit häufig mit dem Arzt unterwegs, wobei er etlichen seiner Patienten Energie übermittelte.
Die Mutter eines so ungewöhnlichen Kindes wie Phil war um ihre Aufgabe gewiß nicht zu beneiden. Der Knabe kannte überhaupt keine Angst, und nach eigener Aussage fing er mit fünf Jahren an, fortzugehen in die Wälder und an die Seen der Umgebung; oft blieb er dabei mehrere Tage lang von zu Hause weg. Seine breitschultrige Mutter konnte wuchtige, gefürchtete Schläge austeilen, und häufig landete sie einen Schlag auf Phils Kinn, aber der Junge ließ sich durch Strafen nicht beirren. Er hörte eher auf innere denn auf äußere Anweisungen, und im Alter von sechs Jahren erklärte er seine innere Unabhängigkeit: »Mutter, ich muß mein Leben selbst leben, und da kann ich keine Einmischung zulassen.« Die Mutter muß sich gewundert haben, wie es ihr gelungen war, einem solch außergewöhnlichen Kind ins Leben zu helfen, aber im Laufe der Zeit gewöhnte sie sich an seine spontanen Phasen der Abwesenheit von zu Hause.
In jenen Tagen waren Buster-Brown-Anzüge für kleine Jungen

in Mode, und seine Mutter erstand einen, komplett mit großem Hut und Schuhen, die seitlich geknöpft wurden. Ungeachtet Phils heftiger Gegenwehr kleidete sie ihn in das neue Gewand, machte ein paar Schnappschüsse von ihm und bat ihn dann, für sie einkaufen zu gehen. Phil flehte sie an, »die Mädchenkleider« vorher ablegen zu dürfen, aber die willensstarke Annie befahl ihm zu gehen, wie er war. Phil erinnert sich noch gut: »Auf dem Weg zum Geschäft rannte ich in eine Gruppe von Nachbarskindern, und damit war es um meinen Buster Brown geschehen. Als ich nach Hause kam, bestand er nur noch aus Fetzen.«

Doch Phil muß ein reizender Knabe gewesen sein, denn die Nachbarn und sogar Fremde pflegten ihn zu verwöhnen. Im Umkreis seines Elternhauses gab es zahlreiche Seen, auf einem davon überließ ihm ein Mann den ganzen Tag ein Ruderboot, wenn er als Gegenleistung die anderen Boote ausschöpfte. Wie die meisten Jungen hatte auch Phil dauernd Hunger, und er fand immer etwas zu essen. Aus den Seen fischte er Hechte, Sonnen- und andere Fische, buk sie im Sand unter einem Feuer oder briet sie auf einem Stück Blech, das er mit einem Stein blankgerieben hatte. Manchmal wurde er von Farmern zu einem Glas Milch und einem Stück Kuchen eingeladen, und man kannte ihn in der ganzen Umgebung als »Eds Jungen«, obwohl selbst sein Vater oft nicht wußte, wo Phil sich gerade herumtrieb.

»Es war schön für mich, allein fort zu sein«, erinnert sich Mr. A. »Ich fühlte mich dabei besser, und es gab ja auch Rehe und andere Tiere im Wald, die sehr zahm schienen. Ich liebte dieses Leben. Während ich allein war, wurde mir das Leben und die Geschichte des Lebens in Einzelheiten erklärt, was ich im Innern vernehmen konnte. Das war meine Ausbildung. Ich erfuhr Dinge, die in keiner Schule gelehrt wurden.«

Eines Abends zum Beispiel diskutierten beim Essen in der Familienrunde Phils ältere Geschwister über die geheimnisvolle

Konstruktion der Cheopspyramide in Ägypten. Sie besaßen einen Zeitungsartikel, in dem es hieß, daß selbst die ganze Armee Napoleons nicht imstande gewesen wäre, auch nur einen jener gewaltigen Steinblöcke vom Ursprungsort zu seinem heutigen Platz in der Pyramide zu transportieren. Phil war ganz mit seinem Essen beschäftigt und bemerkte beiläufig: »Das war doch ganz einfach. Die Menschen jener Zeit kannten eben das Geheimnis der Natur, Sand so zu härten, wie es die Erde auch tut. Sie haben einfach Formen genommen, mit Sand gefüllt und die entsprechende Härter-Mischung hinzugegeben. Nachdem er sich verfestigt hatte, schliffen sie die Oberfläche des Blocks, um Zerfall oder Einsickern zu verhindern, und fertigten dann den nächsten Block nach der gleichen Methode an.« Die übrigen Mitglieder seiner Familie waren wie vor den Kopf gestoßen, blickten einander an, sagten aber kein Wort. Sie gewöhnten sich allmählich an solche seltsamen Erklärungen aus dem Munde ihres Jüngsten.

Sein Vater betrieb inzwischen einen Großhandel, und seine Mutter hielt an der Heimatfront Wache, manchmal mit einem 38er-Revolver, den sie in einer Tasche unter ihrer Schürze trug. Ihre Heuschober standen nahe der Gleise der Great Northern Railroad, und manchmal übernachteten dort Landstreicher oder »Gentlemen von der Straße«, bis Annie auf der Bildfläche erschien und mit ihrer Waffe fuchtelte. »Ich werde euch nicht bei meinen Heuschobern rauchen lassen«, erklärte sie ihnen. Einmal ergriffen drei der ungebetenen Gäste so panisch die Flucht, daß sie dabei einige Papiere verloren. Annie rief nach Prüfung der Fundstücke die Polizei, die sofort einen Inspektor schickte.

»Sie haben wirklich Glück gehabt, Madam«, meinte der Beamte zu Annie. »Nach diesen Leuten haben wir gesucht. Sie haben gestern eine Bank ausgeraubt und dabei den Kassierer getötet.«

Phil erinnert sich an die ruhige Erwiderung seiner Mutter:

»Nein, Mister, *die* haben Glück gehabt: Hätten sie nur eine falsche Bewegung gemacht, hätte ich ihnen ein Ohr abgeschossen.«

Als Phil einige Jahre später in Billings, Montana, den jüngsten Bruder seiner Mutter besuchte, wurde er gefragt: »Schießt deine Mutter überhaupt noch?«

»Das einzige Mal, daß ich sie dabei beobachtete«, antwortete Phil, »war, als mein Bruder ihren 38er-Revolver benützte und versuchte, eine Kuhglocke vom Zaunpfahl zu schießen. Mutter fütterte gerade die Hühner, sah aber zu, wie er dreimal danebenschoß. Da nahm sie ihm die Waffe ab und feuerte, während sie sich noch aus ihrer gebückten Haltung aufrichtete. Die Kuhglocke flog vom Zaunpfahl, und seufzend gab Mutter den Revolver zurück: ›Daß ich aber auch einen Sohn habe, der nicht schießen kann!‹, und ging ins Haus.«

Phils Onkel grinste breit und rief: »Dann hat sie ihren 38er also immer noch! Sie war seinerzeit wirklich ein glänzender Schütze. Sie konnte einem fliegenden Vogel mit dem Gewehr den Kopf abschießen. Eine Menge Trophäen hat sie gewonnen. Hast du denn nie gehört, daß deine Mutter schon Deputy Sheriff war und berühmt für ihren Umgang mit dem Revolver?«

Als Phil wieder nach Hause kam, berichtete er seiner Mutter, was er über ihre Vergangenheit erfahren hatte; sie war wütend, als sie das hörte. Schließlich aber willigte sie ein, ihm ihre Trophäen zu zeigen, die sie tief in einer alten Truhe auf dem Dachboden verborgen hielt.

Phil begann im Herbst nach seinem sechsten Geburtstag mit der Schule, aber deren alltägliche Routine langweilte ihn. Mathematik und Geschichte fielen ihm leicht, jedoch Lesen, Schreiben und Rechtschreibung konnte er nicht verstehen. Es war, als ob ein Vorhang sein Denken in diesen Fächern verhüllte, und selbst heute noch kann er nur mit Mühe lesen und rechtschreiben, obwohl er, wenn er nur die ersten Seiten eines

Buches überflogen hat, intuitiv sagen kann, wovon der Rest des Buches handelt.

Als Kind versammelte er immer Tiere um sich, aber seine Lehrer waren nicht gerade erfreut, wenn kleine Ratten, die er des öfteren eingesteckt hatte, durchs Klassenzimmer huschten. Phil schwänzte lieber die Schule, als daß er Hausaufgaben machte, und im Winter pflegte er nach eigener Aussage auf dem Como-See in der Nähe seines Zuhauses »auf Schlittschuhen gelebt« zu haben.

Eines Tages fand er zwei Wolfsjunge im Wald und brachte sie nach Hause; er bekam aber keine Erlaubnis, sie zu behalten. Er gab sie einem Freund und beobachtete, wie sie heranwuchsen. Dabei fiel ihm auf, daß ein Collie lange Hinterbeine besaß, um große Geschwindigkeiten zu erreichen, während der Wolf einen kräftigeren Brustkorb hatte, was wohl zum Ziehen besser ist. Zur geeigneten Zeit brachte er den Collie eines Freundes mit einem seiner Wölfe zusammen, und wählte aus dem resultierenden Wurf ein Junges aus, um es zum Leithund zu dressieren.

Im Alter von sieben bis zwölf Jahren durfte Phil eine Tour der *Daily News* von St. Paul austragen. Abkassieren mußte er in einem noch viel größeren Bezirk; hierzu nahm er im Sommer das Fahrrad und im Winter Hund und Schlitten. Shep, halb Collie, halb Wolf, hatte gelernt, ihm auf seiner Tour zu helfen. Während Phil die Zeitungen zu den Haustüren brachte, zog Shep den Schlitten schon zur nächsten Verteilungsstelle und wartete dort auf ihn. Diese Zusammenarbeit klappte so gut, daß die Zeitung eines Tages ein Bild von Phil und seinem perfekten Leithund trug.

Als Phil seinen Zustellbezirk schon einige Jahre betreute, kämmte ein erwachsener Zeitschriftenwerber das Gebiet drei Tage lang nach neuen Abonnenten durch und schloß vierzehn Verträge ab. Dann veranstaltete die Zeitung einen Wettbewerb unter den Austrägern und bot Preise je nach Anzahl der geworbenen Neukunden an. Der Junge ging die gleiche Route noch einmal ab und sammelte achtzig Neuabonnenten. Der Vertriebsleiter ließ in der Erinnerung daran, daß erst kürzlich einer seiner besten Werber alle Bewohner des Bezirks aufgesucht hatte, die Zahlen der Bestellungen genau überprüfen, die Phil eingebracht hatte. Als daran nichts zu beanstanden war, fragte er den Burschen, wie er das geschafft habe.

»Um ganz ehrlich zu sein«, gestand Phil, »ich habe drei Tage dafür die Schule geschwänzt, und jetzt bin ich geflogen.« Der Vertriebsleiter ging mit Phil zum Schulinspektor, erklärte ihm die Situation und erreichte, daß Phil wieder aufgenommen wurde. Für seinen großartigen Erfolg erhielt Phil alle vom Verlag ausgeschriebenen Preise, darunter eine 18 Karat goldene Elgin-Armbanduhr mit 17 Steinen, einen grauen Pullover, ein Paar Schlittschuhe und zwei Abonnementskarten für das Orpheum-Theater. Einmal in seinem Leben war Phil der Held der Schule.

KAPITEL III

Der universale Ring

Mr. A verlebte eine aktive und in vielen Aspekten typische Kindheit in jenen Jahren um die Jahrhundertwende, als unser Land und sein Wasser noch nicht verschmutzt waren, als »Buchwissen« noch weniger wichtig schien als Angeln oder das Helfen bei der Ernte und als viele Kinder der Schule mit dreizehn oder vierzehn Jahren den Rücken kehrten, um arbeiten oder Geld verdienen zu gehen. Doch etwas unterschied ihn von seinen Spielgefährten; er selbst versucht es so auszudrücken: »So lange ich mich zurückerinnern kann, empfing ich einen ständigen Strom von Informationen, der mich über die Luft vom Universalen Ring der Weisheit erreichte und die uralten Wahrheiten des Lebens erklärte; ich erhielt auch Anweisungen über die Erzeugung von menschlicher Energie. Das Aufnehmen dieser Information war für mich immer so ununterbrochen und natürlich wie das Atmen, aber meiner Familie blieb es ein Rätsel – besonders meinem älteren Bruder, der mich fast endlos ausfragte, um zu erfahren, wie ich zu gewissen Kenntnissen gelangt sei. Oft dauerten solche Sitzungen die ganze Nacht hindurch. Ich pflegte die Fragen meines Bruders nach bestem Können zu beantworten und schlief sofort ein. Er brütete und dachte über meine Antworten nach und weckte mich dann auf, um weitere Fragen zu stellen.«

Bei den Arbeiten zu diesem Buch wollte ich von Mr. A wissen, wie er zu seiner Information gelange, und er antwortete: »Nun, indem ich mich auf den Ring einstelle.« Als ich ihn drängte, sich in Begriffen auszudrücken, die auch für Laien verständlich wären, erklärte er, daß ein schützender Ring aus Energie jeden Planeten umgebe und in sich alles Wissen speichere seit Anbeginn der Zeit. Alle Gedanken und Erfindungen, fuhr er fort, seien »dem Ring entnommen«, und all diese Information stehe jedermann zur Verfügung, der zu lauschen lerne. Die uralte Weisheit, die seinem Geist schon in der Kindheit eingeprägt worden sei, verändere sich nicht. Die Jahre hätten sie lediglich erweitert und ihm mehr und mehr Beweise für das geliefert, was er als Knabe schon erfahren habe.

»Die Theorie von Energie als der Lebenskraft und Körperaktivität ist ja uralt«, sprach er weiter, »und es gibt Menschen, die sehr viel über die uralte Weisheit wissen, und denen das meiste hiervon bekannt ist. Diese Welt, in der wir leben, besteht aus Gasen und Energie. Alle Substanz – pflanzliches, tierisches und menschliches Leben – ist Resultat der unbegrenzten Kombinationen von Energiefrequenzen, die auf diese Gase einwirken. Jede Pflanze, jedes Tier und jeder Mensch besitzt seine eigene, individuelle Energiefrequenz, um Leben, Wachstum und Entwicklung zu sichern und zu erhalten. Der erste Atemzug bei der Geburt ist unsere direkte, lebenswichtige Verbindung mit der Universalen Kraft – dem Leben selbst! Wann immer dieser Energiefluß vom Magnetfeld abgeschnitten wird, geht die Energie, die das Feld ursprünglich erzeugt hatte, als Teil in die Kraft ein, aus der sie hervorgegangen ist. Solange diese Energie aufrechterhalten bleibt und ohne Behinderung fließen kann, sind wir in Übereinstimmung mit dem universalen Energienachschub.«

Mr. A erklärte weiter, im Unterbauch befinde sich das »Hauptgehirn«, ein kompliziertes System, das das Magnetfeld bilde, »die Verknüpfung der wichtigsten Nerven mit ihren Verzweigungen und Relaisstellen, die sich durch den ganzen Körper ausdehnen«. Normalerweise, erklärte er, gebe das Magnetfeld den Lungen die Kraft, um alle Energien in den Organismus hineinzuziehen. Aber auch das Feld selbst zieht seine eigene

Energiefrequenz von den Lungen an, um sie über den Körper zu verteilen. Einige Symptome ungenügender Energieverteilung seien Atemnot, Nervosität, Verwirrtheit, Ruhelosigkeit, Reizbarkeit, Geblähtheit, Schmerzen und das Gefühl der Schwere. Ihre Intensität wiederum hänge vom Grad des Mangelzustandes im Magnetfeld ab, der durch Angst, Wut, Haß, Schock und falsche oder ungenügende Nervennahrung verursacht werde.

»Ein Kind wird mit einem kräftigen oder einem schwachen Nervensystem geboren«, erklärte er, »was bereits zum Zeitpunkt der Zeugung bestimmt wird und das Resultat der Energien seiner Eltern ist. Wenn Mutter und Vater in ihren Frequenzen verwandt sind und sich bei der Zeugung des Kindes kräftig und wohl fühlen, wird dieses in der Regel eine leichte Geburt und ein starkes, gesundes Nervensystem haben. Ist das Kind die Frucht einer ungünstigen Verbindung von Energieströmen, sind die künftigen Eltern bei der Zeugung nervös, unzufrieden oder krank, wird das Kind in der Regel ein schwaches Nervensystem besitzen und wohl auch eine schwierige Geburt erleben. Aus diesem Grunde ist es die meiste Zeit seines Lebens nur schlecht mit Energie und Nervenkraft versorgt. Aber selbst wenn ein Kind ein schwaches Energiefeld erbt, kann diese Spannung kurz nach der Geburt von jemandem gelöst werden, der über eine gute, harmonische Energiemischung verfügt und diese Energie in das Magnetfeld des Babys überträgt, so daß dieses frei wird von seinem ungünstigen Erbe und offen für das Universum; dann kann es sein normales Energiemaß aus der Atmosphäre beziehen.«

Wer ist ein solcher Mensch? Mr. A behauptet, eine Person mit einem kräftigen, gesunden Nervensystem erzeuge genügend Treibstoff oder Energie, um seine eigenen Bedürfnisse zu erfüllen und darüber hinaus noch einen starken Überschuß auszustrahlen. Ein solcher Mensch bringt die Voraussetzungen mit, anderen zu helfen, und kann – so Mr. A – gelehrt werden, wie Energie auszurichten ist, wie Nerven zu stärken und Verkrampfungen bei Personen zu lösen sind, deren Energiemuster sich mit dem eigenen verträgt. Es gibt aber offenbar nicht viele Behandler wie Mr. A, der das Ohr auf die Brust seines Patienten legt und sofort dessen Energiemuster erkennt und sein eigenes dem des Leidenden anzupassen vermag.

Dies wird durch folgende Analogie verdeutlicht: Mehrere Patienten werden aussagen, daß eine bestimmte Masseurin sie entspannen, massieren und ihre Schmerzen so gut zu lindern vermöge, daß sie wochenlang, vielleicht sogar auf Dauer von ihren Beschwerden frei werden; andere dagegen erfahren nur wenig oder gar keine Linderung durch die Behandlung derselben Masseurin. Mr. A behauptet, daß jene, die Hilfe erlangen, die passenden Energien besitzen. Während der Massage erhalten sie – ohne es zu merken – die passenden Ströme und Nervenenergie von der Masseurin, der wiederum soviel Energie zur Verfügung steht, daß sie anderen davon abgeben kann. Besitzt ein Patient aber eine andersartige Nervenenergie, wird nicht nur er, sondern auch die Masseurin sich nach der Behandlung erschöpft und geschwächt fühlen. Zeit unseres Lebens, sagt Mr. A, wird unser Nervensystem ständig von allen Begegnungen mit anderen Menschen beeinflußt. Manche strahlen uns Energie zu, andere dagegen ziehen sie uns ab.

Mr. A versichert, daß die körperlichen Charakteristika bei der Zeugung festgelegt werden. Die Individualität des Menschen dagegen wird bei der Geburt bestimmt, beim ersten Atemzug, der den Einfluß der drei herrschenden solaren Sonnen repräsentiert. Diese waren ursprünglich als die Trinität bekannt und bildeten einen Teil der Macht der Mächte. Diese Kombination verschiedener Energie-Frequenzen von jeder Sonne macht unser eigentliches Leben aus: das Magnetfeld. Ich fragte Phil, wer Gott sei, und er antwortete: »Die Macht der Mächte.«

Auf meine Bitten, etwas mehr über das Magnetfeld zu sagen, fuhr er fort: »Es gibt verträgliche, neutrale und negative Energietypen. Verträgliche oder passende Energien erzeugen zusammen aufbauende, belebende Energie für magnetischen Kraftstoff. Vereinbare menschliche Energien stammen in der Regel aus der gleichen Gruppe: Erde und Erde, Feuer und Feuer, Luft und Luft, Wasser und Wasser – vorausgesetzt, die betreffenden Personen haben unterschiedliche Geburtsmonate, aber passende Frequenzen; doch es gibt auch viele Variationen aufgrund der unterschiedlichen Planeten-Positionen zum Geburtszeitpunkt des einzelnen.

Negative menschliche Energien sind jene unterschiedlicher Elemente, z. B. die Kombination Erde mit Luft, Feuer mit Wasser etc. Im allgemeinen verursacht ihre Verbindung eine Schwächung des Magnetfeldes auf verschiedenen Ebenen, das dadurch seine Fähigkeit verliert, menschliche Energie zu beziehen, die über die Lungen aufgenommen wird. Neutrale menschliche Energien sind Kombinationen von Erde mit Erde, Feuer mit Feuer usw., wenn die betreffenden Personen den gleichen Geburtsmonat haben und keine weiteren komplementären Energien vorhanden sind. Solche Menschen bauen einander in der Regel nicht mit Energie auf. Sie verschmelzen und wirken wie ein Element, wie ein Doppel voneinander. Bei einer Schwächung des Magnetfeldes wird nicht die richtige Menge Kraftstoff aufgenommen, und das Nervensystem beginnt langsam abzubauen, während die betreffenden Menschen zusammen sind. Dies klingt natürlich nur grob verallgemeinert, und es gibt feinere Abstufungen für den einzelnen Fall. Außerdem müssen der Aszendent und die genauen Positionen der Planeten zum Zeitpunkt der Geburt mit betrachtet werden. Es existieren also noch viele weitere Aspekte und Facetten von Energiemuster-Kombinationen.«

Da ich nur sehr vage Vorstellungen von dem bekam, was Mr. A hier angesprochen hatte, nahm ich ein Astrologiebuch zu Hilfe und las dort, daß die Menschen, die im Zeichen Widder geboren wurden, dem Einfluß eines Feuerzeichens unterstehen;

Stier ist Erde, Zwillinge – Luft, Krebs – Wasser, Löwe – Feuer, Jungfrau – Erde, Waage – Luft, Skorpion – Wasser, Schütze – Feuer, Steinbock – Erde, Wassermann – Luft, und Fische ist ein Wasserzeichen.

Mr. A sagt, unser Nervensystem werde über unser Magnetfeld von jedem Menschen beeinflußt, dem wir begegnen. »Das hat natürlich ständig seine Auswirkungen auf das Magnetfeld und beeinflußt damit das Nervensystem«, erklärt er. »Wenn die eigene Energie-Erzeugung stark ist, haben die Fremdenergien von anderen nur wenig oder gar keine Wirkung auf unsere Nerven. Sind wir aber geschwächt, kommt es leicht zu einer Reaktion. Diese Interaktion von Energiefeldern gewinnt vor allem beim Umgang mit dem Kleinkind Bedeutung. Die notwendige Versorgung seiner Nerven muß über die Ausstrahlung seiner engsten Umgebung kommen; von diesen Menschen wird das Kind gestärkt oder geschwächt. Verträgt sich der Energiestrom des Kindes mit dem von Vater oder Mutter, will es instinktiv soviel wie möglich mit dem betreffenden Elternteil zusammensein, weil es von ihm ausgeglichen und mit Energie genährt wird. Sind die Energien aber gegensätzlich, kommt es zu nervöser Spannung und Reibung zwischen Elternteil und Kind. Besitzen beide Eltern ein dem Kinde gegensätzliches Energiemuster, wird sich ein Problemkind entwickeln, das schwer zu erziehen und sehr empfindlich und reizbar ist; seine Wesensart wird den Eltern ein Rätsel sein.

Manchmal ist ein Kleinkind schmächtig, nervös und reizbar, aber wenn es erst in die Schule geht, wird es verständiger und kräftiger, weil es sich instinktiv Spielkameraden aussucht, die die zu ihm passenden Energien haben und sein Magnetfeld mit dem notwendigen Kraftstoff auffüllen. Wenn ein Kind solche Gefährten nicht findet, wird es lieber allein spielen. Ist es schließlich erwachsen und heiratet einen Partner, dessen Energien die richtigen sind, können sich seine geschwächten Nerven rasch erholen, und binnen weniger Jahre wird sich eine

Veränderung seiner Persönlichkeit und des Verhaltens feststellen lassen. Mit einem entspannten Nervensystem sind die Aussichten auf Gesundheit und Erfolg wesentlich höher; heiratet man aber einen Partner mit entgegengesetzter Energie, schwächt sich das Magnetfeld. Es kommt zu einem Verkümmern der Nerven, und schon nach kurzer Zeit merkt man, daß Ruhelosigkeit und Unzufriedenheit ständige Begleiter geworden sind. Fehlt ein von Natur aus passender Energiestrom, spüren die Menschen eine unersättliche Sehnsucht, ein Verlangen, das sie oft durch zuviel Essen oder Trinken zu stillen versuchen, in dem Glauben, daraus Energie oder Kraft beziehen zu können. Aber vorteilhafte Resultate gibt es praktisch keine. Die Nerven erhalten nicht ihre Nahrung, da sie nicht den Gesetzen der Natur entsprechen.«

Die besondere Gabe, mit der Mr. A geboren wurde, ist die Kraft, das Nervensystem wieder aufzubauen, Druck und Spannungen zu lösen und Leiden und Schmerzen durch Aufladen des Magnetfeldes zu beheben. Dies erreicht er, indem er die Finger über Nerven und Nervenverteilerstellen legt und automatisch die Energie erzeugt, die der des Patienten entspricht. Als Energie-Erzeuger weiß er genau, die Intensität der Energie zu erhöhen, um Korrekturen durchzuführen. Die Lebensenergie, die er überträgt, ist wohl einige Male stärker als die Energie-Entsprechung zwischen zwei Menschen. So erzeugte Energie ist nicht vergleichbar mit mechanisch gewonnenem elektrischen Strom. Der Körper ist laut Mr. A nicht darauf eingestellt, letzteren aufzunehmen; die Nerven können elektrische Energie, die wie ein Schock auf sie wirkt, nicht festhalten. Um Nerven zu stärken und wiederaufzubauen, um Verkrampfungen zu entspannen und den notwendigen Kraftstoff zu verabreichen, müssen die Energien des Erzeugers denen des Patienten oder Empfängers entsprechen oder mit ihnen synchron sein. Mr. A hat die seltene Gabe, solche Energien zur Verfügung zu stellen.

Wird man von Mr. A behandelt, hat man zunächst den Eindruck einer leichten Vibration an der Stelle, an der seine Hand einen berührt. Dann schießen die Vibrationen den Körper herauf oder hinab zu der Stelle, die nach Aufmerksamkeit verlangt. Der Patient klagt vielleicht über eine schmerzhafte Schulter, doch diese wird von Mr. A nicht berührt. Die Energie strömt wie durch einen Zauber von der Berührungsstelle aus zu der Schulter hin, und nach wenigen Minuten fühlt man sich von einer leichten Wärme umgeben, die jeden Teil des Körpers erreicht und erfüllt. Anstatt flach zu atmen – so stellt man fest –, reicht die Atmung nun tiefer; man könnte fast den Eindruck haben, bis ins Becken hinunter zu atmen. Schmerzen verschwinden, und wenn Mr. A die Aufforderung gibt, den – womöglich seit Monaten oder Jahren unbeweglichen – Arm oder ein Bein zu heben, geht dies auf einmal ganz leicht, ohne Widerstand oder die leichteste Spur von Beschwerden.
Wer die offenbar wunderwirkenden Heilungskräfte von Mr. A erlebt hat, wird sich vielleicht fragen: »Warum weiß denn nicht jeder von dieser revolutionären neuen Methode, körperliche Störungen zu behandeln?«
»Revolutionär? Neu?« fragt er dann mit freundlichem Lächeln zurück. »Nein – diese Theorie ist uralt! Es ist einfach eine in Vergessenheit geratene Kunst. Die Bibel berichtet, daß einige Menschen in der alten Zeit, manche auch im Neuen Testament, Verständnis und Weisheit des Heilens durch Handauflegen besaßen. Ich meine, dies war ihre Methode zur Verteilung menschlicher Energie. Die Kraft, die durch meine Hände fließt, wohnt in jedem Menschen. Nur das Wissen um ihre Anwendung ist nötig. Die Kraft aber tut ihre Arbeit. Ich bin nur ihr Verteiler.«
Von der Geburt bis zur Adoleszenz, erklärt Mr. A, empfängt der Körper Nervennahrung aus der Ausstrahlung anderer Menschen, aber während des Heranwachsens verändern sich die Bedürfnisse des Organismus. Um weiterhin reibungslos zu

funktionieren, verlangt das Nervensystem einen größeren Nachschub eigener Energie sowie einer passenden, ergänzenden Energie.
»Diese Versorgung mit Nervenkraftstoff findet normalerweise durch die sexuelle Verbindung mit einem Menschen statt, der die passenden Energien besitzt«, fährt er fort zu erläutern. »Das ist die Methode der Natur, das Magnetfeld vital zu halten. Ziel der Natur ist die Fortpflanzung der Art, und die Versorgung mit Nervenkraft durch ein normales Sexualleben ist unumgänglich, um die Gesundheit aufrechtzuerhalten. Leider schränken viele Menschen nach einer gewissen Zeit ihr Sexualleben ein und erkennen nicht, daß sie damit einer Schwächung der Nerven, und somit Beschwerden und Funktionsstörungen Tür und Tor öffnen. Einer der wichtigsten Nerven zur Kraftstoff-Versorgung des Magnetfeldes der Frau ist der Klitoris-Nerv. Liegt dieser Nerv brach, gibt er nicht in richtigem Maße Kraftstoff an das Magnetfeld weiter, und damit kommt es zu einer mangelhaften Verteilung der Energie, und die nervöse Spannung nimmt zu. Im Laufe der Zeit treten Symptome auf, die Funktionsstörungen des Körpers widerspiegeln.
Wenn sich Frauen in einem solchen Zustand befinden, hat dies auch seine Auswirkungen auf das Nervensystem des Mannes. Da dieser nur einen unzureichenden Bruchteil der benötigten Nervennahrung von der Frau erhält, fängt sein eigenes Nervensystem an, auf den Energiemangel zu reagieren. Spannung, Gereiztheit und Reibungen sind die Folge. Bei Frauen begegnen wir häufiger einem teilweisen Ruhen des Magnetfeldes. Das kann durch einen Schock oder eine Verletzung der Klitoris verursacht worden sein, wie sie häufig beim ersten Geschlechtsverkehr vorkommt. Im allgemeinen aber liegt es an mangelndem Verständnis in bezug auf die Bedeutung dieser Nerven für Leben, Gesundheit und Zufriedenheit.
Meistens ist eine Frau sexuell langsamer anregbar als ein Mann, wenn sie aber erregt ist, wird sie automatisch anfangen,

Energie zu erzeugen. Sie muß die Energie aber auch von ihrem Partner zurückerhalten. Dieser sollte darauf bedacht sein, Energie für sie zu erzeugen, um die Belebung, die Vitalisierung der Magnetfelder beider Partner, zu vervollständigen. Andernfalls würde sie als der empfindlichere Teil schließlich aufhören, Energie für ihn freizusetzen und den Geschlechtsakt nur noch als die Erfüllung ehelicher Pflichten hinnehmen.
Die gegenseitige Aufladung des Magnetfeldes kann auch infolge gegensätzlicher Energien zum Erliegen kommen. Wenn die Energiewellen nicht gut zueinander passen, führt dies zu einem Gefühl der Unzufriedenheit oder Leere, das viele Menschen nicht verstehen. Jedes Elternpaar muß sich eines Tages dem Problem stellen, dem heranwachsenden, fragenden Kind die menschliche Sexualität zu erklären. Wie viele Eltern aber verstehen etwas von dem Sinn, der hinter ihr steht? Die Verhütung von Leiden durch Wissen und Verstehen ist immer die beste Arznei, und daher müssen wir unsere Kinder aufklären.«
Um mir verstehen zu helfen, was Mr. A versucht hatte, über die Nervenschwächung zu erklären, die sich in manchen Ehen ergibt, nannte mir eine Krankenschwester, die seit einer Reihe von Jahren eng mit ihm zusammenarbeitete, ein Beispiel: »Ich verfolgte diesen Fall mit Interesse«, begann sie, »weil es der erste dieser Art war, der mir so direkt ins Auge fiel. Als jener Mann zum erstenmal zu Mr. A kam, zeigte er alle Symptome einer kritischen Krankheit, aber nach einer Reihe von Behandlungen wurde er gesund und normal in jeder Hinsicht. Er besaß Feuer-Energie, seine Frau jedoch Erde-Energie. Infolge dieser Kombination hatte einer den anderen geschwächt. Hier kann ich Ihnen die Aufzeichnungen über jenen Fall zeigen.«
Sie zog eine durch Unterschriften bezeugte Aussage aus den Akten und legte mir eine Kopie der freiwilligen Erklärung des Mannes vor, in der es hieß: »Ich war krank, bevor ich diese Behandlungen erhielt. Ich hatte Rücken- und Herzbeschwerden,

und eigentlich fehlte mir überall etwas. Ich war schon einige Zeit in ärztlicher Behandlung, aber mein Zustand verschlechterte sich zusehends. Zweimal die Woche bekam ich Spritzen, schließlich sogar jeden Tag, aber es wurde trotzdem immer schlimmer. Ich war an einen Punkt gelangt, an dem ich nicht mehr schlafen oder essen konnte. Nach der ersten Behandlung konnte ich tiefer atmen, und als ich das Zimmer von Mr. A verließ, hatte ich das erste Mal seit Jahren wieder Hunger, ich ging in ein Restaurant und bestellte mir ein Steak. Es schmeckte köstlich, und ich war noch immer hungrig, also bestellte ich mir ein zweites. Seit jener Zeit habe ich keine Mahlzeit mehr ausgelassen, und nach der dritten Behandlung begann ich mich wirklich prächtig zu fühlen. Nach zehn Behandlungen war ich völlig wiederhergestellt, und obwohl ich keine leichte Arbeit habe, versäumte ich keinen einzigen Arbeitstag mehr.«

Daraufhin brachte der Mann seine Frau zu Mr. A, der, sobald er an ihrer Brust gelauscht hatte, sofort den Grund ihres Problems verstand. Die Patientin war zart und nervös und verbrachte trotz der Behandlung durch ihren Hausarzt die meiste Zeit im Bett. Als die Krankenschwester ihr den Puls fühlte, bemerkte sie, daß das Herz »wild«, unregelmäßig und schnell schlug, die Atmung war beschleunigt und flach.

Sie erinnert sich an den Kommentar von Mr. A: »Wir werden Ihr Magnetfeld revitalisieren, bevor wir den Motor einstellen.« Nach wenigen Minuten forderte er die Schwester auf, erneut den Puls der Patientin zu kontrollieren. »Die Pulsqualität der Frau veränderte sich als erstes«, berichtete sie mir. »Der Herzschlag wurde kräftiger, als Mr. A die Energie in ihren Brustraum lenkte, und schon bald begann der Puls sich zu beruhigen. Volumen und Qualität wurden besser und der Herzschlag selbst immer regelmäßiger. Nach ungefähr drei Minuten schlug das Herz im normalen Rhythmus und Tempo, auch die Atmung wurde langsamer und tiefer, die Gesichtszüge entspannten sich. Nach einigen Behandlungen schien sie wie verwandelt – entspannt, lächelnd und erholt. Sie und ihr Mann strahlten vor Glück, als sie sich verabschiedeten. Von Zeit zu Zeit kommen sie noch vorbei, um sich wieder aufladen zu lassen, da sie jetzt über die Unverträglichkeit ihrer Energiemuster Bescheid wissen.«

Ein weiterer Fall in den Akten ist der einer Frau, deren Zustand Mr. A als »Mangel notwendiger Treibstoff-Ergänzung« beschrieb. Nach fünf Behandlungen schrieb die Patientin folgenden Bericht: »Ich weiß nicht mehr, wie viele Ärzte ich im Laufe der Zeit konsultiert habe, und jeder sagte etwas anderes. Ich meinte, ich hätte ein Magengeschwür, weil ich jahrelang starke Magenschmerzen hatte. Bei jedem Anfall schwoll mein Leib an, bis ich kaum noch atmen konnte. Jeder Arzt, den ich aufsuchte, wollte mich operieren, und jeder mit einem anderen Verdacht. Keiner schien genau zu wissen, was mir fehlte. Im letzten Jahr fühlte ich auch starke Schmerzen an der Rückseite meiner Beine. Vor vier Monaten bekam ich einen Anfall mit Rückenschmerzen, die die reinste Folter für mich waren. Ein Arzt behandelte mich, aber die Beschwerden wurden so schlimm, daß ich die Therapie abbrach.

Da erfuhr ich über eine Nachbarin von dieser Art der Behandlung mit menschlichen Energien, und um ihr den Gefallen zu tun, suchte ich Mr. A auf. Mein Bauch war gerade sehr angeschwollen, und ich konnte nur mit Mühe atmen; es ging mir so schlecht, daß mir vollkommen gleichgültig war, was mit mir geschähe. Mr. A hatte noch keine zehn Sekunden die Finger auf meinem Leib, als er fragte: ›Nun, wo ist denn Ihr Magen?‹ Ich blickte an mir hinunter, und die Schwellung war ganz weg. Es schien mir wie ein Wunder! Ich war wieder flach und konnte zum erstenmal nach drei Jahren unbehindert atmen. Die Schmerzen in meinen Beinen verschwanden nach der ersten Behandlung und sind nie wieder aufgetreten. Ich fühle mich jetzt herrlich!«

Ich bat Mr. A um eine Erklärung, und er antwortete: »Das ist

nur ein weiteres Beispiel der Nervenverkrampfung infolge eines Mangels an der notwendigen Treibstoff-Ergänzung. Das geschwächte Magnetfeld hemmte den Nachschub von Nervenkraft zu Magen und Darm. Die daraus entstandene Nervenverkrampfung erzeugte die Aufblähung des Darms und die Spannung, die sich dann in Schmerzen und Beschwerden äußerte. Als ihrem Magnetfeld die richtige Energie vermittelt wurde, verschwand die Aufblähung des Darmes binnen Sekunden. Durch diese Entkrampfung und Entspannung konnte die Patientin wieder tief atmen und so ihrem Magnetfeld die volle Zuteilung eigener Energie zukommen lassen. Diese Energie wurde über das ganze Nervensystem verteilt, und so verschwanden alle Schmerzen. – Einfach, nicht wahr?«
Ja, ganz einfach... wenn einem die Heilungsgabe eines Mr. A in die Wiege gelegt wurde.

KAPITEL IV

Die mageren Jahre

Ich begegnete Mr. A zum erstenmal im Februar 1966, als die amerikanische Gattin eines europäischen Botschafters ihn in mein Haus in Washington mitbrachte. Vor mir stand ein kräftig gebauter, jugendlich erscheinender Mann mit klarem, faltenlosem Gesicht. Auch heute noch zeigt seine Haut – abgesehen von Lachfältchen – so wenig Spuren des Alters wie bei einem Zwanzigjährigen. Seine Hände gleichen denen eines Jugendlichen, der noch nie schwer gearbeitet hat; auffallend ist der Stern in der Linienzeichnung der rechten Handfläche. Heute aber ist Mr. A siebenundsiebzig Jahre alt, und sein Leben war erfüllt von der Arbeit seiner Hände, die voll Freude ausgeführt wurde.

An jenem frostig-kalten Wintertag teilte mir die Botschafters-Gattin mit, daß Mr. A ihr »eine undichte Herzklappe« kuriert habe, die ihr seit der Geburt Beschwerden verursacht hatte. Bei ihrer ersten Begegnung mit Mr. A waren drei Ärzte zugegen, die ihren Puls prüften und die vorliegende Unregelmäßigkeit bestätigten. Mr. A legte seine Finger auf eine Stelle hinter ihrer Schulter, »und als die Ärzte meine Herztätigkeit erneut prüften, erlitten sie fast einen Schock. Sie sagten, es klänge so ruhig und gleichmäßig wie der Motor eines Rolls-Royce. Jetzt kann ich überallhin reisen, ohne mich vor einer Überanstrengung des Herzens fürchten oder hüten zu müssen. Das hat mein ganzes Leben verändert.«

Ich fragte Mr. A, wie er eine solche Wunderheilung fertiggebracht habe, und er gab zur Antwort: »Wir haben die Klappen nachgeschliffen. Wir haben im Laufe mehrerer Behandlungen einfach die Schalter geöffnet, das Magnetfeld gestärkt, den Motor neu eingestellt, den Energiestrom durchgelassen, den Rost herausgepustet und ein paar Gelenke geschmiert.«

Als ich lachend bemerkte, dies klinge wie die Aussage eines Mechanikers, funkelten seine blauen Augen bei der Erwiderung: »Ich war ja auch einer gewesen.« Später erfuhr ich, daß dies tatsächlich zutraf, und daß Mr. A eine komplizierte Maschine ebenso leicht reparieren konnte wie eine undichte Herzklappe. Jene Phase seines Lebens begann bei einem Abendessen im Familienkreis, als Phil, der mit vierzehn Jahren die Schule nach der vierten Klasse verlassen hatte, seinen Vater sagen hörte: »Da habe ich ja eine schöne Sammlung von Kindern in die Welt gesetzt. Ihr müßtet verhungern, wenn ich euch nicht ernähren würde.«

»Meinst du mich?« fragte Phil, als ihm einfiel, daß beide älteren Geschwister berufstätig waren und abends noch Kurse an der Universität belegt hatten.

»Ich meine *euch alle*«, antwortete der Vater bedrückt. Mehr wurde an jenem Abend nicht gesprochen, aber am nächsten Morgen meldete sich Phil auf eine Stellenanzeige hin, die einen Maschinenschlosser und Lehrling suchte. Man sagte ihm: »Junge, das wird harte und schwere Arbeit sein, aber wenn du das schaffst, sollst du die Stelle haben. Dein Lohn ist zehn Cents pro Stunde, und du arbeitest zehn Stunden an Werktagen und fünf Stunden samstags.«

Am ersten Tag arbeitete Phil in der Schmiede und mußte zehn Stunden lang den Vorschlaghammer schwingen, während der ihm vorgesetzte Schlosser Stahlteile für Fahrstuhlrahmen zusammenschweißte. Am nächsten Tag bediente der neue Lehrling eine Gewindeschneidmaschine, und am dritten Tag stellte er die Spindel einer Drehbank auf verschiedene Maße ein. Da er noch nicht groß genug war, um die Tastlehre zu erreichen, brachte ihm der Vorarbeiter einen Holzklotz, auf den er sich stellen konnte.

Phil mietete ein Zimmer über einer Klavierfabrik und lebte einige Monate lang hauptsächlich von Brot und von Bohnen aus der Dose, bis er als zahlender Untermieter nach Hause zurückkam. Nach nur sechs Monaten Lehrzeit übertrug man ihm die volle Verantwortung für den Einbau von Aufzügen in Gebäuden – nach wie vor für zehn Cents pro Stunde. Später wurde er von der International Harvester Company für mehr als den doppelten Lohn als Maschinenbaulehrling abgeworben.

Aber Phil wollte mehr von der Welt sehen als nur St. Paul. Mit einundzwanzig wurde er Nacht-Werkmeister in der Maschinenhalle bei Armour's, danach reparierte er die Brennstoffzuführungen für die Great Northern Railroad, dann arbeitete er als Maschinentechniker für die Kupfertiefdruck-Anlagen in der Druckerei Brown & Bigelow. An jedem Arbeitsplatz erfand er neue, nützliche Werkzeuge, um seine Aufgabe zu erfüllen; die Erfindung des Drehstahl-Schneidewerkzeugs aber, das über die anderthalb Meter lange Abstreichklinge der Tiefdruckpressen fahren sollte, bewirkte seine Entlassung: als die Firmenleitung bemerkte, wie radikal die Arbeit durch Phils Neuerung erleichtert wurde, gab man seinen Job einem Jungen, der fünfzehn Dollar Wochenlohn erhielt.

Als nächstes wurde Phil Verkäufer, der mit allem hausierte, was sich von Rasier-Utensilien und Weihnachtsschmuck bis hin zu Teppichwaren und Farb-Sprühpistolen unters Volk bringen ließ. Mit seinem phänomenalen Erfolg mußte er zwangsläufig Verkaufsleiter für jedes Produkt werden, das er gerade vertrieb, und so brachten ihn seine Touren in jeden der amerikanischen Bundesstaaten. Kam er gerade in die Nähe von St. Paul, besuchte er seine Mutter, die inzwischen verwitwet war. Als sie einmal Verwandte zum Essen eingeladen hatte, wurde sie von einer Cousine gefragt, ob es ihr denn nichts ausmache, daß Phil durchs ganze Land reise, ohne daß sie je wisse, wo er sich gerade befinde.

»Er kann auf sich selbst aufpassen«, erwiderte sie, »und ich habe ihm immer gesagt, daß ein Stein, der am Rollen bleibt, kein Moos ansetzt.«

Von der anderen Seite des Tisches konterte Phil: »Ja, aber hast du je gesehen, wie dieser Stein geschliffen wird?« Annie, die gerade Brot aufschnitt, warf mit dem Laib nach ihm.

Phil lauschte immer auf seine »inneren Weisungen«, die ihm zu verstehen gaben, daß er mehr über die Menschen und das Leben lernen müsse – und auf seinen Reisen lernte er viel. Im Frühjahr 1926 kaufte er sich ein Willys-Automobil und baute es in ein Campingfahrzeug um. »Hob man den Vordersitz um 2,5 cm an, ließ er sich zu einem Bett flachlegen. Ich baute auch eine Vorratskammer mit Eisfach ein und fertigte aus Rahmen, die ich mit Moskitonetzen bespannte, Fenster, die es mir erlaubten, im Wagen zu schlafen und zu essen.« Damals verkaufte er Spritzpistolen an Gebrauchtwagenhändler. Er konnte vier bis sechs Orte pro Tag besuchen, sich bei den Händlern vorstellen, und hatte immer noch Zeit übrig für seine geliebten Angelausflüge.

»In jenem Sommer habe ich geheiratet«, erinnert er sich. »Wir begannen unsere Flitterwochen, campierten und verkauften unterwegs, aber meine Frau machte sich nichts aus dem Campen. Sie bestand darauf, mir zu erzählen, wie es ihr und meiner Mutter gelungen war, einen meiner Koffer auf dem Dachboden zu öffnen und Briefe von vielen jener Mädchen zu lesen, die ich auf meinen Reisen kennengelernt hatte. Sie hörte nicht auf, mir die Hölle deswegen heißzumachen, und so fuhr ich sie am dritten Tage dieses Krachs vor den Bahnhof der Stadt, die wir gerade passierten. Sie fragte: ›Was tust du denn hier?‹, und ich antwortete: ›Du fährst jetzt zurück nach St. Paul, und ich verbringe meine Flitterwochen allein.‹ Ich setzte sie in den Zug und machte mich wieder auf meine Verkaufstour, bevor ich nach St. Paul zurückkehrte.

Bald darauf wurde mein Verkaufsbezirk vergrößert und umfaßte nun die beiden Dakotas, Montana, Idaho, Washington und Oregon. Im November machten sich meine Frau und ich auf den Weg zur Westküste in der Absicht, den Winter in Washington und Oregon zu verbringen, während ich die Umgebung bereiste. Auf der ganzen Fahrt hatten wir gegen schlechtes Wetter zu kämpfen: Schnee, Matsch, Regen und glatte Straßen. Es war schlimm für ein Mädchen, das diese Art zu reisen noch nie kennengelernt hatte, und sie war wie erstarrt. Sie haßte es, in der Dunkelheit im Auto mitzufahren, und nachdem wir Billings hinter uns liegen sahen, begann es stark zu schneien. Ich mußte ihr Schimpfen und Zetern, wir sollten dort übernachten, ignorieren; meine inneren Weisungen sagten mir, wir hätten bis Bozeman weiterzufahren. Nach Mitternacht kamen wir dort an und konnten am nächsten Morgen in der Zeitung lesen, daß die Straße, die wir des Nachts gekommen waren, nun über den ganzen Winter gesperrt sei.

Am nächsten Morgen gab es noch mehr Schnee und Matsch, aber schließlich erreichten wir Spokane im Staate Washington. Das Davenport-Hotel am Ort kam uns vor wie der Himmel, und wir quartierten uns für eine Woche ein, um uns auszuruhen. Von Spokane aus fuhren wir nach Seattle und mieteten ein Appartement, weil meine Frau schwanger war. Nachdem ich mein nördliches Gebiet bereist hatte, fuhren wir in den Süden nach Los Angeles, mieteten uns wieder ein Appartement, und ich verkaufte weiter.«

Ihre Tochter wurde am 14. August 1927 geboren. Spät im Herbst desselben Jahres erhielt Phil von seiner Mutter einen Brief nachgeschickt. Dieser enthielt eine Zugkarte von St. Paul nach Kalifornien und einen Scheck über zweihundert Dollar. Der Brief selbst lautete: »Kommen Sie herüber und schauen Sie, was mit meinem Geschäft nicht stimmt.« Unterschrieben war er »C. Hill, MD« (MD entspricht Dr. med.; Anm. d. Ü.), und Phils »innere Weisungen« geboten ihm, diesem ungeschliffenen Ruf zu folgen.

Phil arbeitete so lange als Reisender in der Umgebung von Los

Angeles, bis seine Tochter alt genug war, mitzufahren. Dann machten sie sich auf den Weg nach Norden; das Baby lag in einer Hängematte, die über dem Rücksitz schaukelte. Zu jener Zeit brauchte man noch zwei Tage, um über die alte Ridge-Route zur Bucht zu kommen. Am Ziel angelangt, mietete Phil ein Doppelzimmer. Als er sich über Dr. C. Hill erkundigte, erfuhr er, daß dieser ein beliebter praktischer Arzt von tadellosem Ruf war, der eine eigene Klinik besaß.
Dr. Hill gefiel Phil auf den ersten Blick; der hochgewachsene, grauhaarige, gutaussehende Arzt war überrascht, als Phil ihm das Geld und die Bahnkarte mit der Erklärung zurückgab, er sei mit dem Auto aus Los Angeles hergefahren, statt mit dem Zug aus St. Paul zu kommen.
Dr. Hill erzählte ihm, daß er ungefähr zwölfhundert Hektar Sumpfland in der Nähe von Mendin in Nevada besitze, wo er eine Bisamratten-Farm errichten wolle. »Ich plane, in großem Stil ins Pelzgeschäft einzusteigen, mit Gerberei und Weiterverarbeitung usw.«, erläuterte er Phil, »und nach dem, was ich über Sie gehört habe, sind Sie der richtige Mann, um daraus einen Erfolg zu machen.«
Sie redeten im Sprechzimmer in Dr. Hills Klinik, als der Arzt in den Operationssaal gerufen wurde. Ganz überraschend sagte er zu Phil: »Ich möchte, daß Sie mitkommen und mir beim Operieren zusehen. Dieser Fall ist uns überwiesen worden, es handelt sich um eine Frau mit einer mächtigen Zyste, einer vermeintlichen Schwangerschaft, die inzwischen in den elften Monat fortgeschritten ist.«
Phil fragte sich, als er die Operation beobachtete, warum der Arzt den Wunsch geäußert hatte, ihn bei sich zu haben. Da sah er, wie Dr. Hill »seinen Arm anspannte und mit starkem Druck des Ellbogens den Brustkorb über dem Herzen der Patientin zu pressen begann«.
»Versuchen Sie, ihr Energie zu geben?« fragte Phil spontan.
Der Arzt blickte auf und erwiderte: »Verstehen Sie etwas von

Energie? Wenn Sie auch nur einen Funken Ahnung davon haben, dann machen Sie sich an die Arbeit!«
Mr. A steckte rasch seine Hand unter das Tuch auf die linke Seite der Frau und sandte ihr einen Schub Energie in den ganzen Körper. Auf der Stelle normalisierte sich ihre flache, beschleunigte Atmung. Wieder im Sprechzimmer, musterte der Arzt Phil eine Zeitlang schweigend, bevor er dröhnend ausbrach: »Das war der beste Beweis für Energie, den ich je gesehen habe. Sie sind gut! Ich habe von meiner Schwiegermutter in Minnesota über Sie gehört. Ich möchte Ihr Wirken gern in der Welt bekanntmachen, aber man würde Sie hängen.« Er hielt einen Augenblick nachdenklich inne und fuhr dann fort: »Doch Sie sind ab sofort mein Geschäftsberater. Auf diese Weise stehen Sie zur Verfügung, wenn ich Sie brauche. Nach dem, was ich heute mit Ihnen erlebt habe, bin ich sicher, daß die Energie die Schwäche und Schmerzen nach Operationen ausschalten kann. Sobald meine Patienten erwachen, können wir sie in Bewegung bringen und auf die Füße stellen, und ich bräuchte mir keine Sorgen um Blutgerinnsel mehr zu machen. Ich bin sicher, dieser heutige Zwischenfall wäre vermeidbar gewesen, wenn die Patientin jene Energie, die Sie ihr gaben, schon *vor* der Operation gehabt und bekommen hätte.«
In der Folgezeit stärkte Phil häufig die Magnetfelder von Dr. Hills Patienten, doch eines Tages jagte ihn der Sohn des Arztes hinaus, um die künftige Bisamratten-Farm zu sehen; er brachte ihn auch in die Spielkasinos von Reno, wo Phil prompt 83 Dollar beim Würfeln verlor.
Das muß ich aufklären, dachte sich Phil, und sobald er wieder in seinem Hotelzimmer war, spielte er mit einem Paar Würfel so lange, bis er sicher war, ein Gewinnsystem entwickelt zu haben. Er ging ins Kasino und spielte in kürzester Zeit sein verlorenes Geld ein und weitere 30 Dollar dazu. In der Wirtschaftskrise, die bald darauf folgte, war Phils »System« mehr als einmal die Rettung vor der Zwangsversteigerung oder dem Hungertuch, für ihn selbst und für seine Geschäftspartner.

Kurz vor dem Börsenkrach von 1929, als die Pelzfarm einen großen Aufschwung erlebte, hatte Phil eine seiner eigentümlichen Eingebungen, die ihn hieß, sich seine Aktien und Beteiligungen auszahlen zu lassen. Er folgte dieser Anweisung auf der Stelle und riet Dr. Hill, der bei einer Bank viel auf Einschuß investiert hatte, das gleiche zu tun. Der wohlaussehende alte Arzt zog ein langes Gesicht und erwiderte: »Ich bin all Ihren anderen Vorschlägen gefolgt, aber hier mache ich nicht mit.«
»Ich bin jetzt aus dem Spiel, und ich rate Ihnen, Ihre Papiere sofort zu Geld zu machen«, wiederholte Phil, aber am nächsten Tag stiegen die Aktienkurse, und Dr. Hill lachte ihn aus. »Na, sehen Sie? Wäre ich Ihrem Rat gefolgt, wieviel hätte ich dann jetzt verloren?«
Phil beharrte: »Ich rate Ihnen noch immer, auf der Stelle auszusteigen, und ich hoffe, Sie nehmen das ernst.« Am nächsten Tag stürzten die Börsenkurse ins Bodenlose. Bargeld war nirgends mehr aufzutreiben, aber Dr. Hill verfolgte mutig seine bewährte Methode, notwendige Operationen gleich durchzuführen, und erst danach über die Bezahlung zu sprechen. Folglich floß kein Geld mehr in die Klinik. Dr. Hill und Phil hatten schon früher 16 Hektar Land in Grundstücke aufgeteilt, die der Arzt auf der kalifornischen Seite des Lake Tahoe besaß. Nun machte er Phil das Angebot, jegliche Einkünfte aus dem Verkauf von Grundstücken, die dieser vermitteln sollte, 60:40 zu teilen. Dazu aber brauchte Phil eine Grundstücksmakler-Lizenz, und seine Sekretärin warnte ihn, daß die Prüfung so schwer sei, daß selbst brillante Rechtsanwälte schon durchgefallen seien.
»Sie können nicht richtig schreiben, ganz zu schweigen vom Lesen«, erklärte sie ihm; »den Zeitaufwand können Sie sich sparen.« Phil war klar, daß der Verkauf der Parzellen seine einzige Chance darstellte. Er meldete sich zur Prüfung an und verließ sich bei der Beantwortung der Fragen fast ausschließlich auf seine inneren Weisungen. Zum Erstaunen seiner Sekretä-

rin bestand er. Sofort ging er daran, Bauplätze am See zu verkaufen, zu einer Zeit, in der sich auf dem Grundstücksmarkt überhaupt nichts mehr rührte; den Anteil von Dr. Hill zahlte er auf ein Bankkonto ein, das er für ihn eröffnet hatte.
Ende 1930 erfuhr Phil von Dr. Hill, der auf die Siebzig zuging, daß die Gläubiger eine Versammlung forderten, da die Klinik kein Geld besaß, sie zu bezahlen – ungeachtet der Tatsache, daß Hunderttausende von Dollar ausstanden, die zu bezahlen wiederum die Patienten kein Geld hatten.
»Warum geben Sie den Gläubigern nicht, was ihnen zusteht?« fragte Phil lakonisch.
»Und womit, bitteschön?« schnitt Dr. Hill ihm das Wort ab.
»Mit dem Geld, das Sie auf der Bank haben.«
»Mit welchem Geld auf der Bank?«
»Nun«, antwortete Phil, »ich habe Ihren 60%-Anteil von den Verkäufen am See doch eingezahlt.«
»Soll das heißen, daß Sie tatsächlich einige Parzellen verkaufen konnten? Wie viele denn?« fragte Dr. Hill erregt.
»Fast die Hälfte.«
»Hurraah!« rief der Doktor, rannte zur Tür hinaus und tanzte mit jeder Krankenschwester, der er auf dem Korridor begegnete, einen Walzer.
Im Frühjahr, als die Wirtschaftskrise ihre Talsohle erreicht hatte, fuhr Phil nach Phoenix in der Hoffnung, einige Einzelheiten über das Bisamratten-Geschäft in Erfahrung zu bringen. Als er in einem Restaurant saß, bemerkte er eine Frau am Nachbartisch, die so traurig schien, daß er sie ansprach: »Sie blicken ja drein, als wenn die Welt untergegangen wäre.«
»Das würden Sie auch«, entgegnete sie, »wenn Sie von Ihrem Arzt den gleichen Befund mitgeteilt bekämen, den ich gerade erfahren habe. Meine eine Lunge ist schon hin, und jetzt sagen sie mir, daß auch auf der anderen Schatten zu erkennen sind. Ich bin Krankenschwester und weiß, was das bedeutet: Ich habe nicht mehr lange zu leben.«

»Ist es so schlimm?« fragte Mr. A voll Mitgefühl, und nach einem kurzen Gespräch bot er ihr an, für sie zu tun, was in seiner Macht stehe. Nach der ersten Behandlung, die Phil als »Aufladen Ihrer Batterien« bezeichnete, war die Kranke verblüfft über die neugewonnene körperliche Freiheit. Im Laufe der beiden folgenden Tage lud er sie noch fünfmal mit neuen Energien nach, um das Magnetfeld zu kräftigen und das Lungengewebe aufzubauen. Am Abend stand er im Hotel, als er plötzlich von hinten gepackt und so heftig herumgerissen wurde, daß er das Gleichgewicht verlor und fiel; die Frau kam auf ihm zu liegen.
»Würden Sie bitte wieder von mir hinuntersteigen?« murmelte er betreten, während sie auf ihn einsprudelte, er müsse mit ihr sofort zum Arzt gehen. »Ich komme gerade von dort«, erklärte sie, »und die neuen Röntgenbilder zeigen zwei Lungen, die weder kollabiert noch verschattet sind. Die Ärzte stehen vor einem Rätsel und wollen wissen, wie Sie das gemacht haben.«
Statt dessen fuhr Phil auf dem schnellsten Weg nach El Paso, wo er mit Dr. Hill Experimente über eine weite Entfernung begann, bei denen er Energie zu den Patienten des Arztes an der Bay schickte. Diese Versuche hatte Phil im Alter von elf Jahren unter »innerer Anweisung« ausgearbeitet, und Dr. Hill sandte ihm begeisterte Berichte über die Besserungen bei Patienten, die zu vereinbarter Zeit die Energieladungen empfingen.
Bevor er nach Phoenix abgereist war, hatten sich Phil und seine Frau voneinander getrennt. Phil mit seiner festen Überzeugung, daß jedem Menschen gestattet sein sollte, »seinen eigenen Planeten zu führen«, wurde von ihrer ständigen Eifersucht geplagt. Er sagt über jene schwierige Zeit: »Selbst wenn meine kleine Tochter mir Zuneigung zeigte, fuhr ihre Mutter sie an: ›Du bist ja auch nicht besser als dein Vater!‹«
Phil liebte sein Töchterchen, das wie er einen deutlich erkennbaren Stern in der Linienzeichnung seiner rechten Handfläche trug. Er hatte ihr beigebracht, wie Energien auszusenden und

zu lenken sind, aber seine Frau verbot dem Kind, von seinen Heilfähigkeiten Gebrauch zu machen.

»Als mir klar wurde, daß es mit der Ehe nicht funktionieren würde«, sagt Phil, »zog ich in eines der Klinikzimmer und ließ ihr das Appartement mit unserer Tochter. Sie zog vor Gericht und behauptete, daß ich sie nicht unterstützte. Als der Bezirksstaatsanwalt mir mitteilte, was ich ihr monatlich zu bezahlen hätte, legte ich ihm die eingelösten Schecks vor und bewies damit, daß ich ihr beträchtlich *mehr* gezahlt hatte als die genannte Summe. Ich gab meiner Frau Schecks, die für mehrere Monate im voraus datiert waren, bevor ich nach Phoenix fuhr.«

Während Phils Abwesenheit operierte Dr. Hill sich die Krampfadern, die ihm schon so lange eine Plage waren; er traute keinem anderen zu, diesen Eingriff durchzuführen. Kurz darauf – er lag mit Blutvergiftung und Lungenentzündung im Krankenhaus – fiel er ins Koma und starb, bevor Phil etwas über seine Erkrankung erfahren konnte. Dr. Hill, der seine eigenen Leiden niemals wichtig nahm, hatte einfach nicht daran gedacht, Phil etwas davon zu sagen.

»Nie hat mich etwas härter getroffen«, erinnert sich Phil. »Dieser Mann stand mir wirklich sehr nahe, und ich schätzte ihn sehr. In den vier Jahren unserer Zusammenarbeit hatten wir viele Formen und Formierungen der Energie im Zusammenhang mit der Chirurgie ausgearbeitet und erprobt, und obwohl er seine Rolle bei dieser Arbeit damals noch nicht offenlegen wollte, pflegte er doch zu sagen: ›Ich hoffe, eines Tages wird die Welt Ihre Arbeit verstehen und akzeptieren; es wäre zum Wohle der Menschheit.‹«

Phil hatte Dr. Hill geliebt wie einen zweiten Vater, und nach seinem Tode half Phil im Namen seiner Hinterbliebenen, die Schließung der Klinik zu verhindern.

Viele Jahre lang war Phil ein Stück Land am Lake Tahoe als besonders schön aufgefallen, das zu zwei Verwaltungsbezirken gehörte und mehr als 250 Hektar groß war. Auf seine Anfrage hin erfuhr er, daß der ursprüngliche Besitzer, der inzwischen verstorben war, das Land testamentarisch ungeteilt seinen drei Söhnen vermacht hatte. Der eine Erbe trank sich zu Tode, der zweite beging Selbstmord, und John, der überlebende dritte, fand seinen Anteil an die beiden unbesiedelten Grundstücke gebunden. Mr. A schildert die Situation folgendermaßen: »Im Herbst 1931 kam John und bat mich, sein höchst kompliziertes Erbe zu entwirren, was jedermann bereits als ›das Unmögliche‹ bezeichnete. Ich fragte ihn, warum er zu mir gekommen sei, und er antwortete: ›Nun, es schien, als ob ich das müßte. Sie sind auch der einzige, dem ich trauen kann, daß er meine Interessen schützt.‹ Ich antwortete, ich würde ihm gern helfen, hätte aber im Augenblick nicht die Zeit dazu. Nachdem ich Anfang 1932 meine Angelegenheiten in der Klinik abgeschlossen hatte, erhielt ich die innere Weisung, die Herausforderung anzunehmen, Johns Grundstücks-Probleme zu klären. Das sollte mir gründliche Ausbildung und Reife bringen, und mich auf die wichtigste Aufgabe in meinem Leben vorbereiten, die gut neun Jahre später begann.

Am Tiefpunkt der Weltwirtschaftskrise, ohne Geld und praktisch ohne Ausbildung, war mir klar, daß ich mich völlig auf meine inneren Weisungen verlassen mußte, um mich gegen die juristischen und finanziellen Mächte zu behaupten, die sich gegen die Interessen von John stellen würden. Die innere Quelle wies mich darauf hin, daß mir eine schwierige, verwirrende und doch faszinierende Bewährungsprobe der Intuition bevorstehe. Was für mich Weisung aus dem Universalen Ring der Weisheit war, würde manch anderer als ASW bezeichnen. Ich setzte mich also mit John in Verbindung, der mich darüber informierte, daß die Zwangsvollstreckungsmaßnahmen gegen seinen Anteil am Grundstück bereits im Gange seien. In jenen Tagen gab es praktisch nur einen Ort, an dem noch Bargeld zu haben war, und das waren die Spieltische in Reno. Es gelang mir, genügend Geld zu gewinnen, um die Zwangsversteigerung von Johns Anteilen zu verhindern. Viele Rechtsanwälte hatten schon versucht, die Fäden zu entwirren, die den Besitz von John an die Anteile seiner toten Brüder banden, aber jeder mußte die Situation für unlösbar erklären.« Alle gaben verzweifelt auf – außer Mr. A, der kein Jurastudium hatte und kaum lesen und schreiben konnte.

Man könnte ein eigenes Buch schreiben über Mr. A's Leben als Verkaufsgenie und als erfolgreicher Bauland-Erschließer am Lake Tahoe. Durch sein genaues Befolgen der »inneren Instruktionen« überwand er fast aussichtslos scheinende Schwierigkeiten, um Johns Erbe zu sichern. Ein solches Buch wäre Phil am liebsten, denn das Heilen ist für ihn so natürlich, so selbstverständlich, daß er nichts Interessantes daran findet, darüber zu sprechen. Auf seine geschäftlichen Erfolge aber ist er stolz, und er wirkt unglücklich, wenn ich sage: »Phil, kein Mensch interessiert sich dafür, ob Sie je ein Stück Bauland am Lake Tahoe verkauft oder einen gordischen Knoten auf juristischem Gebiet gelöst haben. Die Leute wollen etwas über Ihre Wunderheilungen lesen.«

»Wunder? So etwas gibt es nicht!« wiederholt er dann seufzend. »Alles, was man tun muß, ist, den Naturgesetzen der Macht aller Mächte zu folgen. Da gibt es keine Zugeständnisse für den Mangel an Wissen über diese Gesetzmäßigkeiten.«

In den Jahren der Wirtschaftskrise folgte er seinen »inneren Weisungen«, die ihm bei der Bewältigung des Problems halfen, daß John praktisch ein großes Stück Land, aber buchstäblich kein Geld besaß; er brauchte aber etwas zu essen. Was er darüber erzählt, klingt heute vermutlich lustiger als zu der Zeit, in der er es erleben mußte; er erinnert sich: »Ich mietete ein altes Bauernhaus in der Nähe von Auburn, es war von vielen Birnen- und anderen Obstbäumen umgeben; außerdem gab es einige Reihen von Himbeer-, Johannisbeer- und Brombeersträuchern. Als das ganze Obst und die Beeren reif wurden, beschloß ich, sie in Dosen zu füllen. Die Sache sprach sich herum, und neugierig-belustigte Bauersfrauen aus der Umgebung kamen herbei, um mir ihre Lieblingsrezepte anzubieten. Ich fuhr zum Großhandel in Sacramento und kaufte kistenweise Dosen und Zentnersäcke Zucker. Ich hatte gehört, daß Birnen grün vom Baum genommen werden müßten, vier bis fünf Tage, bevor sie reif seien, und daß man sie ausbreiten und zugedeckt reifen lassen müsse – also bedeckte ich in zwei Zimmern die Fußböden mit Birnen. Daraufhin mußte ich geschäftlich nach Oakland fahren, und als ich zurückkehrte, waren alle Birnen reif. Das bedeutete, daß ich vierundzwanzig Stunden, ohne zu schlafen, am arbeiten war, damit das ganze Obst in Gläser gelangte. Ich mußte die Früchte sogar in Eiswasser legen, damit sie nicht matschig wurden, bevor sie an die Reihe kamen.«

Phil ernährte außer sich selbst noch eine Reihe von Arbeitern, und bevor der Großmarkt in Sacramento samstags schloß, wurden die Preise für verderbliche Ware gesenkt; Phil konnte sich für ein paar Dollar den Wagen volladen. Nachdem er mit seiner Konservenproduktion begonnen hatte, verschlang der Einkauf von Zucker und Einmachgläsern sein ganzes Geld. Aber sein Erfindungsgeist ließ ihn nicht im Stich. Er hatte begonnen, auch Sauer-Konserven herzustellen, und fing an, Gurken in Scheiben zu schneiden. Als er »ein halbes Gebirge« bewältigt hatte, und einen noch größeren Berg unbearbeitet vor sich liegen sah, dachte er sich ein geniales Gerät mit vielen Klingen aus. Er legte es über eine Gurke, schlug mit dem Hammer darauf und hatte eine ganze Gurke auf einmal in Scheiben zerlegt.

Als er eines Tages nach Sacramento zum Einkaufen fuhr, nutzte er eine günstige Gelegenheit, frische Erbsen zu erwerben, lud sich den Wagen voll und nahm sich vor, die Erbsen aus der Schale zu lösen und einzumachen. Eine Wagenladung Erbsen von ihren Schalen zu befreien, ist kein Vergnügen, aber

Phil kam auf den Gedanken, die Früchte durch den Wringer einer uralten Waschmaschine zu drehen: »Wie schnell wir die Hülsen auch in den Wringer gaben: die Erbsen sprangen an einer Seite heraus, die leeren Hülsen gingen durch die Rollen. Auf diese Weise haben wir wohl ein paar Erbsen verloren, aber es war eine todsichere Sache!«

Ein Mann, der einen von Phils Bauplätzen am Lake Tahoe kaufte, leistete eine Teilzahlung in Form von Walnüssen und Pflaumen: *achthundert Pfund* von jedem. Mr. A machte Pflaumen für fünf Jahre ein, den Rest verteilte er an alle, die er kannte. Danach zeigte ihm ein Nachbar, wie man Walnüsse luftdicht in Gläsern verpacken konnte, und Phil füllte dreißig Kisten mit 2-Liter-Gläsern, die sich so gut hielten, daß selbst nach achtzehn Jahren die restlichen Nüsse noch frisch waren.

In jener Zeit half Phil aus Gefälligkeit und ohne Bezahlung jedem, der ihn um seine Dienste bat. Ein Kommissar des Liegenschaftsamtes, der mit Phil von Sacramento zum Lake Tahoe fuhr, um einen Bericht über dessen Besitz anzufertigen, erwähnte unterwegs, daß die Ärzte ihm mitgeteilt hätten, sein kleiner Sohn sei nicht lebensfähig, weil er alles erbrach, was er aß. Auf Phils Vorschlag hin machten sie halt, um das Baby zu besuchen. Phil beobachtete, wie sich eine Blase von der Größe einer Olive wiederholt schräg über den Bauch des Kindes bewegte. Er legte seine Finger auf den kleinen Leib, und das Phänomen verschwand, um nie wiederzukehren. Dann schickte er Energie in das Magnetfeld des kleinen Patienten, und seine Eltern beobachteten, daß die Atmung sich vertiefte, und die Wangen des Babys Farbe bekamen. Der Kleine dehnte und entspannte sich ruhig. Nach drei Monaten berichtete der Vater, daß das Kind an Gewicht zunehme und sich nicht mehr erbrechen müsse. Über zwanzig Jahre danach teilte der Vater – inzwischen Anwalt in Oakland – Phil mit, daß sein Sohn gesund, normal und mittlerweile glücklich verheiratet sei. Die Ursache der Beschwerden des Babys wird heute als angeborene Pylorus-Stenose diagnostiziert und in der Regel operativ behoben.

Wie viele Menschen in jenen trüben Jahren der Wirtschaftskrise, lebte auch Phil in finanziellen Schwierigkeiten. Die Hypothek, die er von der Bank auf das am Lake Tahoe selbst gebaute Häuschen bekommen hatte, lief aus. Nachdem er sich um andere mögliche Geldquellen vergeblich bemüht hatte, wandte sich Phil an einen alten Viehzüchter, der zwar einen Ruf als Geizkragen besaß, doch im Umkreis von Auburn gelegentlich Geld verlieh. Er war ein großer, hagerer Mann, der selbst mit dem Stock, den er sich aus einem Bäumchen geschnitzt hatte, nur unter Schwierigkeiten gehen konnte. Während die beiden Männer miteinander sprachen, mußte Mr. East sich auf seinen Stock halb stützen, halb setzen. Phil bat ihn, die Überschreibungsurkunde von der Bank zu kaufen und sich von ihm einen Pauschalzins für ein Jahr bezahlen zu lassen, aber der alte Mann knurrte: »Nein, mit dem Lake Tahoe will ich nichts zu tun haben!«

Phil konnte ein Lachen kaum unterdrücken und stieß hervor: »Aber sehen Sie doch, Sie brauchen mich doch viel nötiger als ich Sie! Sie können ja kaum einen Fuß vor den anderen setzen!«

»Jaahh«, stöhnte der alte Mann, »ich bin vom Pferd geworfen worden und habe mir die Hüfte gebrochen; jetzt leide ich unter Arthritis. Bei den besten Ärzten bin ich schon gewesen. Sie haben mir alle gesagt, ich solle wieder nach Hause gehen und das Geld sparen, denn sie könnten nichts mehr für mich tun.«

Mitfühlend nickte Phil und schlug vor: »Der Weg über Ihren Hof ist ungefähr fünfzig Meter lang. Wenn Sie diese Entfernung bis in zwei Tagen laufen können – werden Sie mir dann mit dem Geld aushelfen?«

Mr. East zwinkerte und bemerkte: »Sie sind verrückt, nicht wahr?« Phil konterte: »Nun – verrückt oder nicht –, ist das ein Angebot?«

Kichernd antwortete der alte Mann: »Ja, es ist ein Angebot. Und was habe ich bei einem solchen Handel schon zu verlieren? Hand drauf – aber ich glaube immer noch, daß Sie verrückt sind! Wann fangen wir an?«
»Auf der Stelle!« meinte Phil. »Wann haben Sie Geburtstag?« Als er hörte, daß es Anfang November war, bat er Mr. East, sich im Hof auf einen Klotz zu setzen, und ging daran, seine Energiekreise zu öffnen. Noch heute erinnert er sich gut an das Geschehen: »Ich stärkte ihn mit aller Kraft, die ich aufbringen konnte; ich mußte mit höchstem Einsatz spielen. Nach ungefähr zehn Minuten forderte ich ihn auf, sich zu erheben und mit seinen Füßen fest aufzustampfen. Er tat es. ›Gut‹, sagte er, ›sie tun nicht weh.‹ Dann befahl ich: ›Laufen Sie jetzt‹, und er rannte ungefähr dreißig Meter, aber ein Bein folgte nicht richtig. Ich rief den Mann zurück und gab ihm noch mehr Energie. Dann sagte ich: ›Gehen Sie jetzt ins Haus, und ruhen Sie sich aus. Morgen früh bin ich wieder hier.‹ Am nächsten Morgen war ich wieder bei ihm, behandelte ihn, und schon bald lief er die ganze Strecke über den Hof und wieder zurück. Da stand er nun und lachte laut wie ein Kind; er wußte nicht mehr, was los war. Plötzlich sagte er: ›Wann läuft Ihr Kredit aus?‹ – ›Morgen‹, antwortete ich. ›Wieviel, sagten Sie, war es? – Da, ich schreibe Ihnen gleich den Scheck aus. Jetzt fahren Sie wie der Henker dorthin und lassen mir die Papiere überschreiben, bevor noch etwas dazwischenkommt.‹«
Nach der Heilung dieses alten Mannes breitete sich der Ruf von Mr. A sehr rasch aus. Jeden Morgen standen nun Rancher aus der ganzen Umgebung vor seiner Tür und warteten auf sein Erscheinen. Bevor er sich seiner eigenen Tagesarbeit zuwenden konnte, kümmerte er sich um die Leiden seiner Besucher.
Um jene Zeit etwa brachte Phil in Erfahrung, daß eine Konservenfabrik in Sacramento leicht angebeulte Obst-Dosen zu sehr guten Preisen anbot. Dank seiner gewaltigen Anstrengungen brauchte er zwar selbst kein Dosenobst mehr, aber es kam ihm

der Gedanke, daß er vielleicht angeknackste Fischdosen zu ähnlich günstigem Preis erwerben könnte. Er fuhr zu einer Fischkonservenfabrik in Monterey und ließ sich zum Büro des Geschäftsführers bringen. Dieser kam hereingehumpelt und klagte, daß es den Ärzten nicht gelungen sei, den Schaden von einem Unfall zu reparieren. Mr. A bot ihm an, sich darum zu kümmern, und nach der Behandlung konnte der Manager sein Hinken nicht einmal mehr nachahmen, und auch die Schmerzen waren verschwunden. Sie plauderten noch eine Zeitlang über seinen körperlichen Zustand, aber allen Fragen über die Möglichkeit, leicht beschädigte Fischdosen zu kaufen, wich der Geschäftsführer aus.

Als Phil später zu seinem Wagen zurückging, fand er diesen so vollgeladen mit Konserven von Sardinen und anderen Fischarten, daß die Federn fast bis zum Anschlag heruntergedrückt waren. Er hatte selbst kaum noch Platz, um den Wagen zu lenken. Mr. A lieferte in der Zeit danach zu praktisch jedem Freund, Bekannten und Nachbarn rund um den See Fischkonserven, und jedermann war in jenem Winter froh über die eiweißreiche Sardinen-Diät.

Eines Tages wurde Phil von einer ihm bekannten Frau in einer Hotelhalle gebeten, mit aufs Zimmer zu kommen: »Schnell, helfen Sie meiner Freundin Rae, es geht ihr sehr schlecht.« Mr. A berichtet selbst: »Als wir den Raum betraten, lag Rae in einem Krampfzustand. Ein Mann saß neben ihr, und ich nahm an, es war ihr Gatte. Während sie hin und her zuckte, legte ich das Ohr auf ihre Brust, und da klang es, als würden Würfel in einem Lederbecher durcheinandergeschüttelt. Nachdem ich ihr Energie gegeben hatte, um den Druck zu lindern und ihr Magnetfeld zu kräftigen, bat ich sie, sich aufzurichten, um die Lungen behandeln und dadurch reinigen zu können. Der Mann sagte: ›Was haben Sie gemeint, soll diese Frau tun?‹ Ich wiederholte: ›Ich forderte sie auf, sich aufzusetzen.‹

Da entgegnete er: ›Augenblick mal!‹, und zog ein Stethoskop aus der Jackentasche. Mir wurde klar, daß er Arzt war, und nachdem er ihr Herz abgehört hatte, sagte er: ›Ich weiß zwar nicht, was Sie gemacht haben, aber Sie haben ihr damit geholfen. Übernehmen Sie den Fall.‹ Später erfuhr ich, daß der Mann ihr Schwager war, ein Herz-Spezialist, und daß die Patientin selbst täglich 35 Tropfen Digitalis einzunehmen gehabt hatte.«
Phils Jugend-Ehe war schon lange in die Brüche gegangen, und später heiratete er Rae, um sie unter ständiger Beobachtung haben und behandeln zu können. Inzwischen war er weiter damit beschäftigt, den Papierkrieg zu entwirren, der das Land am Lake Tahoe lähmte, und 1941 konnte er nicht nur das aufgeteilte Land an seine rechtmäßigen Erben übergeben, sondern auch beträchtliche Anteile für sich selbst gewinnen.

KAPITEL V

Das Lebenswerk beginnt

Die Anweisungen von innen ermöglichen es Mr. A nicht nur zu heilen, sondern sie raten ihm auch, welchem Kurs er folgen sollte. Als ich ihn fragte, wie er solche Informationen empfange, antwortete er: »Ich horche, und sie sagen es mir.«
Wer sind »sie«?
»Nun, die Mächte«, erwiderte er gleichsam selbstverständlich.
Ich fragte, ob er regelrecht Stimmen höre, und er antwortete: »Akustisch höre ich nichts. Die Kraft wird in meinem Gehirn in Worte übertragen. Das ›Wissen‹ wird einfach in mein Gehirn gelegt.«
Eine solche Botschaft erreichte ihn im Sommer 1943. Er bekam mitgeteilt, daß er sich am 3. Oktober mit Wohnsitz in Reno, Nevada, niederlassen solle, um mit der Hauptaufgabe seines Lebens zu beginnen. Er solle sich keiner organisierten Gruppe anschließen, sondern einfach den Weisungen folgen, die von dem Universalen Ring der Weisheit kämen – der Macht der Mächte.
»Die Instruktionen gaben an«, sagt er im Rückblick auf jene Zeit, »daß ich nichts zu erklären hätte. Wenn Leute mir Fragen stellten, müßte meine Antwort lauten, daß ich kein Arzt sei und nichts wisse. Ich sollte einfach meine Weisungen erhalten, und die Energien würden durch mich, den Generator, die notwendigen Veränderungen bewirken. Wenn Menschen schier aus dem Häuschen gerieten ob der Schnelligkeit, mit der die Energien Korrekturen und Heilungen brachten, sollte mein einziger Kommentar sein: ›Ja, das ist doch verrückt, nicht wahr?‹«

Mr. A zog ins alte Golden-Hotel, ein für den Westen typisches Haus mit Automaten und einer uralten Bar neben dem Saal, wo die Oldtimer sich trafen, um ihre langen, abenteuerlichen Geschichten auszutauschen. Ein Anwalt teilte ihm mit, daß er, um sich offiziell mit Wohnsitz am Orte niederzulassen, einen Bürger Nevadas als Zeugen für die Tatsache brauche, daß er sich mindestens sechs aufeinanderfolgende Wochen einmal täglich sehen lasse. So ernannte Phil einen Hotelpagen als Zeugen.

Nun war er bereit, aktiv zu werden; während er aber noch zwei volle Tage auf weitere Instruktionen wartete, vertrieb er sich die Zeit und schlenderte durch die Kasinos, sah sich Filme an oder setzte sich in die Hotelhalle. Am Morgen des dritten Tages lungerte er in der Nähe des Empfangs herum, als Elmo, einer der Pagen, auf ihn zukam und sagte: »Jetzt habe ich überall nach einer Trage gesucht und konnte nirgends eine finden. Der Hausingenieur liegt unten auf dem Rücken und kann sich nicht mehr bewegen. Das ist nicht das erste Mal, daß wir ihn in einem solchen Zustand ins Krankenhaus bringen müssen.«

»Und warum erzählst du *mir* das?« fragte Phil erstaunt.

»Ich weiß nicht«, antwortete Elmo. »Es war mir einfach so, als sollte ich es tun. Doch Sie sind ein Landaufteiler vom Lake Tahoe, nicht wahr? Was könnten Sie schon mit einem solchen Fall anfangen?«

Mr. A folgte dem Jungen nach unten und sah die halbe Hotelleitung um einen Mann stehen, der am Boden lag. Phil beugte sich hinunter und schickte Energie in den Mann, der fast augenblicklich wieder auf den Füßen stand. Verblüfft fragte einer der Hotelmanager Phil, ob er ihm nicht auch bei seinem Herzleiden helfen könne, das es ihm unmöglich mache, länger als ein bis zwei Stunden am Tag zu arbeiten. Einige Ströme der magischen Energie genügten, und die volle Arbeitsfähigkeit war wiederhergestellt.

Als er später am selben Tag die Straße entlang ging, spürte

Mr. A auf einmal den Griff eines Spazierstockes an seinem Arm, und ein alter Mann sprach ihn an: »Ich bin Dr. Addington. Sind Sie nicht der Bursche, der seinerzeit an der Bay mit Dr. Hill arbeitete? Ich hörte, daß Sie in der Stadt seien, und ich habe nach Ihnen Ausschau gehalten. Was können Sie gegen meine Lähmung nach einem Schlaganfall unternehmen?« Phil blickte ihn an und stellte fest, daß er ein Bein nachzog, mit einer Krücke und einem Spazierstock ging und den einen Arm nicht heben konnte.
»Gehen wir auf mein Zimmer«, schlug Phil vor, »und sehen wir, was die Energie für Sie tun kann.« Gleich nachdem er eine Ladung erhalten hatte, schwang der alte Arzt seinen Arm über den Kopf und trat mit dem schlimmen Bein auf.
»Nichts von diesen Dingen habe ich tun können, als ich hier hereinkam«, freute sich der alte Mann, und ohne lange zu überlegen, lief er mühelos im Raum umher. Plötzlich besann er sich und fragte lachend: »Aber was soll ich nun mit dieser Krücke anfangen?« Dann trat er aus dem Hotel auf die Straße, trug die Krücke und schwang seinen Stock. Weil er in Reno zehn Jahre lang im Gesundheitsamt gearbeitet hatte, sprach sich die Kunde von seiner »Wunderheilung« rasch herum.
Am nächsten Morgen hielt eine Frau auf zwei Krücken Mr. A in der Hotelhalle an und sagte, Dr. Addington habe gemeint: »Wenn Sie Phil A finden können, werden Sie die Krücken nicht mehr brauchen.« Sechs Monate zuvor hatte sie sich ein Bein gebrochen, konnte aber immer noch nicht die Belastung und Schmerzen beim Gehen oder Stehen aushalten. Phil war schon etwas verspätet, und das Foyer bot kaum den nötigen privaten Rahmen, aber er bat die Frau, ihm hinter die Automaten zu folgen. Sobald die Energie von ihrer Hüfte durch das Bein hinab geleitet wurde, meldete die Patientin, daß der Schmerz verschwunden sei, ging hocherfreut hinaus und trug ihre Krücken unterm Arm die Straße entlang.
Als nächsten Patienten schickte Dr. Addington einen Senator,

der durch seine schwere Arthritis gezwungen war, die Arbeit niederzulegen. Stöhnend vor Schmerzen kam er herein, aber nach wenigen Behandlungen, bei denen Phil die Energie verteilte, sagte er bereits, er fühle sich wie ein neuer Mensch. Bald darauf konnte er wieder rennen und wurde erneut in den Senat gewählt.

Daraufhin rief Dr. Addington Phil an und teilte ihm mit: »Heute abend möchte ich Ihnen einen meiner problematischsten Herz-Patienten vorstellen. Ich möchte die Dame überwachen, während Sie bei ihr tun, was Sie für richtig halten.« Nach dem Dinner kamen Dr. Addington und seine Frau mit der Patientin. Als Phil begann, an ihrem Energiefeld zu arbeiten, rief der alte Arzt: »Warten Sie noch, ich will sehen, wie lange es dauert, bis das Herz in Ordnung kommt«, und zog seine Taschenuhr hervor. Der Arzt lauschte ihrem unregelmäßigen Pulsschlag, bevor Phil ihr Magnetfeld auflud. Dann meldete er: »Jetzt ist das Herz wieder normal! Es hat genau zweieinhalb Minuten gedauert.«

In jener Woche behandelte Phil eine Reihe von Fällen in Reno, bevor er eine kurze Fahrt zum Lake Tahoe unternahm, um einigen geschäftlichen Angelegenheiten nachzugehen. Als er am nächsten Morgen zurückkehrte, war die Eingangshalle des Hotels von Menschen überfüllt, und er fragte einen der Umherstehenden, ob gerade eine größere Versammlung in der Stadt sei. »Nein, aber hier im Hotel wohnt ein Wundermann«, antwortete der Fremde, »und wir warten alle darauf, zu ihm zu kommen.«

Mr. A wollte den Wundermann ebenfalls sehen, und so schloß er sich der neugierigen Menge an. Als aber nach einigen Stunden immer noch nichts geschehen war, entdeckte er Jimmy, den Hotelpagen, der täglich seine Anwesenheit im Ort bezeugte, und fragte ihn: »Was hat es denn mit diesem Wundermann auf sich, der hier im Hotel wohnen soll?«

Jimmy blickte ihn verschmitzt lächelnd an: »Wissen Sie denn nicht, daß die Leute *Sie* sehen wollen?«

Erschreckt erwiderte Phil: »Bitte, sag bloß nichts über die Sache. Ich mache mich aus dem Staub.«
»Von mir aus – aber Sie müssen in spätestens vierundzwanzig Stunden wieder hier sein!« konterte der Page grinsend.
Mr. A sprang in seinen Wagen und fuhr in Richtung Carson City; während der ganzen Fahrt konnte er nicht aufhören zu lachen. So etwas Verrücktes! Er – ein Wundermann! Aber um sich eine Chance auf einen legalen Wohnsitz nicht zu verscherzen, mußte er nach Reno zurück.
Als er das Hotel betrat, erwartete ihn schon die rechte Hand des Staatsanwaltes und teilte ihm mit: »Der Staatsanwalt will Sie sprechen.« – »Okay«, war Phil einverstanden, »dann gehen wir gleich.«
Kaum waren sie in dessen Büro angekommen, verlangte der Staatsanwalt zu wissen: »Was zum Teufel tun Sie denn, daß ganz Reno kopfsteht? Warum sind Sie nicht an Ihrem Tahoe-See geblieben, wo Sie hingehören?«
»Ich muß ein Jahr lang hier sein«, erklärte Phil in Gedanken an seine inneren Instruktionen.
Der Staatsanwalt fragte Phil, wieviel Geld er mit seiner Heilerei eingenommen habe, und als er erfuhr, daß Phil nie etwas dafür verlangt hatte, meinte er: »Nun, dann sind Sie aus dem Schneider, aber ich bin Ihnen trotzdem böse, daß Sie mir den Schlaf stören. Die Leute rufen zu den unmöglichsten Zeiten an und verlangen, daß ich sie mit Ihnen in Verbindung bringe.«
Am nächsten Morgen war die Hotelhalle wieder gedrängt voll von kranken Menschen, und Phil ging daran, sie auf seinem Zimmer zu behandeln, einen nach dem anderen, den ganzen Tag über. Gegen Abend erhielt er wieder einen Anruf von der Behörde: »Der Staatsanwalt will Sie wieder sprechen.«
In seinem Büro begrüßte ihn der Staatsanwalt und fragte Mr. A: »Als was bezeichnen Sie sich eigentlich?«
»Wie Sie wollen – machen Sie einen Vorschlag«, antwortete Phil schulterzuckend.

»Es gibt nur einen einzigen Menschen außer Ihnen, von dem ich je gehört habe, daß er solche Wunder vollbringt«, flüsterte der Staatsanwalt. Dann fügte er hinzu: »Ich muß Ihretwegen etwas unternehmen.«
Grinsend meinte Phil: »Warum geben Sie mir nicht eine Urkunde, auf der geschrieben steht, daß ich keine Erlaubnis habe, jenen Menschen zu helfen? Auf diese Weise bekäme ich wenigstens Ruhe.«
»Eine Urkunde? Zum Teufel! Haben Sie eine Ahnung!« explodierte er. »Ich habe Weisung vom Gouverneur des Staates Nevada, Ihnen eine Zulassung zu geben, damit Sie hier offiziell praktizieren dürfen. Die da oben sind offenbar der Ansicht, daß Sie hier gebraucht werden. Ich habe mir schon manches überlegt und vieles überprüft und glaube nun, einen Weg gefunden zu haben. Es steht da irgendwo eine Vorschrift in den Büchern, daß beliebige vier Staats-, Bezirks- oder städtische Beamte zusammenkommen können und jegliche Notfallmaßnahme erlassen dürfen, die sie für angebracht halten. Ich werde mich morgen früh darum kümmern.«
Um die Mittagszeit kam der Senator des Landesparlaments in Phils Zimmer und winkte mit einer Urkunde. »Jetzt haben Sie Ihre Lizenz«, meldete er; »hier ist sie.« Mr. A dankte ihm und fragte, was er an Verwaltungsgebühren zu bezahlen habe. »Nichts«, war die lachende Antwort; »machen Sie sich wieder an die Arbeit.«
Am nächsten Morgen erschien ein Polizist, der bei einer Festnahme verletzt worden war, und klagte bei Phil, daß er »Schmerzen von Kopf bis Fuß« habe. Nach zehn Minuten konnte er keine empfindliche Stelle mehr finden, und die örtliche Polizei nahm Phil unter ihre Fittiche. Er erhielt einen Aufkleber für die Windschutzscheibe mit der Aufschrift ARZT IM NOTEINSATZ. Damit konnte er, wenn er es eilig hatte, überallhin gelangen – und die Polizei nahm seine Dienste auch gern in Anspruch. In Kinos, Kasinos oder Restaurants wurde er in

Notfällen aufgerufen: »Dr. A, bitte kommen Sie vor das Gebäude.« Dort wartete bereits ein Streifenwagen, mit dem er eilends an eine Unfallstelle oder zu einem anderen Notfall gebracht wurde.
Im Juni 1942 fuhr er kurz nach Los Angeles, wo er auf Bitten einer Patientin deren Kusine besuchte, die vom Hals bis zu den Füßen gelähmt war. Nachdem er die Kranke mit Energie aufgeladen hatte, war eine dabei anwesende Frau im Zimmer so begeistert über die guten Resultate, daß sie erklärte: »Ich bin Osteopathin, und ich werde Sie kidnappen. Sie kommen mit mir.« Zu einer Antwort ließ sie ihm erst gar keine Zeit, schob ihn in ihren Wagen und kutschierte ihn durch Hollywood und Beverly Hills, wo sie ihn zu all den Berühmtheiten brachte, die zu ihrer Klientel zählten. Ein bekannter Filmproduzent zeigte sich so erfreut über die Resultate von Phils Behandlungen, daß er ihn drängte, in die Filmstadt umzuziehen und »die Schauspieler und Schauspielerinnen zu behandeln, die auf der Szene mit ihren nervösen Störungen fast in Stücke gehen, während wir filmen«. Er bot einen ansehnlichen Honorarvorschuß. Obwohl die inneren Weisungen Mr. A sagten, daß er ein ganzes Jahr in Reno zu bleiben habe, erklärte er sich doch einverstanden, eine Lizenz zu beantragen, die es ihm erlaubte, in Los Angeles zu praktizieren.
Nach Einreichung des Antrages wurde er aufgefordert, vor einer zwölfköpfigen Kommission der Polizei zu erscheinen. Dies war an sich eine Routinesache; nur ein Arzt, der als Beisitzer von der örtlichen Ärzteschaft bestellt war, sprach sich gegen die Erteilung der Lizenz an einen »Quacksalber« aus. Einer der Beamten wies auf einen teilweise gelähmten Mann, der mühsam den Fußboden wischte, und meinte: »Wir alle wissen, daß er einen Schlaganfall hatte und einen Arm nicht mehr heben kann. Wir wollen sehen, ob Mr. A ihm helfen kann.«
Phil war klar, daß er hier auf die Probe gestellt werden sollte, und verpaßte dem Mann eine Energieladung unterhalb der un-

brauchbaren Schulter. »Können Sie jetzt Ihren Arm heben?« Der Arm des bisher Behinderten schoß geradezu über den Kopf hoch, und Mr. A seufzte erleichtert. Danach wurde kaum noch gesprochen, und nach wenigen Minuten forderte der Polizeikommissar ihn auf, nach oben zu gehen und seine Lizenz abzuholen. Der Leiter des Zulassungsbüros war offenbar telefonisch informiert worden, denn er fragte sofort: »Würden Sie vielleicht den beiden Mädchen hier im Büro helfen, während ich Ihre Urkunde ausstelle?« Da kein anderer Raum zur Verfügung stand, behandelte Phil jede der jungen Frauen hinter den Aktenschränken. Als sie verkündeten, daß die Schmerzen im Rücken verschwunden seien, überreichte der Dienststellenleiter die behördliche Genehmigung.

Wieder nach Reno zurückgekehrt, brachte der Senator einen Freund zu ihm, der über ständige Arthritis-Schmerzen im ganzen Körper klagte. Der Mann konnte kaum gehen und keinen Arm heben, aber der Senator im Landesparlament meinte zuversichtlich: »Phil, ich weiß, daß Sie ihm helfen können.« Nach einer einzigen Behandlung konnte der Mann ohne Hilfe oder Schmerzen seinen Mantel anziehen, und Mr. A's Ruf breitete sich weiter aus. Der Vorsitzende des Kreisverwaltungsvorstandes in San Franzisko kam, um sich mit Energie aufladen zu lassen; er litt unter Arthritis und einer Herzkrankheit. Phil konnte ihm helfen und ihm wurde angeboten, nach San Franzisko zu kommen und dort zu praktizieren.

Mr. A hatte nun ein Jahr in Reno hinter sich, und die innere Stimme stellte ihm San Franzisko oder Los Angeles als nächsten Wohnort zur Wahl. Ohne zu zögern entschied er sich für San Franzisko, weil er von einigen Freunden gehört hatte, diese Stadt sei »der schwierigste Ort, um etwas Neues, Andersartiges auszuprobieren«; diese Herausforderung reizte ihn. Als er von seinen Freunden in Reno Abschied nahm, war der Kreisdirektor so dankbar für alles, was Mr. A für ihn und seine Familie getan hatte, daß er ihm unaufgefordert ein Empfehlungsschreiben mitgab, das Phil heute noch besitzt.

Bei seiner Ankunft in San Franzisko machte der Vorsitzende des Kreisverwaltungsvorstandes Phil mit dem Leiter des Gesundheitsamtes der Stadt bekannt, und er bekam auf der Stelle eine behördliche Genehmigung für magnetische Behandlungen. »Uns ist bekannt, was Sie vollbringen können«, bemerkte der Beamte. »Wir wollen nur wissen, wo Sie sich aufhalten, wenn wir Sie brauchen.« Da die Lizenz ihm nun gestattete, ein Honorar für seine Hilfe zu verlangen, konnte er es sich endlich leisten, den ganzen Tag dem Dienst am leidenden Menschen zu widmen.

KAPITEL VI

Die Kriegsjahre

Im Dezember 1942 mietete sich Mr. A einen Behandlungsraum in der Market Street von San Franzisko. Es waren viele Wochen nötig, um das Quartier neu herzurichten und zu möblieren. Während dieser Wartezeit behandelte er einen Beamten, der für die Frachtbewegungen für Oaklands Ninth Avenue Pier verantwortlich war und schon seit Jahren unter seiner Zuckerkrankheit zu leiden hatte. Der Mann war so begeistert von dem Fortschritt, den er unter Phils geschickten Händen beobachten konnte, daß sie gute Freunde wurden. Während der Weltkrieg an zwei Fronten geführt wurde, sprach der Spediteur des öfteren über die strategischen Züge, die von hochgestellten Politikern für den Verlauf des Krieges angekündigt worden waren.

»Während er sprach«, erinnert sich Phil, »erhielt ich vom Ring Korrekturen dessen, was er sagte, und ich konnte ihm die genauen Daten angeben, an denen gewisse Dinge sich ereignen würden. Diese Angaben geschahen in der Regel sechs bis acht Wochen im voraus. Es ging dabei zum Beispiel auch um den Termin, wann Rommel durch die Wüste marschierte und wie weit er gelangen würde, den Tag, an dem unsere Truppen in Frankreich landen würden und die Zeit, wann Mussolini die Macht in Italien verlöre. Als ich diese zukünftigen Ereignisse aussprach, bot mir der Beamte die Wette an, daß es sich trotzdem so ereignen würde, wie die ›hochgestellten Politiker‹ es ankündigten, doch nachdem ich eine Wette nach der anderen gewann, lehnte er es lachend ab, gegen mich noch einmal ›zu pokern‹ und warf mir vor, Insider-Informationen zu besitzen.«

Mr. A hatte sich zwischenzeitlich mit Rae verlobt, die ihn überredete, eine Bekannte, die verkrüppelt geboren worden war, aufzusuchen und zu behandeln. »Eines ihrer Beine mußte amputiert werden«, erklärte Rae, »und das andere ist nur zum Teil entwickelt. Jetzt hat sie eine so schlimme Arthritis, daß sie den Kopf nicht mehr drehen und auch den Rollstuhl fast nicht mehr bedienen kann.« Phil tat ihr den Gefallen, die Bekannte zu behandeln und berichtete, daß es die Energien bald ermöglichten, daß sie den Kopf wieder normal drehen, die Schultern ohne Schmerzen bewegen und auch den Rollstuhl mit Leichtigkeit manövrieren konnte. Die Frau war daraufhin so begeistert, daß sie Mr. A drängte, Mrs. Wade zu behandeln, eine Freundin, die mit ihrer schweren Herzkrankheit ans Bett gefesselt war. Mrs. Wade rief ebenfalls an und bat um seinen Besuch. Als Phil bei der angegebenen Adresse eintraf, empfing ihn der Gatte der Patientin freundlich und zeigte sich froh über »alles, was meine Frau glücklich macht« – um damit anzudeuten, daß er selbst nicht an solchen Mumpitz glaubte. Dann humpelte der makellos gekleidete Gentleman mit Hilfe einer Krücke den Weg zum Schlafzimmer seiner Frau voraus.

Phil begann mit seiner Arbeit wie gewöhnlich. Nachdem sie eine Energieladung bekommen hatte, rief Mrs. Wade: »Oh, endlich sitzt dieser Elefant nicht mehr auf meiner Brust! Und meine Lungen haben ja keinen Boden mehr! Meine Füße kribbeln und sind warm wie schon seit Jahren nicht mehr.« Sie bat Phil, wiederzukommen, und bei jeder Behandlung saß Mr. Wade am Bett seiner Gattin und pries die Tugenden und Fähigkeiten seiner wunderbaren Ärzte. Erst vor kurzem sei er wegen einer Venenentzündung operiert worden, doch weil Bein und Knöchel immer noch sehr stark geschwollen seien, müsse er sich noch einige Zeit mit der Krücke behelfen.

Gegen Ende der Woche, als Phil seine Behandlungsserie bei Mrs. Wade abschloß, streckte er gleichsam spielerisch seine Hände in die andere Richtung und erzeugte eine Energie-

Durchflutung von Mr. Wades Knöchel mit den Worten: »Hier, schauen Sie mal, ob das Ihnen helfen kann.« Am nächsten Morgen wurde er vom Hausherrn ohne Krücke empfangen. Der Knöchel war nicht mehr geschwollen, sondern normal, und als die Behandlung seiner Frau beendet war, teilte der wählerische alte Herr Phil mit: »Ich wünsche, daß Sie weiterhin täglich kommen, weil ich auch die Energie von Ihnen erhalten möchte.«

Mr. A erklärte ihm, daß es ihm nicht möglich sei, wiederzukehren, weil seine Praxis am Montag eröffne; er und seine Gattin könnten ihn aber dort aufsuchen, wenn sie eine weitere Behandlung wünschten. Der stolze alte Mann entgegnete, es sei für ihn undenkbar, eine Praxis zu besuchen, in der andere Klienten darauf warteten, an die Reihe zu kommen. Phil verabschiedete sich fröhlich und meinte, er müsse ihnen diese Entscheidung selbst überlassen. Unter den ersten Patienten, die am Montagmorgen vor seiner neuen Praxis eintrafen, waren Mr. und Mrs. Wade. »Ich leide auch unter einer urämischen Vergiftung«, gestand der ernüchterte Gentleman, »und ich habe bereits einen Spezialisten deswegen konsultiert. Können Sie vielleicht etwas dagegen tun?«

»Das kann ich nicht beantworten«, erwiderte Mr. A. »Wir werden Ihnen einfach die Energie geben und abwarten, was geschieht.«

Nach der dritten Behandlung kam Mr. Wade in die Praxis gestürmt und rief: »Der Arzt wundert sich nur noch über die Veränderung meines Zustandes. Nach neuerlichen Tests sagen er und der Spezialist, daß ich jetzt Nieren wie ein Zwanzigjähriger hätte. Ich habe ihnen nichts von meinen Besuchen bei Ihnen erzählt, und jetzt stehen sie vor einem Rätsel. Es sei keine Spur der Urämie oder der Phlebitis mehr festzustellen, und sie wüßten nicht, weshalb.«

Mr. A antwortete, er freue sich, dies zu hören, und Mr. Wade brauche nicht mehr zu weiteren Behandlungen zu kommen,

aber der fast achtzigjährige Mann protestierte: »Nicht wiederkommen?! Hören Sie zu, mein Junge: Ich werde jede Woche meine Energieladung von Ihnen beziehen. Ihr Honorar ist eine sehr billige Lebensversicherung, wissen Sie?«
Ganz der vornehme Bankier, immer makellos in der Erscheinung und mit gestärktem Kragen, kam Mr. Wade in Begleitung seiner Gattin weiterhin in Phils Praxis, Woche für Woche, vierzehn Jahre lang. Mit vierundneunzig Jahren fuhr er seinen Wagen immer noch selbst, taxierte Grundeigentum und gab Darlehen auf Land in den Hügeln um Berkeley. Eines Tages trug er einen Wellensittich-Käfig die Treppe zur Garage hinunter, ohne sich am Geländer zu halten. Er glitt aus, stürzte mit dem Kopf voran die ganze Tiefe der Treppe hinunter und schlug den Käfig mit seinem Kopf gegen die Mauer. Mit einer Gehirnerschütterung kam er ins Krankenhaus und starb, bevor er noch Phil rufen konnte. Die Ärzte stellten voll Erstaunen fest, daß kein einziger Knochen gebrochen war. Mr. A erklärte dazu, daß die Energie, die er durch den Organismus seiner Patienten schicke, dafür bekannt sei, daß sie die Knochen jung und flexibel halte.
Während der gleichen Jahre bezog auch die Frau im Rollstuhl, die Mr. A ursprünglich gebeten hatte, die Wades zu besuchen, weiterhin Energie-Behandlungen. Nach ihrem siebenundneunzigsten Geburtstag entschied sie plötzlich, sich nicht mehr aufladen zu lassen – »weil ich fürchte, sonst noch länger zu leben, als meine finanziellen Reserven reichen würden«.
Zu den ersten Klienten Phils in San Franzisko gehörte auch ein angesehener Börsenmakler. Er klagte über sein Asthma, das ihn nachts nicht schlafen lasse; außerdem stand ihm eine Prostata-Operation bevor. Nach mehreren Aufladungen mit der geheimnisvollen Energie konnte er Mr. A erklären, daß sein Arzt die Operation nun für unnötig halte und abgesagt habe, und nachts könne er nun wieder schlafen wie ein Kind. Daraufhin schickte er seine Frau, die ebenfalls unter Schlaflosigkeit

litt. Zudem hatten ihr die Ärzte nur noch höchstens ein Jahr zu leben gegeben, da sie eine seltene Form von Anämie hatte. Nach der ersten Aufladung mit Energie erklärte sie Mr. A unverblümt: »Das ist doch das Dümmste, was mir je begegnet ist. Wenn mein Mann nicht darauf bestanden hätte, wäre ich überhaupt nicht hier. Ich habe absolut nichts gespürt, während Sie mich angeblich behandelt haben.«
Nach einigen Tagen kehrte sie zurück und gab zu, nach der Behandlung zum erstenmal seit vielen Jahren eine Nacht durchgeschlafen zu haben: »Ich weiß zwar nicht, wie diese verrückte Geschichte wirkt, die Sie da praktizieren, aber ich weiß, daß es wirkt, und deshalb tun Sie es bitte weiter.« Der Börsenmakler und seine Frau kamen noch eine Zeitlang regelmäßig zur Behandlung; dann verlor Mr. A sie aus den Augen. Als der Makler fünfundachtzig Jahre alt war – seine Frau ein Jahr jünger –, suchte er Phil wieder auf. Er war wegen einer ernsten Herzkrankheit auf einer Intensivstation behandelt worden und wollte nun wieder Energieladungen von ihm erhalten. Bis heute kommen beide noch regelmäßig in die Praxis, um sich mit neuer Lebenskraft füllen zu lassen.
Der Makler schickte Mr. A eine Reihe weiterer Klienten, darunter auch Mrs. Robeson, die zwei Helfer, eine Krücke und einen Stock brauchte, um mühsam gehen zu können. Als Mr. A begann, Energie in beiden Seiten ihres verkrüppelten Knies aufzubauen, rief die Kranke: »Oh, Sie tun mir weh! Ich werde meinen Stock auf Ihnen tanzen lassen!« Als sie aber kurz darauf ohne Hilfe und Stützen frei umherging, verwandelte sie sich in einen der eifrigsten Anhänger ihres Behandlers.
Unter den ersten Klienten in der neuen Praxis war auch eine Krankenschwester mittleren Alters, die über Erschöpfung und einen trägen Stoffwechsel klagte. Als dieses Problem durch einige Behandlungen aus dem Weg geräumt war, begann sie, ihre eigenen Patienten zu Mr. A zu schicken; viele von ihnen hatten hohe Führungspositionen rund um die Bay inne. Einer

von ihnen war zwei Jahre zuvor als Vizepräsident von General Motors in den Ruhestand gegangen, da er von einem Gehirnschlag gelähmt worden war. Nach wenigen Behandlungen konnte er Arm und Bein wieder uneingeschränkt gebrauchen. Später, als er einmal Urlaub im Camel Back Inn in der Nähe von Phoenix, Arizona, machte, plagten ihn akute Hämorrhoidalbeschwerden; er flog nach San Franzisko zurück, um sich von Mr. A behandeln zu lassen.

»Hämorrhoiden sind Wutbeulen«, klärte Phil ihn auf. »Sie müssen sich sehr geärgert haben, daß es so schlimm wurde.« Überrascht gab der Patient zu, daß dies stimmte. Nach der Energieladung durch Phil verschwanden die Hämorrhoiden, und er flog nach Arizona zu seiner Frau zurück.

Ebenfalls auf Empfehlung kam ein junger Heeresoffizier, der nach einem dienstlichen Pazifik-Aufenthalt mit sogenannten »Dschungelbeinen« zurückgekehrt war. Füße und Unterschenkel waren bedeckt mit roten, nässenden Geschwüren, und trotz der Versorgung durch – in diesen Dingen erfahrene – Stabsärzte konnte er nicht einmal Besserung erfahren. Nachdem Phil die Energie durch Füße und Beine verteilte, begannen die Geschwüre zu verheilen, und wenige Tage später waren nicht einmal mehr Spuren der Krankheit zu erkennen. Nach seiner ehrenvollen Entlassung aus den Streitkräften kam der Ex-Offizier hin und wieder zu Phil, um dessen Rat in geschäftlichen Angelegenheiten zu suchen. Bei einer dieser Gelegenheiten vertraute er Phil an, daß seine Frau und er sich so sehr Kinder wünschten, aber bisher sei keine Schwangerschaft über den zweiten oder dritten Monat hinaus gediehen; immer wieder war es zu einem Abgang gekommen. »Können Sie auch bei solchen Dingen etwas erreichen?« fragte er voll Hoffnung.

Mr. A antwortete schulterzuckend: »Wenn Ihre Frau wieder ungefähr sechs Wochen schwanger ist, bringen Sie sie mit, und wir werden sehen, was die Energie für sie tun kann.« Es dauerte nicht lange, da kam sie in die Praxis und kehrte allmonatlich

wieder, um sich mit Energie aufladen zu lassen, bis ihr Baby zum errechneten Termin geboren wurde. Drei Jahre später meldete der Veteran Phil, daß seine Frau erneut Abgänge gehabt habe. Er schickte sie zu einer erneuten Behandlungsserie, und auch diesmal endete die Schwangerschaft erst mit der termingerechten Entbindung eines gesunden Kindes.
Einige Zeit ging ins Land, bis Phil das Ehepaar wieder zu sehen bekam. Nun kam der Familienvater und teilte ihm mit, daß die Geburt des dritten Kindes überfällig sei. Der Hausarzt hatte ihn aufgefordert, seine Frau noch am gleichen Tag in die Klinik zu bringen, damit er am nächsten Morgen einen Kaiserschnitt durchführen könne. Phil, dessen Wartezimmer gerade wieder überfüllt war, erwiderte: »Sobald ich hier durch bin, komme ich mit Ihnen nach Hause.« Dort gab er der Schwangeren Energie, um Spannung und Druck zu lindern. Am nächsten Morgen rief der Ehemann überglücklich an und berichtete: Als er nach Hause kam, nachdem er Phil heimgefahren hatte, lag seine Frau bereits in den Geburtswehen. Er brachte sie eilends in die Klinik, wo eine normale Entbindung stattfand. Heute, achtundzwanzig Jahre danach, erscheint der Mann immer noch vier- bis fünfmal jährlich, um sich mit Energie aufladen zu lassen, »einfach, um in guter Form zu bleiben«.
Eines Tages kam eine Gruppe Menschen von Los Altos Hills – einige gehörten schon zu Phils Patientenstamm – in die Praxis, um ihn nach einer seltenen und sogenannten unheilbaren Krankheit zu fragen, die einen langen, lateinischen Namen trug und ihm unbekannt war. »In unserem Freundeskreis hat jemand einen fünfjährigen Jungen, der an dieser Krankheit leidet«, erklärte der Sprecher der Gruppe. »Er ist als Rarität in die medizinischen Fachzeitschriften eingegangen. In den Berichten heißt es, daß Kinder mit dieser Sache verfrüht reiften, aber nicht älter als sechs Jahre würden. Können Sie etwas dagegen tun?«
»Wie soll ich das wissen, solange ich den Jungen noch gar nicht gesehen habe?« fragte Phil ruhig zurück.

Als die Eltern das Kind hereinbrachten, glich dessen Körper dem eines Zwerges mit dickem Bauch; im Fühlen und Verstehen jedoch war der Knabe seinen Altersgenossen weit voraus. Phil legte das Ohr auf die Brust des Jungen, lauschte auf die Schwingungen und empfing seine inneren Anweisungen. Dann begann er, am Magnetfeld zu arbeiten. Binnen weniger Minuten schrumpften die vergrößerte Leber und der mächtige Leib auf normale Dimensionen. Der Knabe atmete, anscheinend zum erstenmal seit seiner Geburt, tief durch, und sein Körper fing an, Energie aus den Lungen zu schöpfen. Die begeisterten Eltern berichteten Mr. A später, daß der Kinderarzt des Jungen »sehr stolz« über den Erfolg der von ihm verordneten Diät gewesen sei – bis sie ihn aufklärten, daß die eigentliche Behandlung von Mr. A durchgeführt worden war. Da aber, erzählten sie, geriet der Mediziner außer sich vor Zorn.
Ungefähr einen Monat danach brachte eine Tante den kleinen Patienten wieder in die Praxis, diesmal wegen seines Hodenhochstandes. Der Kinderarzt hatte ihnen gesagt, daß dieser Zustand im allgemeinen erst nach dem sechsten Lebensjahr operiert werde, aber aufgrund seiner Krankheit sei eine Operation überhaupt nicht möglich. Mr. A machte sich an die Arbeit und verteilte die Energie über die Nerven, die für die Hoden zuständig sind. Diese traten noch während der Behandlung aus der Leiste hervor und sanken in den Hodensack.
Nach vielen Jahren berichtete jemand aus der Gruppe, die Mr. A ursprünglich auf den ungewöhnlichen Fall aufmerksam gemacht hatte, daß der Knabe sich normal weiterentwickelt habe – geistig und körperlich –, die Schule abschloß und nun verheiratet sei.

Das Gebiet um die Bay kannte in jenen Tagen eine Vielzahl echter Originale; zu den auffälligsten gehörten Captain Quay und seine Frau, ursprünglich Engländer, die nun auf einem Viermaster-Segelschiff wohnten, das im Hafen von Sausalito auf Betonstützen saß. Der Captain hatte im Ersten Weltkrieg ein britisches Schiff befehligt, nun beschäftigte er sich als Antiquitätenhändler und Innenausstatter. Seine Frau, selbständige Krankenschwester, erklärte Mr. A, daß sie seit vielen Jahren wegen ihrer arthritischen Gelenke ständig Schmerzen gehabt habe. Nach einigen Energie-Aufladungen schrieb sie Phils Frau: »Er hat mir ein neues Leben geschenkt!« Zehn Jahre später – in denen sie hin und wieder zum Aufladen zurückgekehrt war – schrieb sie abermals: »Ich bin immer noch frei von jeglichen Arthritis-Beschwerden, und ich genieße das Leben, mittlerweile in den Achtzigern.«

Die Quays schickten noch viele Menschen zu Mr. A, darunter auch einen Zahnarzt, der wegen seiner schweren Herzkrankheit die große Praxis aufgeben und sich in einer kleinen Stadt in der Nähe von Santa Cruz zur Ruhe setzen mußte. Mr. A schildert jenen Fall: »Als bei der ersten Behandlung die Energie in sein Magnetfeld einfloß und die Blockade öffnete, verlor er einen Augenblick die Besinnung. Dann stellte er überrascht fest, daß er nun zum erstenmal seit Jahren wieder tief atmen konnte. Er ließ sich das Magnetfeld nachladen, bis er mit dem guten Zustand seines Herzens ganz zufrieden war. Dann nahm er nicht nur seine zahnärztliche Tätigkeit wieder auf, sondern schickte auch viele Verwandte zu Mr. A, die ebenfalls Energie benötigten. Ungefähr zwanzig Jahre später stellte er ein wachsendes Knötchen in seiner rechten Brust fest. Aufgrund seiner medizinischen Erfahrung erkannte er den Ernst der Situation, erinnerte sich der gewöhnlichen Folgen eines Tumors in der männlichen Brust und fügte sich in die Aussicht auf einen frühen Tod. Die Geschwulst vergrößerte sich rapide, und als ich eines Tages bei ihm war, und er gerade an meinen Zähnen arbeitete, erwähnte er beiläufig seine Sorge. Ich hörte davon zum erstenmal und bat ihn, mir viel Glück zu wünschen, bevor ich daran ging, ihn mit Energie aus verschiedenen Richtungen aufzuladen. Ich bestrahlte ihn besonders vom rechten Unterschenkel her, wie es mich die Instruktionen im Innern hießen, und die Geschwulst fing vor unseren Augen an zu schrumpfen. Als keine Spannung mehr festzustellen war, gab es auch keine Spur des Tumors mehr; erst neulich teilte der Zahnarzt mir mit, daß es auch in den mittlerweile verstrichenen Jahren zu keinem Rückfall gekommen sei.«

Unter den Patienten waren viele Krankenschwestern, die Phil in dessen Anfangszeit in San Franzisko aufsuchten. Sie waren so angetan von den augenscheinlichen Wundern, die er bei ihnen bewirkte, daß sie unter ihren eigenen Patienten Reklame für ihn machten. Manche brachten kranke Kinder zu ihm, und eine Schwester, die in jenen Jahren eng mit Mr. A zusammengearbeitet hatte, berichtet, es sei geradezu faszinierend gewesen zu beobachten, wie die fast total behinderten spastischen Kinder, die »blauen Babys« und die Fälle von rheumatischem Fieber auf seine Behandlungen ansprachen, wie Kinder zum erstenmal ihren Kopf heben konnten, zu gehen und zu spielen anfingen.

Ungefähr sechs Wochen, nachdem Mr. A seine Praxis in der Market Street eröffnet hatte, suchte ihn ein Beamter der Mare-Island-Marine-Werft in der Nähe von Vallejo auf. Nach der Behandlung rief er begeistert: »Hören Sie, wir brauchen Ihre Hilfe in Vallejo ganz dringend. Der Krieg wütet nun an zwei Fronten, und viele unserer unentbehrlichsten Beschäftigten sind wegen irgendwelcher Krankheiten oder Beschwerden nicht bei der Arbeit. Es ist wichtig für den Kriegseinsatz, daß wir die Leute so bald wie möglich wieder an ihren Arbeitsplatz zurückbekommen. Würden Sie uns helfen?«

Mr. A, der selbst zu alt für den aktiven Dienst im Zweiten Weltkrieg war, erklärte sich bereit, zehn Wochen lang auch nach Vallejo zu fahren. Die Patienten in San Franzisko brachte er alle an den Vormittagen unter, sprang dann in den Wagen und fuhr die fünfundsechzig Kilometer nach Vallejo. Mrs. Reed, eine seiner älteren Patientinnen, bot ihm ihr altes Haus in Vallejo zum Arbeiten an. Als sie die Scharen von Patienten sah, die in die Gasse hinter ihrem Haus einfuhren, übernahm sie es, die Besucher in zwei Kategorien aufzuteilen, in »Wohnzimmer- bzw. Straßen-Leute«. Letzterer Begriff war alles andere als eine Schande. Die Unterscheidung diente lediglich dazu, Menschen, die zu sehr gehbehindert oder krank waren, um ins Haus zu gelangen, von Mr. A in ihren Fahrzeugen behandeln zu lassen. Er ging also »auf die Straße«, um sie mit Energie aufzuladen.

Mrs. Reed war eine rundliche, mütterliche Frau, die sich um die Patienten kümmerte wie eine Glucke um ihre Küken; sie geriet fast aus dem Häuschen wegen der vielen Heilungswunder, die in ihren Mauern gewirkt wurden. Bald meldete sie auch persönliches Interesse an: Ihr Bruder besaß eine Ranch im Lake County, und während er einige Pferde ausspannte, wurden diese erschreckt und schleiften ihn einige hundert Meter mit sich, bevor er an einen Torpfosten geschleudert wurde und dort liegenblieb. Der Mann hatte ohnehin schon an so akuten Herzbeschwerden gelitten, daß er ohne Hilfe nicht vom Bett aufstehen konnte; jetzt kamen noch die schweren Verletzungen hinzu. Doch erst nach diesem Unfall war es Mrs. Reed gelungen, den zähen alten Rancher zu überreden, es mit einer Behandlung von Phil zu versuchen. Nach der ersten Energievermittlung konnte er aus eigener Kraft aufstehen. Als er zwei Tage danach in der Küche saß und darauf wartete, daß er bei Phil an die Reihe kam, fiel er vom Stuhl; Mrs. Reed klopfte an die Tür, hinter der Mr. A einen anderen Patienten behandelte.

»Bitte, schnell«, drängte sie ihn. »Edgar ist vom Stuhl gefallen und rührt sich nicht mehr!« Mr. A stürzte in die Küche, lauschte an der Brust des alten Ranchers und konnte nichts mehr hören. Rasch legte er die Hände auf jede Seite seines Brustkorbes und schickte eine Energieladung in den alten Mann. Dann ließ er die Linke am Brustkorb liegen und hielt die

rechte Hand zum Magnetfeld, während er weiterhin Energie einstrahlte. Der alte Rancher begann sich wieder zu rühren, dann übergab er sich und murmelte, daß es ihm im Magen so übel sei, daß er nicht mehr leben wolle. Zehn Minuten später jedoch war er schon auf den Beinen und ging in der Küche auf und ab. Mr. A wandte sich sofort wieder dem Patienten zu, dessen Behandlung er unterbrochen hatte, und dem es auch nicht viel besser ging. Eine Woche danach arbeitete der alte Rancher wieder inmitten von Großvieh und Hühnern.
Inzwischen waren in Mr. A's Nachmittags- und Abend-Praxis in Vallejo weit mehr als die vereinbarten zehn Wochen vergangen, aber es schien keine Chance zu geben, von ihr loszukommen. Tag für Tag wimmelte es im Haus von kranken Menschen, nicht nur von der Werft, sondern auch aus dem Ort Vallejo und sogar aus dem North County. Die Patienten in San Franzisko verlangten Mr. A den ganzen Tag für sich, und nun kamen auch Briefe aus Reno, die ihm fast das Herz brachen: »Warum haben Sie uns im Stich gelassen?« schrieben alte Freunde. »Haben wir Sie nicht gut behandelt? Wir brauchen Sie doch auch!«
Aus Gefälligkeit für einen Freund machte Mr. A eines Abends in Vallejo einen Hausbesuch bei einem bettlägerigen Kranken, bevor er nach San Franzisko zurückfuhr. Die Ärzte hatten dem Patienten erklärt, er müsse sterben, und der Anwalt Tim O'Grady war bei ihm, um seinen Letzten Willen aufzunehmen und zu beurkunden. Er sah zu, wie Phil bei dem Kranken eine Behandlung durchführte, und bemerkte dann: »Ich habe schon von Ihnen gehört. Mein Name ist O'Grady. Der Chef-Drucker von der Werft, den Sie von der Bürgerschen Krankheit geheilt haben, ist mein Schwiegervater. Ich bin selbst seit meiner Geburt verkrüppelt, und seit einer Operation, die die Deformierung korrigieren sollte, habe ich ständig Schmerzen. Meinen Sie, daß Sie in diesem späten Stadium noch etwas für mich tun können?«

Phil pumpte ihn bereitwillig voll Energie, und nach fünf Minuten konnte sich der Anwalt aufrichten und sogar – zum erstenmal seit seiner Kindheit – den linken Fuß auf einen Stuhl heben. Am nächsten Tag schickte er seine Gattin zur Behandlung, und die fröhliche kleine Frau berichtete, wie ihr Mann am Abend zuvor aufrecht nach Hause gekommen sei und sein schlimmes Bein geschwungen habe. Als sie ihn nach der Ursache seiner plötzlichen Genesung fragte, habe er geantwortet: »Ich will dir erzählen, was passiert ist – aber wenn du lachst, werde ich dir mit diesem Bein einen Tritt geben!«

Als der Anwalt O'Grady das nächstemal zur Behandlung kam, sagte er: »Phil, ich wünschte fast, Sie kämen einmal in Schwierigkeiten, damit ich Sie verteidigen und Ihnen zeigen kann, auf welchem Gebiet ich Gutes leiste.«

Statt über Tims heiteres Angebot zu lachen, erwiderte Mr. A ernst: »Wissen Sie, Tim, eine solche Gelegenheit wird nicht mehr lange auf sich warten lassen.«

O'Grady blickte ihn zweifelnd an, doch Mr. A sagte nichts weiter. Er wußte über seine innere Informationsquelle bereits, daß er verhaftet, vor Gericht gestellt und wieder freigesprochen würde, um sein Lebenswerk fortsetzen zu können, und er spürte, daß diese Zeit der Prüfung sehr nahe bevorstand.

KAPITEL VII

Der Prozeß

Die inneren Weisungen trafen zu. Ein Gerichtsverfahren war notwendig, um die Arbeit als Werkzeug der Macht aller Mächte fortzusetzen, und Phil sollte gegen seine Verhaftung keinen Widerstand leisten. Am Tage vor der Vorladung hatte er seine wöchentliche Arbeit in Vallejo beendet und war gerade im Begriff, nach San Franzisko zurückzufahren, als eine Eingebung ihn aufforderte: »Warte auf ihn!«
Nach zehn Minuten traf ein großer Mann ein und fragte: »Ist Dr. A hier?« Ohne zu antworten, winkte Phil den Fremden in das Zimmer, in dem er die Patienten aus dem Raum Vallejo zu behandeln pflegte. »Ich habe sehr starke Herzbeschwerden«, sagte der Unbekannte und nannte einige der geläufigsten Symptome.
Phil legte das Ohr auf die Brust des Mannes. Später erzählte er mir über seinen Eindruck: »Meine Intuition und mein inneres Gespür gaben mir kein Anzeichen für den Zustand, den er geschildert hatte, nur die Motivation, mich festzunehmen. Ich war so amüsiert darüber, daß ich bei mir dachte: Solange mir das ohnehin bevorsteht, kann ich ihm auch etwas Gutes tun, und ich gab ihm einen ordentlichen Schub an Energie zwischen die Rippen, so daß er für einen Augenblick das Bewußtsein verlor. Er kam sofort wieder zu sich und fing an zu fragen, was passiert sei. Fast lallend wollte er weiter wissen: ›Ist das alles?‹, und ich erwiderte: ›Ist das nicht genug?‹
Er zog einen Scheck aus der Tasche und fragte, auf welchen Namen er auszustellen sei. Als er mir das Papier überreichte, be-

merkte ich: ›Ich werde diesen Scheck nie einlösen. Es ist sowieso nicht gut.‹ Danach wollte er wissen, wieviele Behandlungen noch notwendig seien, um seinen ›Zustand ganz zu bereinigen‹. Ich antwortete, er brauche keine weitere Behandlung, doch er hakte nach: ›Werden Sie auch morgen hier sein?‹ Ich wußte, daß meine Festnahme am nächsten Tag bevorstand, und bereitete mich darauf vor, indem ich fünf 100-Dollar-Scheine in meiner Kleidung verbarg und einige freiwillige Dankschreiben in die Tasche steckte. Mir war klar, daß man meine Taschen durchsuchen würde.«

Am nächsten Nachmittag war Phil gerade dabei, dem ersten der Patienten, die in Vallejo auf ihn gewartet hatten, Energie zu geben, als der große Mann mit einem Wachtmeister hereinkam. Dieser erklärte: »Sie sind verhaftet«, und begann den Haftbefehl vorzulesen. Phil unterbrach ihn, das sei nicht nötig, aber er las unbeirrt weiter bis zum letzten Punkt. Dann ging der Sonderagent der Amtsärztekammer Kaliforniens, der am Tage zuvor noch einen Energieschub von Phil bezogen hatte, daran, das Kissen in Fetzen zu reißen, auf dem Phil gesessen hatte. Er drehte beide Stühle herum, um sie auf versteckte elektrische Drähte zu untersuchen. Während Mrs. Reed ihm verärgert und unmißverständlich ihre Meinung zur Zerfetzung eines ihrer Kissen sagte, durchsuchte der Agent weiter das Zimmer, konnte aber nicht mehr aufstöbern als eine Karte mit Phils Namen. Er ließ sich Name und Anschrift des Mannes geben, den Mr. A gerade behandelt hatte und fragte dann nach der Identität der neun Frauen, die im Wartezimmer saßen. Diese hatten bis dahin ruhig darauf gewartet, an die Reihe zu kommen. Sie strickten und unterhielten sich, aber als der Agent anfing, ihnen Fragen über Phil zu stellen, verwandelten sie sich geradezu in Furien, die sich weigerten, mehr zu sagen, als daß dies den Agenten nichts angehe.

Einige Minuten sah Mr. A wohlgelaunt dem Streit zu und meinte dann lachend: »Sehen Sie doch, meine Damen: dieser arme Mensch übt nur seinen Beruf aus; damit verdient er sich seinen Lebensunterhalt. Also geben Sie ihm die Informationen, die er will, auch Ihre Namen und Anschriften.« Phil war klar, daß die Ankläger den Mann und die neun Frauen vorladen würden – doch bessere Zeugen konnte er sich bei einem Prozeß gar nicht wünschen.

Auf dem Weg zur Polizeiwache räusperte sich der Beamte einige Male und erklärte dann: »Mr. A, Sie sind überaus beliebt in Vallejo. Die Leute scheinen Sie sehr zu schätzen. Ich verstehe diese Verhaftung nicht.« Auf dem Revier posierte Phil für ein Foto für die Verbrecherkartei, bevor die Beamten aber seine Fingerabdrücke nehmen konnten, mischte sich der Ärzte-Agent ein und begann Phils Finger sorgfältig zu untersuchen.

»Was suchen Sie denn – wieder elektrische Drähte?« fragte der Wachtmeister ironisch, und der Agent antwortete: »Ich will nur sicher gehen, daß da keine Operationsspuren sind.«

Darauf leerte man die Taschen von Mr. A, und der Agent griff eifrig nach den Dankschreiben und den Benzin-Bezugsscheinen, während der Wachtmeister das Geld und andere Gegenstände in einen amtlichen Umschlag gab, den er versiegelte. Dann führten sie ihn zu einer Zelle, aber Phil erklärte: »Da gehe ich nicht hinein.«

»Wie kommen Sie auf die Idee, da nicht hineinzugehen?« fuhr der Agent ihn an. »Sie haben keinerlei Kautionsgeld bei sich.«

Mr. A schüttelte das Handgelenk, und die versteckten fünf 100-Dollar-Noten kamen zum Vorschein. »Schreiben Sie mir eine Quittung über 500 Dollar; ich muß zurück an die Arbeit.« Der Sonderagent war wie vor den Kopf gestoßen, so als hätte Phil das Geld geradewegs materialisiert, aber der Wachtmeister meinte grinsend: »Schreiben Sie ihm eine Quittung. Ich hole inzwischen, was ihm gehört.«

Der Agent machte keine Anstalten, die Briefe und Benzinmarken zurückzugeben, und war so nervös, daß er die Quittung über fünf statt über fünfhundert Dollar ausstellte. Der Wacht-

meister mußte sie neu schreiben. Phil war nun gegen Kaution freigelassen, aber er bat, einen Anwalt rufen zu dürfen. Als er den Namen Tim O'Grady angab, knurrte der Sonderagent wütend: »Das ist der beste!«
Bald war Tim eingetroffen. Er erfuhr, daß der Agent die Briefe und Bezugsscheine einbehalten hatte, und verlangte sofort eine Empfangsbestätigung von ihm. Dann fragte der Rechtsanwalt: »So, wo gehen wir jetzt hin?«
»Ich gehe zurück an die Arbeit«, antwortete Mr. A; »ich habe ein Wartezimmer voll Patienten.«
»Dann nehmen wir Sie wieder fest«, drohte der Agent mit finsterem Blick, aber Tim O'Grady riet ihm, Mr. A bis zum Prozeß nicht mehr zu belästigen – und Phil praktizierte weiter. Einige Tage nach der Verhaftung erhielt er einen Brief, in dem man ihn aufforderte, im Hauptbüro des Rationierungsamtes von San Franzisko zu erscheinen; dort hatte der Agent der Ärztekammer eine Beschwerde eingereicht mit dem Vorwurf, die zusätzlichen Benzin-Bezugsscheine für Mr. A seien illegal. Phil erschien umgehend, und die Unterlagen ergaben, daß die leitenden Zivilbeamten der Marinewerft von Mare Island ein zusätzliches Bezugsschein-Heft beantragt hatten, um so Mr. A die täglichen Fahrten nach Vallejo zu ermöglichen. Das zweite Heft war sein eigenes und wurde für gelegentliche Fahrten zum Lake Tahoe in Anspruch genommen, wenn er dort nach seinen Grundstücken sehen mußte. Die Beamten im Rationierungsamt zeigten Phil etliche Briefe von Führungskräften der Mare-Island-Werft, in denen sein Wirken sehr gelobt wurde, da es erreiche, daß wertvolle Arbeitskräfte nicht wegen Krankheit ausfielen. Dann meinte der Vorsitzende lachend: »Zum Teufel aber auch! Es wäre ja noch schöner, daß die Amtsärztekammer von uns verlangt, daß wir für sie Krieg führen! Die haben wohl nicht viel überzeugende Argumente. Es tut mir leid, daß wir Sie hierher bemüht haben. Alles ist in Ordnung. Auf Wiedersehen und viel Glück!«

Der Sonderagent ließ Phil in kalifornischen Zeitungen durch den Dreck ziehen und das Gerücht verbreiten, er sei »aus Reno verjagt« worden und obendrein ein Scharlatan. Folglich war die Presse bei der formellen Anklageverlesung zahlreich vertreten. Dort gab der Richter Zeitpunkt und Ort des Verfahrens bekannt, bei dem festzuhalten sei, ob Mr. A gegen die Preisbindungsbestimmungen verstoßen habe, unter denen die kalifornische Ärztevereinigung arbeitete. Unmittelbar nach der Vernehmung des Beschuldigten machte sich Tim O'Grady die große Medienpräsenz zunutze, um den Agenten der Ärzteschaft über seine Vorwürfe zu befragen.
Er streckte die Hand mit einem Stapel Anerkennungsschreiben aus und fragte: »Möchten Sie diese Briefe vielleicht sehen? Hier ist zum Beispiel einer von dem Kreisdirektor von Washoe, Nevada, der sich auf unseren Freund bezieht und bezeugt, daß dieser in Reno sehr beliebt war.« (Ich habe das Original jenes Briefes gesehen, der am 1. Dezember 1942 auf dem offiziellen Briefpapier des Kreisdirektors geschrieben und von diesem selbst unterzeichnet wurde. Er lautet: »An alle, die es angeht: Mr. A (hier steht freilich der echte Name) hat ungefähr ein Jahr lang in Reno gewirkt. Schon als er in Reno zu arbeiten begann, vollbrachte er außergewöhnliche Heilungen, die dazu führten, daß sich daraus eine große Praxis entwickelte. Viele Menschen in Reno sind voll des Lobes über seine Erfolge und halten ihn unentwegt beschäftigt. Er hat meinen Schwiegersohn von einer ernsten Herzkrankheit befreit, was diesem ermöglichte, schon nach der zweiten Behandlung – das war vor elf Monaten – an seinen Arbeitsplatz zurückzukehren. Er leistet seitdem täglich zehn Stunden körperliche Arbeit. Vor der Behandlung war er acht Monate lang arbeitsunfähig und schon einige Jahre lang in ärztlicher Behandlung gewesen. Letzten Juni hatte (Mr. A) auch mit der Behandlung einer Krankheit bei meiner Gattin und mir selbst Erfolg, und dieser Erfolg stellte sich prompt ein. Ich weiß, daß zahlreiche Menschen in Reno meine

Meinung teilen, wenn ich ihn aufgrund der unglaublichen Ergebnisse empfehle, die er erreichte, während er in unserer Stadt wirkte. Wir alle sind ihm sehr dankbar dafür.«)
»Möchten Sie vielleicht die Genehmigung sehen, die ihm die Stadt Reno zur Ausübung seiner Praxis gab?« setzte O'Grady dem Agenten vor den anwesenden Reportern zu. »Ich frage Sie: Sehen diese Urkunden aus wie eine Vertreibung aus Reno, die Sie der Presse vorgemacht haben?« Der Agent machte auf dem Absatz kehrt und verließ den Saal.
Einige Tage danach behandelte Phil auf Bitten einiger Reporter eine große Gruppe aus ihrem Kollegenkreis; hier waren alle möglichen Leiden vertreten, darunter steife Gelenke, schmerzhafte Arthritis, Emphyseme, Hypertonie und Migräne. Nach der Behandlung und befreit von ihren Schmerzen und Spannungen, sagten sie sinngemäß: »Wir hatten eigentlich vor, uns einen Spaß mit Ihnen zu erlauben; statt dessen haben Sie uns sehr geholfen. Wir sind ab sofort auf Ihrer Seite. Viel Glück!«
Rechtsanwalt O'Grady erfuhr erst hinterher von dieser Demonstration und erklärte Phil, daß er so etwas nie zugelassen hätte, aber, fügte er mit einem Grinsen hinzu: »Ich bin froh, daß Sie hingegangen sind, denn nach den Berichten, die mir zu Ohren kommen, haben Sie gute Arbeit geleistet. Die haben Sie alle ins Herz geschlossen.
Übrigens«, fuhr O'Grady fort, »kann ich selbst kaum noch arbeiten, wenn Ihre Anhänger mich ständig im Büro besuchen und mich ausfragen, um festzustellen, ob ich imstande sei, Sie herauszupauken; und sie bieten sich als Zeugen für Sie an. Leider sind die meisten zu gut, um uns nützlich zu sein – wie das junge Mädchen vom Lake County gestern, das aussagte, sie habe, als Sie ihren Nacken vor zwei Monaten berührten, ihren Kropf heruntergeschluckt und seitdem verloren. Das wollte sie vor Gericht bezeugen, aber ich machte ihr klar, daß die Geschworenen so etwas nie glauben würden.«

Der Anwalt schüttelte den Kopf und brüllte vor Lachen. »Sie bringen mich ganz schön in Verlegenheit – und ich hatte sogar noch darum gebeten! Sie haben meinen Schwiegervater geheilt, Sie haben die Hüftarthrose-Schmerzen meiner Mutter beseitigt, so daß sie jetzt wieder normal gehen kann. Sie haben aus mir selbst einen neuen Menschen gemacht, und auch die Allergien, die meine Frau fast ihr Leben lang plagten, sind verschwunden. Und jetzt muß ich Sie gemeinen Kerl hier freibekommen, sonst darf ich mich nicht mehr nach Hause trauen!«

In der Wartezeit vor dem eigentlichen Prozeß erfuhr Phil von befreundeten Anwälten in Sacramento, daß die kalifornische Ärztevereinigung seine Festnahme gefordert, aber nun den Fortgang des Verfahrens aufgehalten habe in der Hoffnung, daß einige seiner Patienten starben, so daß sie ihm mit massiveren Anklagepunkten aufwarten könnten. Glücklicherweise starb keiner, und Mr. A sagt über jene Zeit: »Die Kraft war wirklich auf meiner Seite! Keiner wird je erfahren, wie oft ich mir tatsächlich Sorgen machte und wartete, bis die Energie die Angelegenheit in ihre Hände nahm. Viele der Menschen, die zu mir gebracht worden waren, hätte man zu Hause nie aus dem Bett nehmen dürfen. Es waren Menschen jeden Alters, und sie kamen mit allen möglichen Leiden. Ich lud sie durch die Kraft, die mir gegeben ist, mit Energie auf, schickte sie zurück zu ihren Ärzten und dachte mir, daß die Mediziner wohl froh über die Besserung wären. Statt dessen bringen sie mich nun vor Gericht.«

Kurz vor Prozeßeröffnung meinte O'Grady zu Mr. A: »Mann, Sie stehen vielleicht hoch im Kurs! Die schicken tatsächlich Ken Masters als Vertreter der Anklage. Er ist das As aus dem Justizministerium, und er hat eine medizinische Ausbildung. Der hiesige Bezirksstaatsanwalt wird ihm assistieren.«

Rechtsanwalt Bill Shelton, Phils Freund seit langen Jahren, arbeitete mit O'Grady gemeinsam an dem Fall. Als sie am ersten Prozeßtag von San Franzisko nach Vallejo fuhren, sagte Shel-

ton: »Ich habe sämtliche Indizien und Informationen geprüft, die zugänglich sind, und ich habe die Prozeßprotokolle ähnlicher Verfahren studiert. Ich bin zu dem Schluß gekommen, daß Sie mit der Ärztevereinigung als Gegner soviel Chancen haben wie ein Schneeball in der Hölle. Es fällt mir furchtbar schwer, das zu sagen, aber ich denke, Sie sollten das wissen.«
Ungerührt – denn er hörte eher auf seine inneren Weisungen als auf die Stimmen seiner Anwälte – fragte Mr. A: »Haben Sie die Liste mit direkten Fragen, die ich Ihnen gegeben habe?« Auf die bejahende Antwort hin fuhr Phil fort: »Ich will, daß Sie genau so vorgehen und sich ausdrücken, als sprächen Sie für die Anklage statt als Verteidiger. Ich hoffe, dies wird uns eine Chance geben, den Gerichtssaal zum Ort der offenen Darstellung meiner Arbeit zu machen, obgleich ich fast fürchte, daß der Staatsanwalt zu intelligent ist, um mir diese Chance zu lassen.«
»Ich kann nicht anders, als mich nur zu wundern. Sie scheint all dies überhaupt nicht zu bekümmern«, rief Shelton. »Machen Sie sich denn gar keine Sorgen?«
»Darüber habe ich noch nicht viel nachgedacht«, antwortete Phil allen Ernstes. »Ich sehe es einfach so: Wenn die Macht der Mächte will, daß ich diese Arbeit weiterhin vollbringe, dann wird sie das so einrichten. *Ich* stehe ja nicht vor Gericht, sondern sie. Ich habe bewiesen, daß ich auf verschiedenen anderen Gebieten einen guten Lebensunterhalt verdienen kann, bevor sie mich aufforderte, diese Arbeit zu tun. Wenn ich weitermachen soll, wird die Kraft sich schon darum kümmern.«

Die Presse hatte soviel Interesse an dem Prozeß entfacht, daß er nun vom gewöhnlichen Verhandlungssaal in den großen Gesellschaftssaal verlegt werden mußte. Nachdem die Jury ausschließlich weiblicher Geschworener ausgewählt war, stellte Ken Masters, der Vertreter der Anklage im Namen des Staates, klar, daß die Anklage nicht in Zweifel ziehe, was Mr. A für

Menschen tun konnte und auch in keiner Weise die Heilerfolge in Frage stelle, die die Patienten von seinen Behandlungen empfangen hatten. (Dieser Zug sollte natürlich verhindern, daß Zeugenaussagen, Dank- und Empfehlungsschreiben in den Prozeß Eingang fänden, die die Heilungen durch Mr. A darstellten.) Gegenstand der Verhandlung, so Masters, sei vielmehr die Frage, ob der Angeklagte die Heilkunde ausübe, ohne eine ordnungsgemäße Erlaubnis der Gesundheitsbehörde des Bundesstaates zu besitzen, und ob er Geld für seine Dienstleistungen nehme.

Der erste Zeuge der Anklage war der Mann, den Phil gerade behandelt hatte, als er festgenommen wurde. Der Zeuge sagte aus, daß vor der Behandlung seine Beine und Arme teilweise gelähmt gewesen seien, so daß er sie kaum bewegen konnte. Der Staatsanwalt wollte jedoch nur wissen: »Wieviel haben Sie ihm für diese Behandlungsserie bezahlt?«

»Ungefähr zweihundert Dollar«, antwortete der Zeuge, und der Staatsanwalt blickte triumphierend zu den Geschworenen.

Im Kreuzverhör fragte Phils Anwalt den Mann, wo er wegen des gleichen Leidens schon behandelt worden sei, bevor er Mr. A konsultiert habe. Der Zeuge nannte die Mayo-Klinik, die Kliniken der Universitäten von Kalifornien und Stanford, etliche weitere Krankenhäuser im ganzen Land und eine Reihe praktizierender Ärzte.

»Haben Sie viel Hilfe erfahren durch diese vorausgegangenen Behandlungen?« fragte O'Grady, und der Mann antwortete: »Nein, kein bißchen.« Daraufhin verlangte O'Grady zu wissen, wieviel der Zeuge für die ärztlichen Behandlungen in Krankenhäusern und privaten Praxen bezahlt habe. Der Zeuge gab die einzelnen Summen zu Protokoll, insgesamt handelte es sich um mehrere tausend Dollar. Nun blickte Anwalt O'Grady triumphierend zu den Geschworenenbänken. Dann fuhr er fort: »Als dieser Mann, der hier unter Anklage steht, Ihnen Energie übermittelte – hat es Ihnen geholfen?«

»Es half mir sofort«, berichtete der Zeuge, »und ich kann nun arbeiten und mein eigenes Geschäft wieder führen.«
Und so ging es während des ganzen Prozesses, der häufig sogar die Kriegsereignisse aus den Schlagzeilen der Titelseiten verdrängte. Die Anklage fragte jeden Zeugen, was Mr. A vor und nach den Behandlungen gesagt und getan habe. Jeder gab ehrlich zur Antwort, daß Phil zunächst das Ohr auf die Brust des Patienten gelegt habe. Auf die Frage von Patienten, was er für die Ursache ihres Leidens halte, habe Mr. A erklärt: »Ich bin kein Arzt, und ich weiß nichts. Soll ich Energie für Sie erzeugen?« Ein Kichern ging durch den Saal, als einige Zeugen aussagten, Phil habe auch erwidert: »Ich weiß überhaupt nichts. Ich bin nur ein kleiner Junge, der stottert, stolpert und brummt.« Brummen war Phils Lieblingswort für die Energie-Aufladung.
Dann trat der Sonderagent der Amtsärztekammer Kaliforniens für die Anklage in den Zeugenstand. Als die Verteidigung an der Reihe war, ihm Fragen zu stellen, schlug Phils Anwalt vor, daß Mr. A dem Gericht zeige, wie er den Agenten behandelt habe. Mr. A machte sich bereitwillig an die Arbeit, aber der Zeuge versuchte, seinen Stand zu verlassen, während die Staatsanwälte »Einspruch!« riefen und das Publikum sich vor Lachen krümmte. Wann immer der Agent sich nach diesem Vorfall auch nur an der Tür des Gerichtssaales zeigte, zischte das Publikum ihn aus.
Das Gericht ließ nun die neun Frauen vorladen, die bei der Festnahme von Mr. A im Wartezimmer anwesend gewesen waren. Nachdem zwei oder drei von ihnen ausgesagt hatten, wurden die übrigen Patientinnen zurückgeschickt, da man erkannte, daß selbst Mr. A keine besseren und wortgewandteren Zeugen für seine Verteidigung hätte finden können. Die Patientinnen weigerten sich jedoch, nach Hause zu gehen, und baten O'Grady, auf sie als Zeugen für die Sache Phils zurückzugreifen. Eine der Frauen berichtete später, daß sie, als sie zum er-

stenmal zu Mr. A kam, die Füße nur zehn, zwölf Zentimeter vorwärtsschieben konnte, außerdem habe sie zum Gehen noch eine Krücke und einen Stock gebraucht und zwei Leute, die sie von jeder Seite stützten. Der Staatsanwalt erhob Einspruch und wollte ihren Bericht darüber nicht zulassen, wie die Behandlungen ihr geholfen hatten, aber sie erwiderte: »Nun, wenn Sie ihn je hinter Gitter bringen, dann sperren Sie mich in die gleiche Zelle, denn Sie dürfen ihn mir nicht wegnehmen.«
Nach weiteren Einsprüchen des Staatsanwaltes wurde sie aus dem Zeugenstand verwiesen. Sie ging mühelos die Stufen hinunter, blieb am Tisch des Protokollführers stehen, schwang ein Bein darüber und winkte den Geschworenen zu, als sie ohne Hilfe aus dem Saal rauschte. Die Reporter waren begeistert, und in den Zeitungen wurde sie als »die Witzige« bezeichnet.
Schließlich gelang es der Anklage, eine Zeugin vorzuführen, der Mr. A gegenüber kritisch eingestellt schien. Es handelte sich um eine ältere Frau mit Arthritis. Sie gab zu Protokoll, daß Phil bei der ersten Behandlung das Ohr auf ihre Brust gelegt und gesagt habe: »Oh, das ist da unten.« Auf ihre Frage, was da unten sei, habe er entgegnet: »Ich weiß es nicht.« Dann habe er die Hand auf ihr Knie gelegt, und es tat weh. »Hat er Ihnen wirklich wehgetan?« verlangte der Staatsanwalt zu wissen, und sie antwortete: »Ja, damals.«
Auf weitere Fragen hin gab sie zu, daß sie Mr. A zehnmal aufgesucht habe: »Zuerst hat er mir wirklich geholfen, aber nach der achten Behandlung konnte ich das nicht mehr spüren, und so folgerte ich, daß er mir nicht weiter helfen könne.« Diese Bemerkung erheiterte die im Raume anwesenden Patienten Phils zu spöttischem Lachen; sie wußten: Je mehr Energie sich im Patienten aufbaut, desto weniger spürt man die Schwingung. »Nun sind *Sie* an der Reihe«, meinte der Staatsanwalt triumphierend.
Tim O'Grady begann ein Kreuzverhör. »Sie haben gesagt, als dieser Mann an Ihnen arbeitete, habe es wehgetan. Aus Ihrer

Gestik zu schließen, hat er die Finger in Sie gekrallt. Waren an Ihrem Knie irgendwelche Spuren oder blaue Flecken erkennbar?«

»Ich war sicher, daß ich grün und blau sein müßte«, antwortete die Zeugin, »aber ich konnte keine einzige Spur finden.«

»Habe ich das richtig verstanden: Ihre Beine funktionierten besser, nachdem Sie die Energie erhalten haben?«

»Ja«, bestätigte sie kleinlaut.

»Und haben sie sich auch in der Folgezeit gebessert?«

»Ja.«

O'Grady fragte die Frau, wo sie wohne; als er hörte, daß dies 27 Kilometer von Vallejo entfernt war, wollte er wissen, wie sie zum Prozeß gekommen sei. Zögernd gestand sie, daß der Sonderagent der Amtsärztekammer sie gebracht habe, worauf Tim O'Grady leicht ironisch wiederholte: »Ach ja? Der Detektiv der Ärzteschaft hatte also die Güte, zu Ihnen zu fahren und Sie in seinem Wagen zur Aussage hierher zu bringen? – Keine weiteren Fragen!«

Dann war es an der Reihe der Verteidigung. Nach anderthalb Tagen von Zeugenaussagen, die versuchten, dem Gericht klarzumachen, wie viel sie den Behandlungen durch Mr. A zu verdanken hätten, während der Oberstaatsanwalt immer wieder »Einspruch!« rief, flüsterte Phil: »Tim, wie geht das? Soll ich von hier aus sprechen?«

»Heißt das, Sie wollen jetzt selbst in den Zeugenstand?« fragte O'Grady zurück, und als Phil zum Zeugenstand ging, geriet der Gerichtssaal in Aufruhr; die Reporter drängten auf die Plätze in der ersten Reihe. Nach Phils Anweisungen begann nun Bill Shelton eiskalt mit seiner scheinbar vernichtenden Liste von direkten Fragen, die den Eindruck vermittelten, als sei er eher der anklagende Staatsanwalt als ein Verteidiger. Die Patienten von Mr. A waren zuerst schockiert, aber auf dem nun eingeschlagenen Weg gelang es Shelton, die Namen zahlreicher wohlbekannter Geschäftsleute und Akademiker nennen zu lassen, die Phil erfolgreich behandelt hatte.

Dann war das Wort wieder bei der Staatsanwaltschaft, und als Phil auf das erste Kreuzfeuer von Fragen aus dem Munde von Ken Masters wartete, dachte er bei sich: Ich mag diesen Mann. Hier herrscht wenigstens gegenseitige Achtung. Aber er will mich drankriegen. Doch ich werde das nicht zulassen, solange ich es verhindern kann. So ging das Spiel weiter, und den ganzen Tag lang traktierte Masters ihn mit wiederholten Fragen in der Hoffnung, den Angeklagten in Widersprüche zu verstricken oder zu erschöpfen.

»Ich erhielt laufend innerlich Anweisungen vom Ring«, sagt Phil über den Prozeß. »Ich bekam nicht nur die Antworten, sondern auch seine Fragen schon im voraus, so daß es sich häufig ergab, daß ich ihm antwortete, bevor er seine Frage ausformuliert hatte. Dies ärgerte ihn sichtlich, aber die Mächte standen an jenem Tag zweifellos auf meiner Seite. Um die Mitte des Nachmittags blickte ich zu Tim O'Grady hinüber. Er hatte Schweißperlen auf der Oberlippe und saß dort wie ein Raubtier, zum Sprung bereit. Unsere Blicke trafen sich, und ich lächelte, amüsiert über seine Ernsthaftigkeit, und da verwandelten sich seine Züge. Auch er entspannte sich. Schließlich sprang der Staatsanwalt auf mich zu, deutete mir mit dem Finger ins Gesicht und verlangte zu wissen: ›Warum legen Sie das Ohr auf die Brust der Leute?‹

›Um auf die Schwingungen zu lauschen‹, antwortete ich. ›Haben Sie sie schon einmal gehört?‹

›Zum Teufel!‹ explodierte er. Dann wirbelte er herum, zeigte wieder mit dem Finger auf mich und schrie: ›Indem Sie auf jene sogenannten Schwingungen lauschen, bestimmen Sie dieses oder jenes?‹ und deutete auf verschiedene Bereiche und Teile des Körpers. Ich antwortete: ›Wer könnte da etwas bestimmen? Ich berühre eine Zehe, und Kopfschmerzen verschwinden. Manchmal berühre ich den Kopf, und Zehenschmerzen verschwinden. Wer kennt sich denn schon bei den Nerven aus?‹«

Kopfschüttelnd meinte der Oberstaatsanwalt zu einer Frau, die gerade durch den Gerichtssaal ging: »Gnädige Frau, möchten Sie vielleicht auf meinem Stuhl Platz nehmen? Sie können dies ebensogut wie ich hier.« Kurz darauf gab er dem Richter zu verstehen, daß er fertig sei, und Mr. A verließ den Zeugenstand. Darauf folgten noch einige Zeugenvernehmungen, bevor jeder Anwalt sein Plädoyer oder Schlußwort an die Geschworenen richtete.
Diese verließen für nur etwa zwanzig Minuten den Saal. Ihr einstimmiges Urteil lautete »Freispruch«, und die Zeitungen brachten es in den Schlagzeilen auf der ersten Seite. Als Phil am Nachmittag darauf aus San Franzisko kam, um seine Praxis in Vallejo wieder aufzunehmen, war die Gegend um das Haus von Mrs. Reed so überfüllt von neuen Patienten, daß Mr. A sich keinen Weg hindurch bahnen konnte. Er sagte immer wieder seinen Namen und bat, zum Haus gelassen zu werden, aber die Leute waren nicht bereit, von der Stelle zu weichen, und etliche erwiderten: »Ach ja? Was Sie nicht sagen! Das können Sie sonstwem erzählen!« Mr. A stieg wieder in seinen Wagen und fuhr zurück nach San Franzisko.
Wie schon vor vielen Jahren in Reno, war er der »Wundermann«, der unerkannt ging.

KAPITEL VIII

Öffentliche Vorführung

Nach dem Prozeß arbeitete Mr. A weiter sechs Tage pro Woche, abwechselnd zwischen San Franzisko und Vallejo, ohne daß es noch einmal zu Störungen kam. Seine Frau Rae wollte bei dem Gerichtsverfahren unbedingt dabei sein, aber er hatte es ihr verboten. Über den Ausgang des Prozesses war sie äußerst glücklich, auch über die begeisterten Artikel, die sie über die Aussagen ihres Mannes lesen konnte. Nun wollte sie unbedingt ihrer Familie in Salt Lake City alles darüber berichten. Ende März 1945 teilte sie Phil mit, daß sie plane, am ersten April zu verreisen, um ihre Verwandten zu besuchen. Phil bat sie darum, die Reise um eine Woche zu verschieben. Er wollte seine Patienten so einteilen können, daß es ihm möglich würde, sie zu begleiten. Doch sie äußerte den Wunsch, zum Geburtstag ihres Vaters in Salt Lake City zu sein, und »um eine Überraschung vorzubereiten«.
»Aber was ist, wenn du eine deiner Herzattacken bekommst, und ich bin nicht da, um dir zu helfen?« fragte Phil vorsichtig.
»Es wird schon alles gutgehen«, entgegnete sie.
Da sie zu der Reise fest entschlossen war, reservierte ihr Mr. A ein Privatabteil im Zug und versprach, in der folgenden Woche nachzukommen. Einen Tag nach ihrer Ankunft in Salt Lake City erhielt er ein Telegramm von ihrer Schwester, daß Rae am Morgen in einem Krankenhaus nach einer Herzattacke gestorben sei.
Phil versuchte verzweifelt, einen Platz im Zug oder Flugzeug zu buchen, aber es war noch Krieg, und freie Plätze gab es

nicht. Also machte er sich mit seinem 1939er Hudson-Automobil auf den weiten Weg. Es war mit einem 220-Liter-Gastank ausgerüstet, auf dessen Inhalt er zurückgreifen konnte, falls die Benzin-Bezugsscheine nicht ausreichten. Er verließ die Stadt zur gleichen Zeit, als der Zug nach Salt Lake City aus dem Bahnhof rollte. Phil fuhr ohne Pause und erreichte sein Ziel mit einigen Stunden Vorsprung vor der Eisenbahn. Den Abend verbrachte er bei Raes Familie, die Nacht über saß er in der Eingangshalle des Hotel Utah, weil kein Zimmer mehr frei war. Nach der Beerdigung drängte ihn der Leiter des Bestattungsunternehmens, der von Mr. A's Wirken wußte, vor der Rückfahrt nach San Franzisko noch eine Vorführung seiner Kunst zu geben, aber Phil war dazu nicht in Stimmung. Gemeinsam mit Raes Schwester ging er daran, die Hinterlassenschaft seiner Frau zu ordnen. Dabei fanden sie Notizen, die erkennen ließen, warum sie vor Phil nach Salt Lake City reisen wollte. Ihr Schwager, ein Arzt, hatte versucht, die Familie zu überzeugen, daß Mr. A ein Scharlatan sei. Doch sie wollte als Gegenbeweis die Berge von Zeugenaussagen und Zeitungsberichten vom Prozeß vorlegen, während Phil noch nicht zugegen war. Phil war so gerührt von ihrer Loyalität, daß er sich einverstanden erklärte, für ihre Verwandten eine Vorführung zu geben. Der Leichenbestatter war erfreut und zeigte ihm einen Ausschnitt der aktuellen Tageszeitung mit dem Bild einer Frau, die an der Parkinsonschen Krankheit litt. Sie bat darin um Nennung von Ärzten oder Behandlungsmethoden, die ihr vielleicht helfen könnten, da sie beide Arme nicht mehr heben und deshalb nicht mehr essen oder sich die Haare kämmen konnte.
»Gehen wir«, meinte Phil, und die beiden Männer machten sich auf den Weg zum Haus der Frau. Binnen Minuten nach Erzeugung der Energie war zu beobachten, wie die Frau begeistert die Arme über den Kopf emporhob und streckte, sich das Haar kämmte und gleich darauf eine Tasse Kaffee an die Lippen führte. Phil wies sie aber darauf hin, daß dies nur von vorüber-

gehender Wirkung sei. »Es wäre notwendig, daß die Energie Ihr Magnetfeld im Laufe einer Behandlungsreihe wieder aufbaut«, erklärte er, »bevor die Besserung von Dauer sein kann.«
Der Bestattungsunternehmer setzte die Vorführung für zwei Tage nach dieser Behandlung an, und Phil verstand dies so, daß nur Raes unmittelbare Verwandtschaft anwesend sein würde. Als er bei der Leichenhalle ankam, war der große Parkplatz gedrängt voll. »Soviel Verwandtschaft?« rief er, aber der Bestatter grinste nur breit.
Phil war schon der Gedanke peinlich, vor einer großen Gruppe von Fremden zu arbeiten, aber er krempelte die Ärmel hoch und fing mit den freiwilligen Patienten an, behandelte einen nach dem anderen. Gleich der erste war ein bekannter Ringkämpfer, der inzwischen auf die Hilfe von zwei Männern angewiesen war, um aus seinem Auto zu steigen. Phil gab ihm Energie, und nach wenigen Minuten begann der Ringer zu posieren, tänzelte umher, täuschte Schläge an, boxte in die Luft und tat so, als wolle er Mr. A angreifen. Die Zuschauermenge, die den früheren Zustand des Kämpfers wohl kannte, saß wie vom Donner gerührt, bis sie von der Begeisterung gepackt wurde. Auch anderen Menschen wurde ähnlich dramatisch geholfen, und als die Vorführung zu Ende war, wurde Mr. A von Leuten umringt, die um ein Autogramm baten. Manche fielen sogar vor ihm auf die Knie, bis er unwirsch erklärte, so etwas nicht mehr sehen zu wollen. Es sei nur die Kraft, die durch ihn wirke, er selbst nur ihr Werkzeug, sagte er.
Phil merkte erst, daß Reporter bei seiner Vorführung anwesend waren, als er am nächsten Tage die Schlagzeilen in *The Deseret News* sah: WUNDERMANN MÖBELT DERN WIEDER AUF. Der lange Zeitungsbericht lautete auszugsweise folgendermaßen: »Der alte Ira Dern (›Der Türke‹) ist wieder auf den Beinen – nein, er galoppiert sogar! Der Maestro des Ringkampfes in unserem Land lief und sprang gestern tatsächlich

zum erstenmal seit drei Jahren vor den verblüfften Augen einer begeisterten Menge von Freunden und Bewunderern. Wie die meisten Sportsfreunde wissen, war Dern wegen einer lähmenden Krankheit über drei Jahre lang kampfunfähig. ›Little Arthur‹, wie er das Zeug in seinem Organismus nennt, hat ihn manchmal sogar längere Zeit ans Bett gefesselt. Jetzt ist Türke Dern wieder in Fahrt. Er zeigte mir, wie es dazu kam. Doch wer es nicht mit eigenen Augen gesehen hat, würde die Geschichte kaum glauben. Ich kann es selbst noch nicht glauben – und ich war dabei!

Dern nahm mich mit zur Deseret-Leichenhalle, und ich dachte mir, er wolle sich selbst eine hübsche, gemütliche Kiste aussuchen. Statt dessen fuhr er zum Nebengebäude, wo der Bestattungsunternehmer Chick Merrill mit einem kräftigen, gutaussehenden, grauhaarigen Herrn wartete, den er als (an dieser Stelle ist der echte Name von Mr. A angegeben) vorstellte. Chick hatte eine ganze Schar von Kranken und Behinderten um sich gesammelt, denen er ankündigte, daß (Mr. A) ihnen zur Gesundheit zurück verhelfen könne. Der ›Wundermann‹ zog sein Jackett aus, krempelte die Ärmel hoch und machte sich an die Arbeit. Er faßte Dern auf eine Weise an, wie es der gewaltige Bursche im Ring noch nie erlebt hatte. Er richtete ihm alle Gelenke und drückte mächtig auf die Nervenzentren, und bald konnte Ira sich im Nacken kratzen, die Knie beugen und die Arme über den Kopf heben; solche Kunststücke waren ihm seit über zwei Jahren nicht möglich gewesen.

Nach ungefähr einer halben Stunde ging Dern hinaus und stieg die steilen Stufen der Leichenhalle hinauf: eine Stufe nach der anderen, statt mühsam das Bein zur nächsten Stufe nachzuziehen, wie so lange Zeit vorher. Dann rannte er dreimal zehn Meter weit und sprang aus dem Stand über einen Meter. Er war so aufgeregt wie ein Kleinkind, das gerade seine ersten Schrittchen hinter sich gebracht hat.« Der Artikel schilderte noch weitere Heilungswunder, die an anderen Menschen bei der Vorführung vollbracht wurden. Daraufhin bot eine Gruppe von Geschäftsleuten am Ort an, ein großes Gebäude zu errichten, in dem Phil für ein äußerst attraktives Honorar arbeiten könnte. Doch Phil erwiderte: »Nein, diese Arbeit läßt sich von niemandem einspannen.« Seine innere Quelle wies ihn zurück nach Kalifornien.

Vor Phils Abreise kam der Leiter der Sportredaktion von *The Deseret News* mit einem sehr bekannten Arzt, der ihn bat, einen Patienten zu behandeln, dessen Blutdruck so gefährlich hoch war, daß die Mittel der Medizin ihm nicht mehr helfen konnten. Während der Arzt ständig den Blutdruck des Patienten überwachte, senkte die von Phil übermittelte Energie den Meßwert elf Minuten lang kontinuierlich. Der Internist war so begeistert, daß er Phil fragte, ob er ihn zu einigen weiteren seiner schwierigsten Fälle begleiten wolle. Sie fuhren los, und der erste Patient war eine Frau, die der Arzt am Knie operiert hatte. Seit jenem Eingriff war es ihr unmöglich, das Knie zu beugen, doch nachdem Mr. A es mit Energie versorgt hatte, konnte sie das ganze Bein wieder frei bewegen.

»Ich wunderte mich über jene Frau«, erinnert er sich, »denn statt glücklich über das Resultat zu sein, schien sie beunruhigt. Aber als der Arzt und ich das Zimmer verließen, klärte er mich auf: Sie hatte eine Kunstfehler-Klage gegen ihn eingereicht.«

Sie besuchten noch mehrere weitere Patienten, auch einen bettlägerigen Knaben, der sich in einem sehr kritischen Stadium eines rheumatischen Fiebers befand. Als der Arzt ihn nach Phils Behandlung untersuchte, schüttelte er nur den Kopf und murmelte: »Erstaunlich, einfach erstaunlich! Das ist ja eine drastische Besserung!«

Zum Ärgernis von Mr. A ließ der Sportredakteur, der sie bei ihren Hausbesuchen begleitet hatte, am nächsten Morgen einen vollständigen Bericht in der Zeitung veröffentlichen. Daraufhin entschied Phil, daß es an der Zeit war, nach San Franzisko abzureisen, um wieder etwas mehr Privatleben zu haben.

Er eröffnete seine vorübergehend geschlossene Praxis, aber nun kamen auch die Menschen aus dem Gebiet um den Salzsee angereist, um seine Dienste in Anspruch zu nehmen.

Am 12. April 1945 starb Franklin Delano Roosevelt, und unsere kriegsmüde Nation bekam einen neuen Präsidenten, Harry S. Truman. Der Sieg in Europa war am 6. Mai, und Mitte August kapitulierte auch Japan. Endlich kehrte wieder Frieden ein. Mr. A beschloß sofort, nach St. Paul zu reisen und seine Geschwister zu besuchen, die er nun viele Jahre nicht mehr gesehen hatte. Während er aber Energie in einen Patienten strahlte, erhielt er vom Inneren Ring anderslautende Weisung. So deutlich, als sei es laut ausgesprochen worden, wurde ihm gesagt: »Du sollst ein Mädchen in Salt Lake City heiraten, dem du noch nie begegnet bist. Mache dort Zwischenstation. Du wirst sie erkennen, sobald du sie siehst.«
Phil, der den Instruktionen aus seinem Innern jederzeit folgte, machte auf dem Weg nach Minnesota in Salt Lake City halt, wo er übernachtete. Obgleich ihm etliche attraktive junge Frauen in und vor der Hotelhalle begegneten, wußte er doch, daß keine davon die richtige war. Dann ging er in das Café des Hotels – und sah sie. Die innere Gewißheit war sofort da, aber er ließ sich nichts anmerken. Am nächsten Morgen half ihm ein Page, den er bei einem früheren Aufenthalt in demselben Haus behandelt hatte, mit dem Gepäck, und Mr. A fragte ihn: »Wer ist die hochgewachsene junge Frau im Café?«
Der Page nannte ihren Namen: »Sie ist die Geschäftsführerin.«
»Wohlan«, erwiderte Phil lächelnd, »ich werde sie heiraten, aber davon weiß sie noch nichts. Jetzt bin ich auf der Reise nach Minnesota, aber auf dem Rückweg werde ich wieder hier übernachten.«
Benzin war noch immer rationiert, und Mr. A fuhr mit der Eisenbahn. Als er im Bahnhof von Omaha umstieg, rannte ein

Mädchen auf ihn zu, warf die Arme um ihn und rief: »O Doktor, ich bin so froh, Sie wiederzusehen!« Verlegen schwieg Phil, bis sie hinzufügte: »Erinnern Sie sich nicht, wie Sie mein Gesicht bei jener Vorführung in Salt Lake City berührt haben? Ich litt unter der Gesichtslähmung, und die ist seitdem spurlos verschwunden!«

Nach dem einwöchigen Besuch bei Bruder und Schwester gelangte Phil wieder nach Salt Lake City, dieses Mal ließ er sich der hochgewachsenen, gutaussehenden Bea vorstellen. Sie fanden Gefallen an der gegenseitigen Gesellschaft, und da Bea in Kürze Urlaub haben würde, schlug er ihr vor, diesen in Kalifornien zu verbringen. Ungefähr eine Woche lang besuchte sie verschiedene Bekannte rund um die Bay. Dann wollte sie zu ihrer Schwester nach Los Angeles, und Phil fuhr sie hin. In Los Angeles rief er seinen alten Freund Manly P. Hall an, den Autor des wissenschaftlichen und höchst erfolgreichen Standardwerkes *The Secret Teachings of All Ages – An Encyclopedic Outline of Masonic, Hermetic, Quabbalistic and Rosicrucian Symbolical Philosophy*, einer Interpretation der Geheimlehren der Welt, die sich hinter den Riten und Mysterien aller Zeiten verbergen.

Hall hatte schon seit einiger Zeit seinen überarbeiteten Freund gedrängt, sich einmal freizunehmen und nach Los Angeles zu kommen, um seine Philosophie-Forschungsgesellschaft zu besuchen und kennenzulernen. Nun nahm er ihn mit auf eine Besichtigungstour, zeigte ihm die verschiedenen Sammlungen und machte ihn mit seinen Mitarbeitern bekannt. Dann schlug er vor, daß Mr. A am folgenden Tag eine Demonstration seiner Heilkräfte gebe. Phil sagte zu und arbeitete mit dem schon gewohnten Erfolg.

Bea kehrte nach ihrem Urlaub nach Salt Lake City zurück, vorher wurde aber noch der Hochzeitstermin für den Valentinstag im Februar des folgenden Jahres vereinbart. Phil konnte nicht mehr nach Salt Lake City kommen, ohne daß Berichte über ihn in den Zeitungen erschienen, deshalb fuhr er nach Ogden, um einige Tage vor dem Termin die Heiratserlaubnis einzuholen. Doch abermals kam ihm ein tüchtiger Reporter auf die Spur, und prompt erschienen Berichte mit so reißerischen Überschriften wie: BERÜHMTER WUNDERMANN NIMMT SICH EINE FRAU. Neben den Artikeln fanden sich dann Fotos von Mr. A statt seiner Braut, und Bea machte sich Gedanken, worauf sie sich wohl eingelassen habe.

Nach der Hochzeit wurden sie von Beas Mutter zu ihrem Geburtsort in Utah begleitet, wo Phil die Geschwister seiner Frau kennenlernen konnte. Als Beas Bruder an jenem Abend über Atemnot und chronische Nacken- und Schulterschmerzen klagte, behandelte Mr. A ihn, und die Symptome verschwanden. Am nächsten Morgen merkte der Jungverheiratete, daß er sein Rasierzeug in Salt Lake City liegengelassen hatte. Er ging zum Friseur des Ortes, um sich rasieren zu lassen, aber der Barbier meinte traurig: »Ich kann Ihnen zwar das Haar schneiden, doch rasieren kann ich Sie nicht, weil ich so schlimme Arthritis in den Fingern habe.«

»Wenn sich Ihre Finger wieder so schmerzlos bewegen lassen, daß Sie mich rasieren können – würden Sie es tun?« fragte Phil, und der verblüffte Barbier war einverstanden. Mr. A lud die Finger des Mannes mit Energie und bekam dafür eine perfekte Rasur. Aber Neuigkeiten verbreiten sich in einem kleinen Ort wie ein Lauffeuer, und bevor Phil den Laden verlassen hatte, standen die Leute vor der Tür schon Schlange, um ihn um seine Hilfe zu bitten.

Beas Neffe, ein Junge in Kniebundhosen, sagte seinem neuen Onkel: »Ich fühle mich nie wohl.« Seine Mutter erläuterte, daß der Junge an einer sich verschlimmernden Herzkrankheit mit Hypertonie leide, die die Folge eines akuten rheumatischen Fiebers sei. Als Mr. A die Energie durch ihn fließen ließ, rief der Bursche: »He, jetzt ist endlich das Gewicht von meiner Brust weg! Ich fühle mich wohl bis in die Zehen!« Einige Jahre später war er in der ROTC und hoffte, angenommen zu werden, aber wegen seiner medizinischen Vorgeschichte und der früheren Herzkrankheit wurde seine Aufnahme in Frage gestellt. Er fuhr an die Bay und ließ sich von seinem Onkel noch einmal Energie geben. Darauf ernannte man ihn zum Offizier. Inzwischen ist er Major bei der Luftwaffe und war schon an vielen weit entfernten Stützpunkten auf der ganzen Welt stationiert.

Nach dem Besuch bei Beas Verwandtschaft setzte das Paar seine Flitterwochen mit einer Hochzeitsreise durch die Nationalparks fort, bevor sie an die Bay und in die Praxis zurückkehrten. In den Weihnachtstagen brachten sie vom Lake Tahoe eine fast drei Meter hohe Silbertanne mit nach Hause, die Bea mit schöner Dekoration ausschmückte. Freunde kamen zu Besuch und bewunderten ihre Handarbeit. Bea machte stolz einen Schnappschuß, während Mr. A spaßeshalber einen Energieschub durch seine ausgestreckten Finger quer über den Raum in Richtung Christbaum schickte. Auf dem Bild ist eine Lichterscheinung zu sehen, die einem in mehrere Äste gegabelten Blitz ähnlich sieht.

In der Weihnachtszeit des folgenden Jahres fuhren Phil und Bea nach Los Angeles, um ihre Schwester zu besuchen, deren Mann Rennpferde besaß. Viele von ihnen waren krank, und die Eröffnung der Rennbahn von Santa Anita stand bevor. Phil wurde von Beas Schwager gebeten, seine erstaunlichen Energien bei den Pferden zu probieren. Trotz seiner Proteste, daß er nichts davon verstehe, begleitete er seinen Schwager zu den Ställen in Santa Anita. Schwager Jack machte Mr. A mit dem Trainer bekannt, und als er Phils geheimnisvolle Kräfte erwähnte, murmelte der Trainer: »Zum Teufel mit den Pferden. Ich habe selbst genug Probleme. Ich bin bis vor kurzem noch mit einer Lungenentzündung im Bett gelegen. Könnte er mir nicht helfen?«

Fasziniert von der neuen Energie, die Phil ihm gab, meinte er sofort: »Ich habe zwei Ställe voller Pferde, die meisten von ihnen sind krank. Der Tierarzt tut für sie, was er kann, und ich versuche, sie für die Rennen vorzubereiten, aber es ist reichlich entmutigend. Einige haben Nierenprobleme, und überhaupt haben die Tiere, was man sich nur vorstellen kann.«

In den Ställen lauschte Phil auf die Schwingungen aus dem Brustkorb der Tiere und kam zu dem Schluß, daß sie sich von dem Klangspektrum des Menschen nicht unterschieden. Also begann er die Rennpferde zu behandeln, und wenn sie die Energie zugeführt bekamen, beugten sie sich voll Zuneigung um, zupften an seinem Haar oder knabberten an seinem Kragen. Als Mr. A unter Sun Cap saß und die Hinterbeine des Hengstes vor sich hatte, machte der Trainer sich Sorgen und meinte: »Passen Sie auf, Phil, der ist imstande, Ihnen das Lebenslicht auszutreten.« Aber jedesmal, wenn Sun Cap während der Behandlung ein Bein rührte, hielt er es still, bis Phil ihm den Fuß behutsam auf den Boden setzte.

Als der Trainer diese Szene liebevoller Harmonie beobachtete, schnaubte er: »Na ja, mich würde jedenfalls keiner unter diesen Hengst bringen.« Wenn Phil vor dem Tier stand, schnappte das Pferd behutsam nach seinem Hemd, als wollte es ihn festhalten, und der Trainer bemerkte: »Es ist doch offensichtlich: Das Tier hat sich in Sie verliebt und ebenso auch die anderen, die Sie behandelt haben.«

Da die Praxisräume von Mr. A in San Franzisko an eine neue Adresse verlegt wurden und der Ausbau noch nicht fertig war, machte Phil länger Urlaub als gewöhnlich. Die Saison der Pferderennen begann, und eines Tages wurde er vom Trainer angehalten: »Jetzt habe ich zwei Ställe voll gesunder Pferde, aber die blöden Tiere führen sich auf, als seien sie auf einem Schulausflug. Ich kann überhaupt nichts mit ihnen anfangen. Sie laufen, wenn sie Lust haben, und sie bleiben stehen, wenn es ihnen gerade gefällt. Sie kümmern sich einfach um überhaupt nichts.«

Am Tage, bevor Sun Cap laufen sollte, gab Mr. A ihm noch eine Energie-Behandlung. Sun Cap war als schnelles Pferd bekannt, aber er hatte schon längere Zeit kein Rennen mehr gewonnen. Am folgenden Tage sollte Sun Cap gegen einen Favoriten laufen, der jedes Rennen zu gewinnen pflegte, ganz gleich, über welche Distanz es ging. Mr. A, für den die Welt der Pferderennen etwas völlig Neues war, wettete fünfundvierzig Dollar auf Sun Cap. Das Rennen begann, und das allgemein favorisierte Pferd ging sofort in Führung. Mehr als die Hälfte der Distanz blieb Sun Cap unter den letzten der Läufer, die dem Favoriten mit weitem Abstand folgten. Dann setzte Sun Cap sich ab, spurtete voran und holte den führenden Konkurrenten ein. Auf der Zielgeraden jedoch konnte dieser seinen Vorsprung zurückerobern, und Sun Cap war hinter ihm. Doch dann, kurz vor der Ziellinie, machte Sun Cap einen Satz und gewann das Rennen.

Jack und der Trainer triumphierten, und Phil erfuhr, daß der letztere zweitausend Dollar auf den Sieg des Pferdes gesetzt hatte, nachdem er die Erfolge der Energiebehandlungen sah. Sie baten Mr. A zu bleiben und noch mehr an Sun Cap zu arbeiten. Sie hatten vor, den Hengst bei Rennen einzusetzen, bei denen über eine größere Distanz gelaufen wurde, als Sun Cap sie je kennengelernt hatte. Doch Phil kehrte zu seinen menschlichen Patienten nach San Franzisko zurück.

KAPITEL IX

Die mittleren Jahre

Phil hatte sich kaum in seiner neuen Praxis niedergelassen, als eine Frau hereinkam, die sich vor Schmerzen krümmte und hervorstieß: »Mein ganzer Körper brennt innerlich.« Flehentlich setzte sie hinzu: »Ich habe jegliche medizinische Möglichkeit ausgeschöpft, aber jetzt habe ich erfahren, was Sie erreichen können. Bitte, helfen Sie mir!«

Mr. A legte das Ohr auf ihre Brust, und dann entwickelte er die Energie. Am nächsten Tag kam die Frau wieder und schilderte in überschwenglichen Worten, wieviel besser es ihr nun gehe, und wollte eine weitere Behandlung. Am dritten Tag kam ihr Anwalt herein und sagte: »Ich habe gehört, daß sie Mrs. Leo, einer meiner Klientinnen, geholfen haben. Ob Sie mir wohl auch helfen können? Als ich ein Junge war, wurde mir bei einem Fahrradunfall das Becken zerquetscht, und seitdem habe ich Schmerzen.«

Phil spürte, daß der Rechtsanwalt nur aus Neugier gekommen war, aber er behandelte ihn, und zur Überraschung des Juristen verschwanden die Schmerzen. Während und nach der Behandlung ergötzte er Mr. A mit zahllosen Anekdoten und Geschichten, die seine eigene Bedeutung hervorhoben; er sei der wichtigste Rechtsberater einer der großen Eisenbahngesellschaften, und wann immer er in die Praxis komme, müsse er sofort behandelt werden. »Meine Zeit ist schrecklich wichtig«, tönte er, »und ich habe nicht einmal Zeit, um auf Christus zu warten.«

Mr. A musterte seinen neuen Patienten und erwiderte dann: »Nun, mein Herr, was mich betrifft, so sind Sie nichts weiter

als ein weiterer Name in meinem Buch, und Sie werden warten müssen, bis Sie an die Reihe kommen, wie alle anderen auch.«
Der Anwalt starrte ihn an, machte auf dem Absatz kehrt und verließ den Raum, dabei warf er die Tür so heftig hinter sich zu, daß Phil fürchtete, das Glas könne in Scherben gehen. Nach einigen Tagen kam Mrs. Leo wieder, kicherte selig und meinte: »Ich habe erfahren, daß mein Freund Broder hier war. Er hat eine Stinkwut auf Sie! Eine solche Behandlung ist er nicht gewöhnt, aber ich bin ja so froh, daß Sie mit ihm Fraktur gesprochen haben. Wir kennen uns schon seit unserer Kindheit, und er ist ein brillanter Anwalt, aber wir streiten auch schon ein Leben lang miteinander.«
Phil erklärte Mrs. Leo – wie auch bereits dem Rechtsanwalt –, daß die Schmerzen zurückkehren würden, solange das Magnetfeld nicht voll aufgeladen sei, aber der zornige Patient kam nie wieder. Wenn sich Mrs. Leo von Zeit zu Zeit eine weitere Behandlung geben ließ, berichtete sie über Anwalt Broder und sagte: »Ich gehe hin und wieder zu ihm in die Kanzlei wegen meiner rechtlichen Angelegenheiten, und wenn er dann über seine Schmerzen klagt und stöhnt, sage ich zu ihm: ›Wenn du wirklich Hilfe willst, dann wüßte ich jemanden für dich...‹ Dann verlasse ich rasch den Raum, während er tobt, weil Sie sich weigerten, ihn anderen Patienten vorzuziehen. Er geht weiterhin zu Ärzten, aber an seinem Zustand bessert dies nichts.«
Viele Jahre vergingen, dann teilte Mrs. Leo Phil mit, daß Broder im Sterben liege. »Er hatte innere Blutungen und im Krankenhaus gab man ihm zahlreiche Bluttransfusionen. Als die Ärzte ihm sagten, daß sie nichts mehr für ihn tun könnten, bestand er darauf, zum Sterben nach Hause entlassen zu werden. Ich streite mich zwar immer noch mit ihm, aber ich will nicht, daß er stirbt.«
»Und was möchten Sie mir damit sagen?« fragte Phil ruhig. »Wollen Sie, daß ich versuche, ihm zu helfen?«

»O ja, ich wünschte, Sie würden es versuchen«, antwortete sie eifrig.

»In Ordnung. Rufen Sie ihn an, und teilen Sie ihm mit, daß ich zu ihm ins Haus kommen und ihm eine Energie-Ladung geben werde. Wenn diese ihm aber so weit hilft, daß er das Bett verlassen kann, dann muß er zu mir in die Praxis kommen, falls er weitere Behandlungen wünscht, und dort warten, bis die Reihe an ihm ist. Bestehen Sie darauf, daß er dem zustimmt, bevor ich ihn besuche.« Voll Freude telefonierte Mrs. Leo, und Broder ging auf die Bedingungen ein.

Von Broders Wohnung aus bot sich durch eine breite Fensterfront ein Blick über die Golden-Gate-Brücke, und von seinem Totenbett aus konnte er zusehen, wie die Schiffe im Hafen ein- und ausfuhren. Als Phil ihn begrüßte, fragte der Anwalt ihn schroff: »Was, meinen Sie, werden Sie für mich tun? Die besten Ärzte der Westküste haben mir gesagt, daß nichts mehr zu machen sei, und ich bin inzwischen so geschwächt, daß ich dieses Bett nicht mehr verlassen kann.«

»Es scheint Ihnen nicht gutzugehen«, bemerkte Mr. A mitfühlend und beugte sich hinab, um die Schwingungen aus dem Brustkorb des Patienten aufnehmen zu können. Dann schickte er Energieschübe durch den geschwächten Körper. Nach zwanzig Minuten war der Rechtsanwalt aufgestanden und ging im Zimmer auf und ab.

Phil betrachtete sich einige Minuten die verschiedenen Antiquitäten im Raum und meinte dann: »Rufen Sie jetzt besser meine Frau an, und erklären Sie ihr, warum ich heute zu spät zum Essen komme.« Der Anwalt wählte rasch die Nummer, die Phil ihm diktierte, und sagte, als Bea sich meldete: »Ihr Mann ist hier und hat mich wieder auf die Beine gestellt. Ich habe gehört, Sie kommen aus Utah. Sie sollen wissen, daß ich sonntags auch Mormone bin, denn ich höre den Tabernacle-Chor im Radio. Freitags bin ich Katholik, denn meine Frau gibt mir Fisch zu essen, und den Rest meiner Tage lebe ich als Frei-

maurer.« Es war deutlich genug, daß der Jurist wieder zu Späßen aufgelegt war. Als Mr. A ihm beim Gehen von der Tür aus zuwinkte, begann Broder: »Nun, wenn Sie morgen wieder kommen...«
»*Was* haben Sie gesagt?« fragte Phil und drehte sich um.
»Oh, daß ich morgen zu Ihnen in die Praxis komme«, korrigierte sich der Anwalt rasch.
Der Anwalt war zur Stelle, als Mr. A eintraf, und er fand sich in regelmäßigen Abständen immer wieder ein und wartete, bis er an die Reihe kam. Seine Wesensart hielt aber nicht mit der Besserung der körperlichen Gesundheit Schritt. Als er einmal seinen Mantel auf das Sofa fallen ließ, rutschte dieser zu Boden, und der Anwalt führte einen Wutanfall vor. Phil lauschte auf seine Schwingungen, stellte fest, daß sie ruhig waren, und bemerkte: »Sie sind ein Schauspieler! Sie hatten überhaupt keine Wut und sind innerlich völlig ungerührt.«
»Sie... Sie gemeiner Mensch«, fauchte Broder grinsend; »Sie sind der erste, der mir das je auf den Kopf zugesagt hat. Ich bin froh, daß noch keiner von den Geschworenen je darauf gekommen ist!«
Sie wurden gute Freunde, und eines Tages sagte Broder – wie schon Tim O'Grady etliche Jahre früher –: »Ich wünschte, Sie gerieten einmal in Schwierigkeiten, denn aus Respekt und Zuneigung möchte ich Ihnen gern einmal zeigen, wie gut ich bin.«
Unbehaglich fragte sich Mr. A, ob dies ein Hinweis auf bevorstehende Probleme sein könnte, aber als er nach innen lauschte, erhielt er keine solche Andeutung, sondern »freie Fahrt«.
Schließlich zog Broder sich aus dem aktiven Anwaltsberuf zurück, und 1957 las Mr. A in der Zeitung, daß der Rechtsvertreter an einem Herzversagen gestorben war.
Phil rief Broders Witwe an und erfuhr, daß sein Zorn – dieses Mal ein echter – dem Freunde zum Verhängnis geworden war. Er hatte gehört, daß ein Gremium von Richtern seinen Antrag auf vollen Straferlaß für einen früheren Klienten abgelehnt

hatte, den er immer noch für unschuldig hielt. Wut und Angst – die größten Feinde des Körpers!

Eines Abends wurde Mr. A von einem Bekannten zu einem Essen zu Ehren des Gouverneurs von Kalifornien eingeladen. Bevor die Ansprachen begannen, wurde Phil zum Kopfende der Tafel geführt und vorgestellt, und der Gouverneur sagte: »Ich wollte Sie schon über die Lautsprecher ausrufen lassen, nachdem ich hörte, daß Sie hier sind. Sehen Sie hier den Tumor an meinem Finger? Der Arzt will das operieren; können Sie es vielleicht anders beheben?«

Verlegen erwiderte Phil: »Das ist ein unmöglicher Ort für eine Behandlung.«

»Kommen Sie dann hinterher an die Rezeption?« drängte ihn der Gouverneur. In einer Ecke der Empfangshalle richtete Phil die Energie auf den Finger, und die Geschwulst verschwand vor ihren Augen. Der Gouverneur war so begeistert, daß er gleich vorschlug: »Hier ist meine Geheimnummer. Ich möchte, daß Sie in die Villa kommen und uns besuchen, wann immer Sie durch Sacramento fahren.«

Drei Tage danach rief der Gouverneur an: Er befinde sich auf dem Rückweg nach Sacramento und würde gern bei Phil vorbeischauen. Bea jedoch rief entsetzt, daß ihr Haar in einem nicht präsentablen Zustand sei, und mit einem solchen Aussehen könne sie unmöglich den Gouverneur empfangen. Also erwiderte Mr. A ins Telefon: »Herr Gouverneur, es ist so: Meine Frau sagt, daß Sie jetzt nicht kommen können, aber ich werde in ein oder zwei Tagen durch Sacramento fahren und kann Sie dort besuchen.«

Die beiden Männer wurden enge Freunde, und immer, wenn der Gouverneur Bea traf, neckte er sie, daß sie einen Gouverneur von der Tür gewiesen hatte. Häufig schaute er bei den As herein, die seine Besuche zu erwidern pflegten, wenn sie auf dem Weg zum Lake Tahoe durch Sacramento fuhren.

Als sie zum zweitenmal im Hause des Gouverneurs dinierten,

war auch eine medial begabte Frau anwesend, die behauptete, zukünftige Ereignisse voraussehen zu können. Sie versuchte, Phil zu bewegen, ebenfalls Vorhersagen zu wagen, aber er entgegnete lachend, daß dies nicht sein Arbeitsgebiet sei. Der Gouverneur war aufgehalten worden, und die First Lady Kaliforniens seufzte: »Ich möchte wissen, wie lange es heute wieder dauert, bis er nach Hause kommt. Er ist in der Legislative, und sie debattieren über ein Wasser-Projekt – das geht vermutlich die ganze Nacht hindurch.«

Ohne zu überlegen, platzte Phil heraus: »Um elf Uhr wird er anrufen und sagen, daß die Kommission sich festgefahren habe und er nun den Heimweg antrete.« Mrs. Marsh, das Medium, das erfolglos versucht hatte, Mr. A's Interesse für Voraussagen zu wecken, schnappte nach Luft: »Sie haben ja eine klare Aussage gemacht! Hoffentlich stimmt sie auch!«

Es wurde später, und nach dem Dinner wollten die As heimfahren, aber die Gouverneursgattin bestand noch auf einer Führung durch die Villa. Dann klingelte das Telefon, sie blickte auf die Uhr und rief: »Es ist genau elf Uhr!« Sie nahm den Hörer ab und hörte ihren Mann sagen, daß die Kommission an einen toten Punkt gekommen sei und er nun nach Hause fahre. Aufgeregt berichtete sie ihm, daß Mr. A diesen Anruf und seinen Inhalt und die genaue Uhrzeit schon fast drei Stunden früher vorausgesagt hatte.

Bei einer anderen Gelegenheit nahm der Gouverneur Phil ins Kreuzverhör und verlangte zu wissen: »Ich will herausfinden, wie Sie das machen. Ich habe noch nie einen Menschen wie Sie kennengelernt!« Es war kurz vor seiner Abreise zu einer Konferenz auf Hawaii, und gleich nach der Rückkehr rief er Phil an: »Jetzt habe ich wirklich Probleme im Genick. In Hawaii ließ ich mich schon einrenken, aber seitdem habe ich ständig Schmerzen. Kann ich herüberkommen?«

»Nur zu, kommen Sie«, antwortete Phil. Nachdem die Schmerzen verschwunden waren, schrieb der Gouverneur eine

Widmung auf den Ersttagsbriefumschlag, der speziell für die Ausschuß-Sitzung herausgegeben worden war. »Es gibt davon nur fünfzig Exemplare, eines für jeden Gouverneur, und ich möchte, daß Sie meines für Ihre Sammlung erhalten.«
Als Phil ihm am nächsten Morgen wieder Energie zuführte, sagte der Gouverneur: »Es gibt etwas, das interessiert mich brennend: Ich würde gern die Protokolle Ihres Prozesses in Vallejo lesen. Ich habe gehört, daß es kein leichtes Verfahren war, und ich bin neugierig, es kennenzulernen, besonders, da Ken Masters die Anklage vertrat. Ich kenne den Mann, und ich weiß, daß er gut ist!« Phil förderte die Papiere zutage, und der Gouverneur las etliche Stunden darin. Von Zeit zu Zeit rief er seiner Frau erregt zu: »Hör dir das an!« und las ihr einen Ausschnitt aus den Zeugenaussagen vor.

In jener Zeit rief eines Tages ein Verkäufer an, der in Phils Auftrag die Bauplätze am Lake Tahoe vermittelte: Eine Zahntechnikerin habe sich zwei Grundstücke ausgesucht; ob Mr. A zu ihr nach San José kommen könne, um den Kaufvertrag abzuschließen? Sobald Phil aus der Praxis wegkonnte, fuhr er hinüber, und die Interessentin begrüßte ihn an der Tür. »Sie müssen ein andermal wiederkommen. Ich sitze schon seit dem Morgen vor dem Kamin und versuche, Linderung meiner schrecklichen Hexenschuß-Beschwerden zu finden; ich kann heute einfach nicht über geschäftliche Angelegenheiten verhandeln.«
Phil, der den ganzen Weg vom Ostufer der San-Franzisko-Bucht hergefahren war, erwiderte, er habe keine Zeit, noch einmal zu kommen. »Wenn aber ein Hexenschuß alles ist, was Sie behindert, dann können wir das in ein paar Minuten erledigen.« Die Zahntechnikerin wußte nicht, mit wem sie es zu tun hatte und gab ihren Zweifeln Ausdruck. Nachdem er aber die Energie durch sie geschickt hatte, rief sie immer wieder: »Ich kann die Schmerzen nicht mehr spüren, sie sind weg! Was haben Sie getan?«

Grinsend antwortete Mr. A: »Entschuldigen Sie bitte. Ich vergaß Ihnen zu sagen, daß ich wohl hergekommen bin, um den Kaufvertrag über zwei Grundstücke mit Ihnen abzuschließen, aber die Arbeit mit Energie ist meine Hauptbeschäftigung.«
Ihre Verblüffung war dadurch nicht geringer, aber sie unterschrieb bereitwillig den Kaufvertrag.
Phil behandelte auch die Angehörigen seiner Frau. Beas Kusine litt unter einer schweren Herzkrankheit, und ihre Tochter im Teenager-Alter hatte einen Kollaps der Lunge und Narbenwucherungen von der Operation eines Blinddarmdurchbruchs im Alter von zwei Jahren. Auf die Energie-Behandlung hin klärten sich beide Fälle ganz, und heute, ein Vierteljahrhundert später, erfreuen sich Mutter und Tochter noch immer bester Gesundheit.
Marie, eine weitere Verwandte Beas, kam aus Arizona, um Energie-Behandlungen zu erhalten; sie klagte über Migräne, die rasch zum Verschwinden gebracht wurde. Im darauffolgenden Sommer kam sie wieder zu Besuch, zu einer Zeit, in der in Kalifornien eine Reihe von Polio-Erkrankungen bekannt wurden. Eine weitere Kusine rief Mr. A fast hysterisch an und bat ihn, sofort zu kommen: »Irgend etwas Schreckliches ist mit Marie passiert.«
Phil berichtet über jenen Fall: »Sie hatten sie auf das Bett gelegt, aber ihr Körper zuckte und wand sich ganz wild hin und her. Der Kopf lag nach hinten gerissen, das Becken zuckte, die Beine und Füße wirkten krampfartig steif. Ich lauschte auf ihre Schwingungen und erkannte, daß der Druck in den Beinen auf der Stelle gelöst werden mußte, um die Belastung für Körper und Herz zu verringern. Dazu leitete ich die Energie in die Nervenzentren an beiden Fußsohlen. Daraufhin regulierte die Energie das Magnetfeld und Kühlsystem, das ganz außer Kontrolle geraten war. Binnen weniger Minuten hörten die Zuckungen auf, und die Frau entspannte sich. Nach einer Viertelstunde war sie wieder auf den Beinen und ging umher. Ich erin-

nere mich an einen ähnlichen Fall, der zu mir gebracht wurde, als ich noch ein Junge war. Damals sprach man von spinaler Meningitis.«
Eine weitere Patientin von Mr. A war eine selbständige Krankenschwester, deren stark beschleunigten Puls er mittels Energie-Behandlungen normalisierte. Im Gedanken an die Adhäsionen und andere Folgen einer früheren Operation, überredete sie zu einer späteren Zeit einen Chirurgen, eine Sondierungsoperation durchzuführen. Während sie noch im Krankenhaus lag, rief der Arzt Phil: »Versuchen Sie, mit dieser Frau fertig zu werden, ich schaffe es nicht! Sie besteht darauf, Sie zu sehen, aber sie liegt in einem Zweibettzimmer, und die Frau im anderen Bett ist nicht meine Patientin.«
Mr. A war so freundlich, zum Krankenhaus zu fahren, um die Frau zu besuchen, die begann, sich im Bett umherzuwerfen und ihre Beschwerden so komisch darzustellen, daß ihre Zimmergenossin sagte: »Ich muß einfach über Sie beide lachen, und es bringt mich fast um. Ich hatte gerade eine Enddarm-Operation, und die Schmerzen beim Lachen sind schrecklich.« Dann fing sie an zu stöhnen, aber Mr. A wagte nicht, sie zu behandeln. Da sie ihm leid hat, nahm er seinen Platinring vom Finger und lud ihn mit der ihr entsprechenden Energie auf. Er gab ihn ihr mit der Anweisung, das Schmuckstück in der Hand zu halten. Sofort rief sie: »Die Schmerzen sind fort! Was ist geschehen?«
Eine Freundin von Bea war eine hervorragende Modedesignerin in Utah, bis sie sich aus gesundheitlichen Gründen von der aktiven Arbeit zurückziehen mußte; sie kam nach San Franzisko, um Mr. A aufzusuchen. Recht häufig verlor sie aufgrund von Herzrhythmusstörungen kurzzeitig das Bewußtsein, und ihr Körper war stark angeschwollen. Als die Aufblähung und die Herzarrhythmien nach Phils Behandlungen wie durch ein Wunder verschwanden, wollte sie die Gegend um die San-Franzisko-Bucht nicht mehr verlassen. Hier konnte sie jederzeit auf

seine Dienste leicht zurückgreifen. Sie fand eine Arbeit als leitende Angestellte in einem der führenden Geschäfte und ging regelmäßig zu Phil, um sich das Magnetfeld aufbauen zu lassen. Dabei stellte sie fest, daß ihre schwache Gewebe-Energie und die Geschwüre, die sich immer wieder an allen möglichen Stellen des Körpers zeigten, sie ebenfalls nicht mehr plagten.

Mrs. Nell Hickman, Mitglied der philosophischen Forschungsgesellschaft von Manly P. Hall, schickte die Opernsängerin Olive Stuart zu Phil zur Behandlung. Die Sängerin war froh über die Besserung ihres Gesundheitszustandes und der Atmung, und so unternahm sie weiterhin regelmäßig die Reise nach San Fransisko.

Im Jahr 1957 bat Mrs. Stuart Mr. A, einen poliokranken Jungen zu behandeln, der seit drei Jahren abwechselnd in einer eisernen Lunge oder einem Schaukelbett lebte. Auch der Vater des Kindes schickte einen Bittbrief. Als Mr. A im Hause der Familie in Phoenix, Arizona, ankam, lag der junge Patient auf dem Schaukelbett. Phil schickte ihm Energie durch den Bauchraum, und der Junge begann, tief zu atmen. Seine Eltern erklärten, daß die Ärzte ihren Sohn aufgefordert hätten, gegen das Gewicht eines Sandsackes zu atmen, um die Kraft seiner Bauchmuskeln zu testen, aber er bewältigte nicht mehr als ein Viertelpfund Gewicht. Phil drückte seine Faust auf den Leib des Knaben und befahl: »Atme jetzt tief ein, und drücke meine Faust mit den Muskeln nach oben.« Er tat es, und die Eltern waren sehr erleichtert. Dann begann der Patient normal zu atmen, die eiserne Lunge und das Schaukelbett wurden nicht mehr benötigt, und er fing an Fußball zu spielen und Tanzen zu gehen.

Mrs. Stuart hatte für Mr. A die Gelegenheit arrangiert, während seines Aufenthaltes in Phoenix eine öffentliche Vorführung zu geben. Am selben Nachmittag kam sie aufgeregt zu Phil und berichtete, gerade erfahren zu haben, daß eine Gruppe von Ärzten aus der Stadt die Veranstaltung besuchen wollte. »Wird Sie das stören?« fragte sie.

»Nein«, antwortete Phil achselzuckend; »das könnte interessant werden.«
Am Abend beobachtete Phil, wie der Zuschauerraum sich füllte. Ein Querschnitt durch das Spektrum menschlicher Krankheiten und Behinderungen war vertreten; viele Besucher mußten zu ihren Plätzen geführt und beim Gehen gestützt werden. Dann kamen vier Ärzte und eine Krankenschwester herein, und Mr. A ging auf die Bühne und sagte, zum Publikum gewandt: »Sie müssen wissen, daß diese Vorführung zeigen soll, wie schnell und wie rasch die Energie bei den verschiedenartigsten Leiden wirkt. Doch die Erfolge sind möglicherweise nicht von Dauer, wenn das Energiefeld erst aufgebaut werden muß, um sie zu sichern. – Nun, wer möchte der erste sein?«
Eine Frau aus der ersten Sitzreihe kam nach oben und nahm auf dem Stuhl Platz, der dort vor Mr. A stand. Phil fragte: »Ist vielleicht ein Arzt oder eine Krankenschwester im Saal, die diese Fälle hier vor und nach der Behandlung untersuchen könnten?«
Die Schwester kam vor den anderen auf die Bühne. Als sie ein Stethoskop brauchte, ging einer der Ärzte nach draußen, holte seines aus dem Wagen und übernahm dann auch selbst die Untersuchungen. Bei einem nach dem anderen der ersten zwölf Fälle bestätigte er eine prompte Besserung. Dann stand eine Frau im Zuschauerraum auf und begann den Arzt nach seinem Ausweis, Zulassungspapieren und Empfehlungen zu fragen in der Annahme, er »gehöre zur Truppe«. Der am Ort bekannte Internist, der Mr. A nie zuvor gesehen hatte, gab ungehalten seine akademischen Titel und medizinischen Qualifikationen an, verließ dann das Podium, um zu seinen Kollegen zurückzugehen, und rief: »Ich weiß, was ich abgehört und was ich festgestellt habe.« Nach Ende der Vorführung kam der Arzt nach vorn, um Mr. A zu gratulieren: »Es war ein erfreulicher und faszinierender Abend. Ich bin verblüfft über die Geschwindig-

keit der Energie und die Resultate, die Sie bei einer solchen Vielfalt von Leiden erreichen. Wenn Sie wieder in unsere Gegend kommen, würde ich mich über Ihren Besuch sehr freuen.«

KAPITEL X

Nicht im Lehrbuch

Seit vielen Jahren wußte Mr. A von den Weisungen aus seinem Inneren, daß er eines Tages einen Menschen kennenlernen würde, der sein Wirken mit Energien verstände und der die notwendigen Voraussetzungen mitbrächte, auch praktisch damit umzugehen. Jedoch erst 1956 wurde Mr. A vom »Ring« mitgeteilt, die Zeit sei nun gekommen, eine öffentliche Vorführung seines Wirkens in Los Angeles zu geben. Dort sollte er den Menschen treffen, auf den er schon lange gewartet hatte. Da Freunde ihn lange Jahre gebeten hatten, nach Los Angeles zu kommen, ließ er sie wissen, daß sie nun eine öffentliche Vorführung organisieren dürften, und der Termin wurde festgesetzt.

Bei dieser Veranstaltung war der erste Patient, der aus dem Publikum aufs Podium stieg, ein übergewichtiges, aber nett aussehendes Mädchen von ungefähr achtzehn Jahren. Es litt seit seiner Geburt unter Beschwerden, die manchmal mit dem Begriff »Canary heart« in Verbindung gebracht wurden. Phil wollte von ihr wissen, warum sie glaube, daß die Energie ihr helfen könne, und sie gab eine Antwort, die ihn erkennen ließ, daß sie die langerwartete Person war. Sie teilte ihm ferner mit, daß sie Medizin studieren und Ärztin werden wolle.

Als Phil das Ohr auf ihren Brustkorb legte, um die Schwingungen zu erfühlen, wurde ihm zur Gewißheit: »Ja, das ist sie.« Äußerlich ließ er sich nichts anmerken, und nachdem er ihr Magnetfeld mit Energie geladen hatte, setzte er die Vorführung fort und behandelte alle anderen, die gekommen waren, um Hilfe zu empfangen. Sein Freund Manly P. Hall war auch unter den Anwesenden; er und die anderen baten Mr. A inständig, doch regelmäßig nach Los Angeles zu kommen. Da er die gleiche Aufforderung bereits über seine innere Quelle erhalten hatte, stimmte Phil zu, ein- bis zweimal monatlich zu kommen.

»Von jenem Tage an«, erzählte er mir kürzlich, »war das junge Mädchen immer da, wenn ich nach Los Angeles kam. Sie behauptete, sie ›müsse Energie erhalten‹ und sie ›müsse Ärztin werden‹. Sechs Monate lang ging ich kaum auf ihre Anwesenheit ein – abgesehen davon, daß ich sie mit Energie auflud –, und einige andere Menschen beschwerten sich, daß ich mich ihr gegenüber so gleichgültig verhielte. In Wirklichkeit testete ich sie. Ich wollte sicher sein, daß sie die nötigen Voraussetzungen mitbrachte. Damals besuchte sie noch einen Einführungskurs zum Medizinstudium, und wenn ich in Los Angeles arbeitete, kam sie in der Frühe, vor ihren Vorlesungen, und auch nach Ende der Schule. Sie fuhr dabei jedesmal eine Strecke von achtzig Kilometern von bzw. zu ihrem College in Pomona. Ich stichelte sie weiter und fragte, warum sie soviel Energie brauche, aber ihre Antwort lautete immer: ›Ich muß die Energie einfach haben. Ich muß sie verstehen, und ich muß Ärztin werden.‹ Das ist alles, was sie sagte.«

Das Mädchen war Dena L. Smith, mittlerweile fertige und erfahrene Ärztin und Chirurgin in Kalifornien. Aus ihrem anhaltenden Interesse hat sie sich mit Mr. A's Wirken gründlich beschäftigt und ist zu der Überzeugung gelangt, daß die Welt mehr über die uralte Weisheitslehre des Heilens wissen sollte, weil diese Lehre so leicht in Vergessenheit geraten kann. Während ich Material für dieses Buch sammelte, sprach ich ausgiebig mit Frau Dr. Smith und bat sie, mir mit ihren eigenen Worten zu schildern, wie sie Mr. A kennengelernt hat. Sie erzählte:

»Ich hatte mich noch nie richtig gesund gefühlt, und mein Herzschlag war immer recht unregelmäßig. Doch ich war entschlossen, Ärztin zu werden, und weil ich so dringend Energie brauchte, aß ich so viel, daß ich übergewichtig wurde. 1955 erzählte mir eine College-Bekannte über einen Mann in San Francisco, der durch Handauflegen Energie vermittelte. Ich nahm damals an einem Einführungskurs für das Medizinstudium am College von Pomona in Kalifornien teil und sagte zu meiner Freundin: ›Wenn dieser Mann einmal in der Nähe ist – wirst du mir Bescheid sagen?‹ Ich spürte einfach, daß ich ihn kennenlernen mußte.

Ein Jahr verging, und eines Tages teilte mir die gleiche Bekannte mit, daß Mr. A eine Vorführung im Hause von Marta Burleigh in Los Angeles geben würde. Ich sagte, ich wolle unbedingt hinfahren, ganz gleich, welche Vorlesungen ich an diesem Tage verpassen würde, und wir machten uns auf den Weg. Als ich ihn in den Raum kommen sah, hatte ich das Gefühl, ihn schon immer zu kennen, und als die Vorführung begann, war ich die erste, die er behandelte. Er lauschte an meiner Brust und begann dann, ohne ein Wort zu sagen, Energie durch meinen Unterleib zu schicken. Binnen weniger Minuten wurde mein Pulsschlag regelmäßig, und er ist es seither geblieben.

Ich wußte, daß ich noch mehr Energie brauchte und daß ich mehr über diesen erstaunlichen Vorgang zu lernen hätte. Seither stand ich an jedem Tag, an dem Mr. A Los Angeles besuchte, im Morgengrauen auf und fuhr schon vor dem Unterricht in die Stadt, und am Nachmittag wieder – das waren dreihundertzwanzig Kilometer an einem Tag. Er fragte mich, warum ich immer wieder komme, und er redete mir nie zu, aber ich dachte nicht einen Augenblick an die Fahrerei und den Zeitaufwand, die damit verbunden waren. Es schien für mich momentan einfach das Allerwichtigste zu sein. Als er meinen festen Entschluß erkannte, mehr über diese Methode, Menschen zu helfen, zu erfahren, ließ er mich allmählich bei der einen oder anderen Behandlung zuschauen und erlaubte mir auch, dem Herzschlag der Menschen zu lauschen. Er erklärte mir, was die feinen Ton-Unterschiede für ihn bedeuteten und ließ mich auch die drastischen Veränderungen hören, die er durch die Energie bewirkte.«

Dena sagt, sie werde nie den ersten Fall vergessen, »eine Frau, die über Doppelsichtigkeit klagte, seit sie sich bei einem Sturz von der Schaukel über eine Felsschlucht in Arizona den Kopf angeschlagen hatte.«

»Die Frau berichtete, sie sei bei vielen Ärzten und Spezialisten gewesen«, erinnert sich Dena, »aber es sei noch keine Besserung eingetreten. Mr. A horchte an ihrer Brust, und während ich dann lauschte, erklärte er mir, was ich hörte. Als er die Energie durch den Unterleib der Frau schickte, beschwerte diese sich, daß sie wegen ihrer Augen, nicht wegen ihres Bauches gekommen sei; er aber fuhr fort, die Augen vom Beckengebiet aus mit Energie zu versorgen und glich dann die Energie an der Schädelbasis aus. Er forderte sie auf, erst das eine Auge zu bedecken, dann das andere, und als sie beide Augen wieder öffnen durfte, rief sie überrascht: ›Oh, jetzt sind sie ja zusammen! Jetzt ist die Doppelsichtigkeit fort!‹ Dann fragte sie, ob sie wiederkommen dürfe, und Mr. A erwiderte: ›Warum möchten Sie noch einmal kommen, wo doch Ihr Sehvermögen nun normal ist?‹ Sie hat nie mehr eine weitere Behandlung gebraucht. Sie können sich vorstellen, wie beeindruckt und aufgeregt ich war.«

Zu jenem Zeitpunkt war Denas eigene Gesundheit bereits glänzend und ihr Übergewicht verschwunden. Als die Zeit kam, sich um Aufnahme bei der medizinischen Fakultät zu bewerben, stand sie jedoch vor einem echten Hindernis, denn damals war es für eine Frau noch sehr schwierig, zugelassen zu werden. Die meisten ihrer früheren Klassenkameradinnen – selbst jene mit besten Noten und Leistungen – gingen auf Nummer Sicher und bewarben sich bei einer Reihe von Colleges, aber Mr. A forderte Dena auf: »Bewirb dich ausschließlich bei der Medizinischen Fakultät der University of Southern California.« Das tat sich, und sie wurde akzeptiert.

Während ihrer vier Jahre an der Medical School und des darauf folgenden Jahres Medizinalpraktikum im Los Angeles General County Hospital kam Mr. A jedes zweite Wochenende für drei Behandlungstage nach Los Angeles. An solchen Samstagnachmittagen sprach Dena mit ihm durch, was sie in der Zwischenzeit gelernt hatte, und setzte ihm mit Fragen zu.
»Es war unheimlich«, erinnert sie sich. »Ganz gleich, welche Krankheit oder welches Leiden ich im Laufe der vergangenen zwei Wochen studiert oder kennengelernt hatte: jedesmal kam jemand als erster Patient am Sonntagmorgen zu Mr. A, der genau unter diesem Zustand litt. Und ich war dabei, um zu beobachten, was die Energien hier ausrichten konnten. So haben wir uns auf der Station in der Klinik mit Tuberkulose beschäftigt, und als Mr. A nach Los Angeles kam, fragte ich ihn: ›Muß ich befürchten, mich mit Tbc anzustecken? Die meisten Fälle, die wir beobachten, sind sehr virulent, und meine Kommilitonen nehmen Medikamente zur Vorbeugung ein.‹ Mr. A erwiderte: ›Nein, du bist ohnehin voll von dem Bazillus. Er ist überall, in jedem. Du brauchst dir keine Sorgen zu machen, solange deine Energie in Ordnung ist. Die Keime können mit gesundem Gewebe nichts anfangen, nur brachliegendes ist für sie interessant. Das ist die gleiche Geschichte wie bei den Leuten, die mit Aussätzigen arbeiten. Manche befällt die Krankheit, andere jedoch nie, das ist von der Stärke ihres Energiefeldes abhängig.‹
Die Ärzte pflegten die Tuberkulose zu behandeln, indem sie in einer Lunge einen Pneumothorax herstellten und die Lunge kollabieren ließen. Mit solchen Fällen hatten wir uns im Laufe der Woche beschäftigt«, fuhr Dena fort. »Der erste Patient, der am Sonntag morgen zu Mr. A kam, war genau solch ein Fall. Ich horchte, und sein Herz schlug unregelmäßig und mühsam. Seine linke Lunge war voll rasselnder und pfeifender Geräusche, aber rechts konnte ich überhaupt nichts hören, und ich rief: ›Diese Lunge ist kollabiert!‹ Mr. A arbeitete zuerst an der

linken Lunge, dann forderte er mich auf, noch einmal über der rechten zu lauschen. Plötzlich gab es da einen hohlen Ton, wie ein Schlag, und auf einmal konnte ich Atemgeräusche vernehmen. Mir wurde klar, daß die Energie die rechte Lunge wieder aufgebläht haben mußte. Doch ich konnte immer noch nicht daran glauben, denn in der Klinik hatte man uns gelehrt, daß eine Lunge, die einmal kollabiert ist, immer in diesem Zustand bleibe. Sie verklebe durch Bildung von Narbengewebe, steht im Lehrbuch. Ich fragte Mr. A, wie er ein solches offensichtliches Wunder bewirken könne, und er antwortete wie selbstverständlich: ›So wirkt eben die Energie.‹ Zur Tuberkulose sagte er weiterhin: ›Die Energie revitalisiert das gute Lungengewebe, so daß es die Kraft bekommt, das infizierte Gewebe abzulösen. Sie stellt einfach die Ladung zur Verfügung, die das gesunde Gewebe braucht, um der Infektion Widerstand zu leisten.‹ Aus seinem Munde klang es so einfach, aber ich war sprachlos.« Nachdem sie die Kinderlähmung durchgenommen hatte, kam Dena stolz mit ihrem neuen Wissen zu Mr. A, um seine Meinung dazu herauszufinden. »Meiner Meinung nach«, sprach er, »das heißt, wie es mir erklärt wird, handelt es sich schlicht um das Resultat atmosphärischer Lebensenergie-Stürme. Ist dir schon aufgefallen, daß die sogenannten Epidemien gewöhnlich in den Sommermonaten auftreten, wenn die Gewitterstürme in manchen Teilen unseren Landes an der Tagesordnung sind? Dadurch entstehen Turbulenzen in den Energiemustern des Menschen, die ich als Energiestürme bezeichne. Wenn das Kühlsystem des Menschen nicht stark genug ist, um das Magnetfeld vor der Schockwirkung der verzerrten Energie zu schützen, verkrampft sich das Feld. Die Wahrscheinlichkeit, im Wasser vom Blitz getroffen zu werden, ist übrigens größer, weil man da geerdet ist. Das kann einem sogar in der Badewanne passieren. Auch atmosphärische Stürme können die Energiemuster des Menschen stören und zu Rückenschmerzen und anderen geringfügigen körperlichen

Beschwerden führen, wenn die Energie des Körpers nur mäßig geschwächt und nicht ganz optimal ist.«
Dena sagt, sie habe in jenen Jahren dauernd Meinungsverschiedenheiten mit Mr. A gehabt und es abgelehnt, seine Erklärungen zu akzeptieren, bis sie tatsächlich die Kraft, die Energie bei seiner Arbeit sah und die Ergebnisse in allen Fällen überprüfte. In ihren Lehrbüchern war derartiges nicht zu finden. Als sie ihn zum Beispiel über Mononukleose fragte, die für ansteckend gehaltene sogenannte Kußkrankheit junger Leute, erklärte Mr. A, daß dieser Krankheitszustand aus einer Unterdrückung des Gefühlslebens und dem sexuellen Hunger in dieser Phase des Lebens resultiere.
Sie fragte ihn nach multipler Sklerose und mit ihr verwandten neurologischen Erkrankungen, und Mr. A antwortete: »Wie ich es über den Ring erfahre, sind diese Leiden durch lange bestehende, nagende Wut und Eifersucht verursacht!« Überrascht begann Dena in der persönlichen Vorgeschichte solcher Fälle nachzuforschen, und vor kurzem teilte sie mir mit, daß sie in jedem einzelnen die Bestätigung für jene Behauptung gefunden habe.
In Erinnerung an weitere Erlebnisse aus jener Zeit berichtete Dena: »Es geschah im Laufe der Jahre häufig, daß Mr. A mich aufforderte, meine Finger auf die Augen eines Patienten zu legen, der Grünen Star hatte, während er selbst Energie in Bereiche schickte, die er als die Augen-Zentren im unteren Becken bezeichnete. Jedesmal war ich verblüfft, wenn der Augendruck nachließ und die Augen unter meinen Fingerkuppen weicher wurden, während auch der Patient eine augenblickliche Erleichterung bemerkte.«
Als sie Mr. A nach seinen Vorstellungen über das Glaukom fragte, antwortete er: »Für die Energie ist es einfach, mit einem solchen Zustand umzugehen, weil ein Energiemangel die Augenflüssigkeit sich so verdicken läßt, daß der normale Druckausgleich und Fluß behindert ist. Mit anderen Worten: Das

flüssige Kalzium verdickt sich und kann nicht mehr durch die winzigen Kanälchen am Auge fließen; so wird der Druck dieser Flüssigkeit immer größer und richtet Schaden an. Wenn Energie in die Haupt-Augennerven im Magnetfeld (im Beckenbereich) gerichtet wird, verflüssigt sich die Situation, die Augenflüssigkeit kann wieder auf normalem Wege das Auge verlassen, der Druck normalisiert sich, und das Auge wird weicher.«
Dena berichtet, daß Ärzte, die den Augendruck ihrer Patienten vor und nach der Behandlung durch Mr. A gemessen haben, feststellten, daß er sich drastisch gesenkt und normalisiert hatte. Dieses Verfahren bietet jedoch nur vorübergehende Besserung, solange die Energie nicht ausreichend aufgebaut ist, um die nötige Kraft zu behalten und die Ursache der Störung auszuschalten.
Als Dena Mr. A nach dem Grauen Star fragte, antwortete er: »Wenn die Menschen älter werden und sich weniger darum kümmern, ihren Energiehaushalt aufrechtzuerhalten, wird auch die Wahrscheinlichkeit größer, an Grauem Star zu erkranken. Wenn es allerdings schon beim Kleinkind zur Linsentrübung kommt, ist das in der Regel ein Hinweis auf eine blokkierte Energiebahn zu den Augennerven. Der Graue Star entsteht aus einem Mangel in der Energiezufuhr zum Auge.«
Als Dena auf der Universität Vorlesungen über die Blutarmut hörte, stellte sie Mr. A so viele Fragen über die Anämie, daß er schließlich meinte: »Ich nehme an, auch du glaubst, daß das Herz Blut durch den ganzen Körper pumpe?«
»Natürlich«, antwortete sie.
»Und ich nehme an, du glaubst auch, daß die Anämie von einem Mangel roter Blutkörperchen im Blut herrühre?«
»Freilich, woher denn sonst?« erwiderte sie achselzuckend.
Grinsend erklärte Mr. A: »Nun, dann habe ich Neuigkeiten für dich. Meine Eingebungen sagen mir, daß die Arterien- und Venen-Fasern eine Form von Energie besitzen und die Blutkörperchen die Polarisierung dazu. Die Wechselbeziehung zwi-

schen beiden ist es, was das Blut bewegt und die Blutkörperchen in den Gefäßen vorantreibt. Sobald die Energie in den Blutzellen verstärkt ist, wird diese Wirkung beschleunigt; das Blut wird über den Kopf gedrängt und löst Schwindel usw. aus. Wenn man eine Energieladung in den Bereich der Relaisstellen für Herz, Milz und Pankreas schickt, scheint dies augenblicklich die Anzahl und Ladung der Blutkörperchen (die Mr. A übrigens gewöhnlich Elektronen nennt) zu erhöhen.
Da ist übrigens noch etwas: Hast du dir je einmal Gedanken darüber gemacht, warum sich nach einer Operation Blutgerinnsel bilden?«
Dena nickte, und Mr. A fuhr fort: »Die Beleidigung der Nerven durch die Operation ist ein Schock für das Magnetfeld, der dazu führt, daß der Energienachschub zum Körper gedrosselt wird; dies zeigt sich häufig in Gestalt von Blutgerinnseln in den Beinvenen. Dort passen dann einfach die Energie der Venennervenfasern und die Ladung der Energie des Blutes nicht zusammen, um die notwendige Schubkraft für das Blut zu bewirken, und so verlangsamt sich dessen Fluß, und es verklumpt. Schon in den dreißiger Jahren haben wir das in der Klinik gründlich untersucht. Die frühzeitige Entlassung der Patienten nach einer Operation trägt zwar dazu bei, daß ihre Adrenalinausschüttung und die Gefäßwände der Venen durch die körperliche Bewegung angeregt werden, ist aber nicht die vollständige Antwort.«
Verblüfft durch solche scheinbar revolutionären Theorien, rief Dena: »Seien Sie mir nicht böse, bitte nicht! Aber das muß ich mir erst gründlich überlegen. So etwas habe ich noch nie zuvor gehört, und es fällt mir schwer, es nachzuvollziehen. Mit anderen Worten: Was Sie sagen, könnte erklären, warum selbst die frühzeitige oder gar sofortige Entlassung des Patienten nach einer Operation keine Garantie gegen die Bildung der gefährlichen Blutgerinnsel ist. – Aber Moment, wenn das Herz, wie Sie behaupten, nicht das Blut pumpt – was tut es dann?«

»Das Herz lädt einfach die Elektronen wieder auf, die Blutkörperchen«, lautete die Antwort. »Wenn es nicht genug Energie besitzt, um sie neu aufzuladen, dann entsteht eine Anämie, eine Blutarmut aus dem Mangel an Schubkraft.«
In Gedanken an jene aufregende Diskussion erzählte Dena mir noch: »Am nächsten Tag, als ich Phil beobachtete, wie er eine Energieladung in die Herzgegend einer Frau schickte, die unter einer schweren Anämie litt, veränderte sich ihr blasses Aussehen sofort in eine gesunde, rosige Farbe, und nach wenigen Augenblicken rief sie: ›Jetzt habe ich zum erstenmal seit Jahren wieder warme Füße!‹ Wärme durchflutete ihren ganzen Körper, und als sie zu ihrem Arzt zurückkehrte, um den Hämoglobingehalt des Blutes prüfen zu lassen, lag dieser im Normalbereich. Sie brachte – wie noch viele andere Anämie-Patienten – freudestrahlend ihre Blutwerte von vor und nach der Behandlung in die Praxis, die uns heute als Beweise für die Wirksamkeit dieser Behandlungsmethode dienen.«

Ich hatte das Glück, kürzlich mit Mr. A und Frau Dr. Smith zusammenzusein, und wir »wiederholten« ihre Diskussionen über verschiedene Krankheiten, wie sie damals stattfanden. Mit Hilfe ihrer sorgfältig aufbewahrten Notizen schien Dena sich an alles erinnern zu können, und wenn ich nach bestimmten Krankheiten fragte, vermochte sie so darüber zu sprechen, wie sie es damals zu ihrer Studienzeit mit Mr. A erlebt hatte.
»Arthritis schien auch so eine erstaunliche Krankheit«, meinte sie im Rückblick. »Unsere Lehrbücher jedenfalls deuteten dies an. Als ich aber Mr. A danach fragte, antwortete er: ›Arthritis tritt ein, wenn das Magnetfeld nicht genügend Energie von den Lungen bezieht, um die Energie zu liefern, die notwendig ist, um das Kalzium im Körper flüssig zu halten. So jedenfalls wird es mir mitgeteilt. Wenn du einen Knochen brichst, erhält das Magnetfeld einen Schock, der wiederum auf den Ort der Verletzung zurückwirkt und die Energie in diesem Bereich ver-

langsamt und das Kalzium zur Verfestigung veranlaßt, die notwendig ist, um den Knochen zu reparieren. So jedenfalls repariert die Natur. Aber wenn das Feld allgemein einen Energiemangel aufweist, verfestigt sich das Kalzium an allen Schwachstellen des Organismus, das heißt in Gelenken usw.‹«

Dena fragte, wieso denn Kinder auch Arthritis bekommen können, und Mr. A erklärte: »Weil das Feld bei der Geburt oder danach verkümmert und in seiner Fähigkeit, Kraft von den Lungen zu beziehen, gebremst ist. Daraus können auch zahlreiche weitere Krankheiten im Kindesalter entstehen, z. B. rheumatisches Fieber, Asthma, Krupp, Koliken und Hypertonie, die einen durch das Leben begleiten, wenn die Energien nicht korrigiert werden.«

Kurz nach ihrem ersten Gespräch über Arthritis, erinnert sich Dena, humpelte ein sechzehnjähriges Mädchen in Phils Praxis, die offensichtlich unter sehr starken Schmerzen litt. Sie hatte eine generalisierte Arthritis, die Gelenke waren schmerzhaft empfindlich und geschwollen, und noch keine Behandlung von einem Spezialisten oder Arzt hatte ihr bisher geholfen. Dena erinnert sich, daß das Mädchen für sein Alter körperlich außergewöhnlich weit entwickelt war. Nachdem Mr. A ihre Energie-Situation normalisieren konnte, fragte sie, wie eine Rückkehr der Arthritis zu verhindern wäre, ohne daß sie regelmäßig zur Behandlung und Energie-Aufladung kommen müsse. Mr. A erklärte ihr die Ursache ihrer Beschwerden und schlug ihr vor, sich mit einem Mann zu verheiraten, der unter dem Einfluß bestimmter Frequenzen geboren sei, die die ihrigen ergänzen. Nach einigen Jahren kam sie wieder in die Praxis, um ihre zwei hübschen Kinder vorzuführen. Von ihrer früheren Arthritis war keine Spur mehr zu entdecken, und die junge Mutter sagte strahlend: »Ich werde Ihnen nie zeigen können, wie dankbar ich Ihnen bin. Mehrere Ärzte hatten mir gesagt, daß ich für den Rest des Lebens ein Krüppel sein würde, aber jetzt bin ich glücklich verheiratet und habe keine Schmerzen mehr.«

Während Denas letztem Studienjahr hatten sie und ihre Kommilitonen so viele Entbindungen im Kreiskrankenhaus durchzuführen, daß man schnell arbeiten mußte, fast wie am Fließband. Nur mit großem Widerwillen arbeitete sie mit der Zange, und als sie Mr. A danach fragte, antwortete er: »Die Kinder wären weitaus besser dran, wenn sie so auf die Welt gebracht würden, wie es die Natur vorgesehen hat. Bei Zangenentbindungen können irreparable Schäden entstehen, wenn der Schock, den das Magnetfeld des Babys erleidet, nicht bald nach der Geburt aufgelöst wird. Auch wenn die Mutter vor der Entbindung starke Beruhigungsmittel erhält, wird ihr eigenes Feld teilweise gelähmt, und diesen Schock gibt sie dem Kind weiter. Das gleiche gilt für die Rückenmarks-Anästhesie und auch bei Müttern, die wegen sich lange hinziehender Wehentätigkeit verspannt oder verängstigt werden: Die Spannung wird automatisch auf das Feld des Neugeborenen übertragen. Doch darüber hinaus gilt es noch viele weitere Aspekte im Auge zu behalten. Wenn diese Spannung vom Magnetfeld des Neugeborenen gelöst werden kann, erhält dieses die Fähigkeit, das notwendige Maß an Energie von den Lungen ins Magnetfeld zu ziehen; dann ist das Kleinkind in Harmonie mit dem Universum und wird die Chance haben, sich körperlich und geistig gut zu entfalten und zu wachsen. Die Hohepriester der alten Zeit verstanden sich darauf, die Energien zu mischen, die solche Spannungen lösen und das Magnetfeld des Menschen wieder aufladen konnten. Wenn das Feld zum Universum geöffnet wurde, indem man jegliche Bindung löste, die ihm von Eltern oder einer forcierten oder schwierigen Entbindung anhaftete, war dies die eigentliche Taufe. Genau so wurde es mir erklärt.«

Dena fragte, warum manche Babys mit Gehirnlähmung oder Herzfehlern geboren werden, und Mr. A erklärte: »Die meisten Fehlentwicklungen resultieren aus dieser Geburtsspannung, die sich auch in Form aller anderen Krankheiten im

Laufe der Kindheit äußert. Weil die Widerstandskraft eines solchen Babys geschwächt ist, sind Krankheiten und Leiden Tür und Tor geöffnet. Wenn sie nicht gelöst wird, begleitet diese Spannung den Menschen sein ganzes Leben lang.«

Dena sagt: »Ich habe mit eigenen Ohren gehört, wie die Geräusche vom Herzen eines Kindes verschwunden sind, das mit einem Herzfehler geboren wurde, der operiert werden sollte. Als man den Defekt nicht mehr finden konnte, wurde die Operation abgesagt.«

Menschen, die die Ergebnisse kennen, die die Auflösung des Druckes, der Verkrampfung und der Spannung nach der Geburt bewirken, bringen ihre Neugeborenen gleich nach der Entlassung aus der Klinik zu Mr. A, damit ihr Kind einen guten Start fürs Leben hat. Wenn Mr. A die richtigen Energien in das Feld des Kindes schickt, sagt Dena, beginne dieses sofort tief zu atmen, sich zu dehnen, zu gähnen und die Beine zu strecken. Die Hautfarbe normalisiere sich, und das Kleine entfaltet einen mächtigen Appetit.

Ich bat Mr. A um weitere Erläuterung, und er sprach: »Wenn eine schwangere Frau zornig oder gespannt, ängstlich oder mürrisch ist, dann wird sich diese Spannung auf das Feld des Babys übertragen. Die Mutter sollte deshalb entspannt, heiter und ausgeglichen sein. So wird sie nicht ihr eigenes Feld verkrampfen und ein Kind auf die Welt bringen, das zornig, reizbar und voller Groll ist.«

In ihrer Studentenzeit fragte Dena einmal Mr. A: »Was ist Krebs?«

Er antwortete: »Das ist mir erklärt worden, solange ich mich zurückerinnern kann: Wenn das Gewebe nicht die notwendige Lebensenergie erhält, beginnt ein schwächerer Teil des Gewebes zu zerfallen. Er trennt sich selbst von der Energiezufuhr, das Gewebe stirbt ab, und Gase bilden sich in den Zellen, die zu Blähungen und Ausdehnung führen. Wegen des Energiemangels haben die lebenden Zellen nicht genügend Widerstandskraft, um die abgestorbenen Zellen abzustoßen, und so breitet sich der Gewebszerfall aus. Das ist so ähnlich wie bei einem schlechten Apfel in einer Kiste, der allmählich die benachbarten, und schließlich immer mehr Äpfel ansteckt. Unter diesen Umständen werden ein Schock oder eine Verletzung des Körpers, die eine zusätzliche Schwächung bedeuten, den Gewebszerfallsvorgang weiter intensivieren und beschleunigen. Wird jedoch die Energie nachgeladen und die lebenden Zellen dadurch so gekräftigt, daß sie die toten Zellen bekämpfen können, stoßen diese sich ab, solange der bösartige Krankheitsprozeß noch nicht sein Endstadium erreicht hat. Normalerweise haben die toten Zellen die Tendenz zu zerfallen, manchmal lösen sie sich in ganzen Ketten ab.«

Dena dachte einige Minuten über das Gesagte nach, bevor sie weiterdrängte: »Wollen Sie damit sagen, daß alle Krankheiten dadurch verursacht sind, daß das Magnetfeld nicht genügend Energie aus der Luft bezieht, die die Lungen einatmen, um die verschiedenen Teile des Körpers zu versorgen, d. h. wenn schwächere Bereiche des Organismus keinen Nachschub der notwendigen Energie erhalten, kommt es zu Funktionsstörungen? Warum bekommt dann der eine einen Krebs, der andere aber eine Herzkrankheit?«

Mr. A antwortete: »Das ist Ergebnis ihres eigenen Energiemusters. Jedes Organ und jeder Teil des Körpers besitzt seine eigene Intelligenz. Ihre Aktion, Reaktion und Interaktion sowie die Individualität der Energiefrequenzen des einzelnen beeinflussen das Muster von Gesundheit oder Krankheit. Es gibt so viele Facetten und Aspekte der Energiefrequenzen des Körpers, die hier am Wirken sind, daß es unmöglich wäre, hier über alle zu sprechen.«

Später erzählte mir Dena: »Im Laufe der letzten sechzehn Jahre wurden mir die meisten seiner Theorien über die Funktionen des Körpers erklärt und kamen mir zunächst sehr komplex und weithergeholt vor; wenn man aber das Wirken der elektrischen

Energien im Organismus versteht, wird es ganz einfach. Gewiß unterscheiden sich seine Ansichten und Aussagen von allem, was ich sonst gehört und gelesen habe, aber andererseits finden durch seine Erklärungen sehr viele offene Fragen und Probleme meines Berufes eine Antwort und Lösung. Er sagt: ›Der Körper ist die höchstentwickelte aller Impulsübertragungs-Maschinen. Sie vereinigt in sich Techniken, die dem automatischen Telefon, dem Computer und anderen elektronischen Geräten entsprechen. Der Körper jedoch arbeitet aufgrund menschlicher Strahlenenergie statt herkömmlicher elektrischer Energie. Meines Wissens ist die gewöhnliche Elektrizität ein Schock für den Körper und wird von diesem nicht gehalten oder gespeichert. Der Körper nimmt nur menschliche Strahlenenergie auf. Die Menschen haben dieses Thema noch nicht einmal an der Oberfläche berührt.«

Zu Denas Studienzeit begann die Ärzteschaft, Warnungen vor den Gefahren eines hohen Cholesterinspiegels auszusprechen. Als Dena Mr. A über die diesbezüglichen Diskussionen unter den Studenten erzählte, blickte er sie verschmitzt an und meinte dann lächelnd: »Seit ich ein kleiner Junge war und auf die Schwingungen des Körpers lausche, erhielt ich Weisung, daß Schlamm die Funktionen eines Körpers behindere. Ich folgte den Instruktionen und stellte fest, daß nach Wiederaufladen des Feldes und nach verstärkter Einstrahlung der Energie in die Leber der Schlamm in den Darm abgegeben wurde. Dies wurde zum üblichen Verfahren, denn ein solcher Zustand ist recht weit verbreitet. Nachdem ich vor etlichen Jahren ein anderes Leiden bei einem Mann behoben hatte, kehrte dieser später zurück und meinte: ›He, was haben Sie mit mir angestellt? Der Arzt hat mich gerade wieder untersucht und herausgefunden, daß mein Cholesterinspiegel, der ziemlich hoch war, sich normalisiert hat.‹ Mir war dieses Wort noch nie zuvor begegnet und deshalb wußte ich nicht, was es bedeutete. Aber nach drei weiteren ähnlichen Berichten von meinen Klienten erhielt

ich eine Eingebung, die mir sagte: ›Das ist der Schlamm in der Leber. Er ist das, was man heute Cholesterin nennt.‹«
Bei einer anderen Gelegenheit kam Dena hustend und niesend zu ihrem zweiwöchentlichen Treffen mit Mr. A. Einer der Patienten auf ihrer Station, der unter einer starken Grippe litt, hatte ihr direkt ins Gesicht gehustet, und die Medizinstudentin seufzte: »Ich wünschte, man fände endlich eine Heilmethode für die gewöhnliche Erkältung.«
»Es muß alles seinen Weg gehen«, erwiderte Phil. »Wie bei der Tuberkulose sind die Erreger immer vorhanden, und wenn deine Energie unter einen gewissen Wert sinkt, erlaubt die geschwächte Widerstandskraft den Keimen, die Oberhand zu gewinnen. In deinem Falle – da du ihnen direkt ausgesetzt bist –, hast du eben mehr Krankheitserreger aufgenommen, als dein Körper verkraften kann. Es ist immer das beste, solche Überdosierungen zu neutralisieren, bevor die Keime dazu kommen, den ganzen Haushalt auf den Kopf zu stellen.«
»Aber wie nur?« wollte Dena wissen.
»Nun, indem du tust, was ich schon immer getan habe. Ich habe immer eine Flasche reinen Alkohols, z. B. Wodka, griffbereit. Wenn ich Erkältungserregern ausgesetzt bin, nehme ich ein klein wenig Alkohol auf meinen kleinen Finger oder ein Wattestäbchen und führe dieses hoch in jedes Nasenloch. Ich spüle mir auch den Mund und gurgle mit dem Wodka, schlucke ihn aber nicht. Vitamin C ist eine Form von Nahrungs-Energie, die in vielen Fällen die Widerstandskraft gegen Erkältungen stärkt, und Apfelessig ist ein weiteres Mittel. Beim ersten Anzeichen einer nahenden Erkältung nehme ich stündlich einen guten Schluck Apfelessig in einem Glas Wasser ein.« Dena berichtet, daß sie diesen Rat seit damals mit beachtlichem Erfolg nachahme.
»Murmelnde Herzgeräusche zu entfernen, ist Routine für Mr. A«, sagt Frau Dr. Smith. »Ich kann hören, wie sie verschwinden, und das kann auch jeder andere hören, selbst wenn

er ungeübt ist in diesen Dingen«, behauptet sie weiter. »Hypertonie löst Phil im Handumdrehen auf. In den Universitätskliniken lehren sie, daß die Hypertonie unheilbar sei; seiner Meinung nach aber resultiert sie aus der Spannung, die dem Feld bei der Geburt zugefügt wurde, und wenn diese Spannung durch die Energie gelöst wird, existiert keine Hypertonie mehr. Ich habe solche Fälle vor und nach der Behandlung untersucht, und seine Aussagen haben sich als wahr erwiesen. In einigen schweren Fällen sind vielleicht mehrere Behandlungen notwendig, aber in der Regel scheint Mr. A sofortigen Erfolg bei der Senkung des Blutdruckes auf Normalwerte zu haben.«
Ein anderer ebenfalls von Dena untersuchter Fall war der einer Frau in den Siebzigern, die einen Nabelbruch von knapp achtzehn Zentimetern Durchmesser hatte. Nach einer Reihe von Behandlungen in regelmäßigen Abständen, berichtet sie, sei »der Bruch verschwunden, so daß ich nicht einmal mehr meinen kleinen Finger in ihren Nabel legen konnte«.
Ich überlegte laut, ob die Heilungsgabe des Mr. A außer körperlichen Gebrechen auch Geisteskrankheiten erreiche, und Dena versicherte mir, daß auch dies zutreffe. Sie erzählte von einer Frau, die von zwei kräftigen Männern, von denen sie auf den Stuhl gesetzt wurde, zu Mr. A begleitet wurde. Große kahle Stellen am Kopf zeigten, wo sie sich selbst das Haar büschelweise ausgerissen hatte; sie gaben ihr ein unheimliches Aussehen. Als sie die Lampe entdeckte, die am Kabel von der Decke herabhing, flüsterte sie: »Lassen Sie das Mikrophon da verschwinden.« Phil erklärte ihr freundlich, daß er dies sofort tun werde, und schraubte die Birne aus der Fassung.
»Dann begann er ihr Magnetfeld zu behandeln«, erinnert sich Dena, »und die Frau wurde friedlich und entspannte sich. Ja, sie war so ruhig, daß sie nach zehn Tagen aus der Anstalt entlassen werden konnte.«
Beeindruckt fragte ich Mr. A, wie dies möglich gewesen sei, und er antwortete: »Geisteskrankheit ist schlicht und einfach

Spannung im Magnetfeld. Sie resultiert lediglich aus Spannungen im Felde, wie die meisten anderen Krankheiten auch.«
Dena und Mr. A erzählten mir auch von folgendem Fall: Nachdem Mr. A das Herzleiden einer Frau behoben hatte, deren Mann Beamter in einer der staatlichen Nervenheilanstalten war, wurde Mr. A in die Anstalt eingeladen, um dort eine Vorführung der Energien zu geben. Etwas skeptisch im Hinblick auf das, was geschehen könnte, sagte der Beamte zu Mr. A: »Ich komme aus Missouri, und mir müssen Sie es erst beweisen.« Offenbar unbeeindruckt reagierte Mr. A: »Gut. Wann fangen wir an?«
»Sie haben es aber eilig«, murmelte der Mann, doch er führte Mr. A in einen großen Raum, in dem ungefähr ein Dutzend Patienten lagen. Die meisten hatte man entweder mit Medikamenten gedämpft oder unter Aufsicht gestellt. Der Beamte meinte zu Mr. A: »Ich warne Sie im voraus. Ich gebe Ihnen keinen Pardon. Hier sind einige meiner schlimmsten Fälle, wie Sie sehen.« Mr. A lächelte. »Großartig, ich wünsche auch keinen Pardon.« Auf der Stelle ging er daran, die Energien in die Magnetfelder der verwirrten Patienten zu richten und erklärte dem Beamten – während er einen Patienten nach dem anderen behandelte –, daß nach seinen Informationen sogenannte Geisteskrankheiten die Folge von extremen Spannungen im Feld seien, dem Hauptgehirn im Becken, das seinerseits Druck auf das Nebengehirn im Schädel ausübe.
Der Krankenhausfunktionär und Staatsbeamte beobachtete mit immer größeren Augen, wie die Behandlungen durch Mr. A seine Patienten normalisierten und entspannten. Dann sagte er: »Jetzt möchte ich nur noch eines wissen: Was können Sie eigentlich *nicht* hinkriegen?« Mr. A antwortete lächelnd: »Eine ganze Menge von Dingen. Lassen Sie uns etwas essen gehen.«

KAPITEL XI

Energie über die Luft

Im Jahre 1962 schloß Dena ihr Studium ab und wurde Dena L. Smith, MD. Sie absolvierte ihr Medizinalpraktikum am Los Angeles County General Hospital, und eines Tages, während sie auf der orthopädischen Station arbeitete, fuhr sie Mr. A zum Flughafen.
»Jenen Tag werde ich nie vergessen«, erzählte sie mir. »Unterwegs sagte er zu mir: ›Heute nachmittag werden sie dir wohl ein Skalpell in die Hand drücken, damit du ein Bein amputierst.‹ Ich erwiderte im Brustton der Überzeugung: ›Das ist ausgeschlossen. So einen Fall würden sie mir nie geben, und schon gar nicht, weil ich eine Frau bin. So wie die eingestellt sind!‹ Mr. A meinte: ›Dann wird es vielleicht eine Überraschung für dich geben. Jedenfalls, wenn es so kommt, dann solltest du nicht so sehr an den Menschen denken, der vor dir auf dem Operationstisch liegt. Stelle dir vielmehr vor, es handele sich um das Bein eines Tisches oder eines anderen Möbelstücks. Laß dich nicht von den Emotionen aus der Fassung bringen.‹ Als er sich am Flughafen von mir verabschiedete, grinste er noch und fügte hinzu: ›Viel Glück heute nachmittag!‹
Als ich ins Krankenhaus zurückkam, wurde ich sofort davon in Kenntnis gesetzt, daß entschieden worden sei, den Unterschenkel eines älteren Patienten mit Gangrän abzunehmen, der schon seit einigen Tagen unter Beobachtung auf der Station lag. Ich dachte nicht mehr an das, was Mr. A gesagt hatte, denn ich hatte natürlich die Aufgabe einzuspringen, wenn ich einge-

teilt wurde. Im Operationssaal gab mir der Chirurg plötzlich das Skalpell in die Hand und sagte: ›Schauen Sie mal, ob Sie dieses Bein amputieren können.‹ Ich war wie vor den Kopf gestoßen. Ich hatte einfach nicht an die Möglichkeit gedacht, daß man mich eine Amputation durchführen ließe, nicht einmal nach der Warnung von Mr. A. Ich sagte kein Wort, sondern übernahm das Messer und arbeitete, ohne mit der Wimper zu zucken, und befolgte den Rat von Mr. A, an die rein mechanischen Aspekte meiner Aufgabe zu denken und nicht so sehr an den Patienten. Als die Operation vorüber war und der Patient auf die Station gefahren wurde, meinte der Assistenzarzt zu mir: ›Es schien Sie überhaupt nicht zu stören oder aufzuregen, einem Menschen das Bein abzunehmen. Wir dachten, da Sie eine Frau sind, würden Sie wohl aus der Fassung geraten.‹ Ich hörte ihm zu, ließ mir aber nichts anmerken und war insgeheim dankbar, daß Mr. A mich vorgewarnt hatte.«

Als Dena sich im Laufe ihres Praktikums für eine Ausbildungsrichtung entscheiden mußte, riet ihr Mr. A, die Allgemeinchirurgie zu wählen.

»Ich wollte schon immer Chirurgin werden«, sagt Dena nachdenklich.

»Ja, es war im Grunde schon immer die einzige Fachrichtung, die mich wirklich faszinierte, aber mir war klar, daß meine Chancen als Frau, eine Stellung als Chirurg in einem Krankenhaus zu bekommen, praktisch gleich Null waren. Trotzdem wies Mr. A mich an: ›Melde dich zur Allgemeinchirurgie. Du bist ein Naturtalent. Ich möchte, daß du ans Kaiser Foundation Hospital in San Franzisko oder Oakland kommst, denn dort gewinnst du auch Erfahrung im Operieren, und nicht nur im Assistieren.‹ Zögernd bewarb ich mich dort um eine Assistentenstelle als Chirurgin, denn ich war mir sicher, daß schon ein Wunder geschehen müsse, damit ich einen Vorstellungstermin erhielte, und so schrieb ich noch zirka dreißig weitere Krankenhäuser in Kalifornien an.

Es dauerte nicht lange, da erhielt ich einen Brief von der chirurgischen Abteilung des Kaiser Foundation Hospitals in San Franzisko: Man ziehe meine Bewerbung ernstlich in Erwägung und bitte um ein Vorstellungsgespräch. Ich konnte die nächste Ankunft von Mr. A in Los Angeles kaum erwarten, um ihm die frohe Botschaft mitzuteilen. Ich wollte das Schreiben erst beantworten, nachdem ich mit ihm darüber gesprochen hatte. Als ich ihn informierte, meinte er: ›Ich rate dir: Schreibe ihnen, daß du mit deinem Praktikum zu beschäftigt bist, um zu einem Vorstellungsgespräch zu kommen.‹ Verblüfft fragte ich ihn: ›Wieso? Wenn ich das tue, kann ich doch sicher sein, daß sie mich nicht nehmen, denn so etwas gehört sich doch einfach nicht! Jeder weiß doch, wie wichtig diese Termine sind, wenn man eine Stelle im Krankenhaus sucht!‹ Er erwiderte: ›Nun, es ist natürlich deine Angelegenheit, aber meine Eingebung sagt mir, daß du es so tun solltest.‹

Da wußte ich, was ich von ihm und seinen Eingebungen zu halten hatte, denn es lag doch auf der Hand, daß er sich über die tatsächliche Situation überhaupt nicht im klaren war. Aber ich dachte: Dieses eine Mal werde ich ihm beweisen, daß er auf dem Holzweg ist, und mit den schlimmsten Befürchtungen folgte ich seinem Rat. Ich rief den Chef der chirurgischen Abteilung in San Franzisko an und erklärte ihm bebend vor Angst, daß ich mit meinen Praktikumsverpflichtungen hier zu beschäftigt sei, um zu einem Vorstellungsgespräch nach San Franzisko zu fahren. Er antwortete, es tue ihm sehr leid, und wünschte mir herzlich Lebewohl. Aus dem Klang seiner Stimme schloß ich, daß die Sache damit gelaufen sei. In San Franzisko waren sie ja wohl nicht darauf aus, eine Katze im Sack einzustellen. Ich ärgerte mich über Mr. A und sagte ihm das. Am nächsten Tag erhielt ich zu meiner grenzenlosen Überraschung ein Telegramm vom Chefarzt der chirurgischen Abteilung: Aufgrund meiner Zeugnisse und Empfehlungsschreiben wolle man mich als Assistenzärztin in ihr Vierjahresprogramm aufnehmen; die Verträge folgten per Post. Nach einem weiteren Tag erreichte mich ein Brief vom Kaiser Foundation Hospital in Oakland mit der Einladung zu einem Vorstellungsgespräch, und insgesamt mußte ich mehr als ein Dutzend Angebote einer Assistentenstelle ablehnen – nachdem ich nicht mit einem einzigen gerechnet hatte.«

Kurz darauf brachte die Juli-Ausgabe 1963 der Illustrierten *Cosmopolitan* einen Bericht mit dem Titel »Die Schönen in der Medizin«. Mehrere junge Ärztinnen waren durch Fotos abgebildet, aber Dena war die einzige, die im Operationskittel eine ganze Seite zierte. Im Begleittext von Lowell Benedict stand über sie: »Mit 26 Jahren ist Dr. Smith eine der zwölf Frauen unter rund zweihundert Praktikanten am Los Angeles County General Hospital. Dr. Smith, die 1,68 m große Blondine, stammt aus Redondo Beach, Kalifornien. Sie schwimmt gern, spielt Tennis und baut sich ihre Möbel selbst. Während ihres Vorstudiums in Pomona gab sie das Skifahren auf, weil ein Unfall sie von den Vorlesungen ferngehalten hätte. Sie wird sich auf Chirurgie spezialisieren und ist eine der ganz wenigen Frauen, die eine Assistentenstelle in der chirurgischen Abteilung des Kaiser Foundation Hospitals in San Franzisko bekommen haben, die sie in Kürze antreten wird.«

Die letzte Phase ihrer Praktikumszeit arbeitete Dena auf der Station für Verbrennungen, und eines Samstags, als sie mit Mr. A ihren Lernstoff rekapitulierte, erklärte er ihr: »Wenn die Leute bei ihren Verbrennungen sofort Apfelessig anwenden würden – indem sie ein Tuch oder Handtuch mit Apfelessig tränken und dieses auf die Wunde legen –, könnte der Essig die Verbrennung daran hindern, sich weiter ins Gewebe einzufressen.« Diese Information sollte sich später noch als äußerst wertvoll erweisen.

Dr. Dena L. Smith hatte ihr Staatsexamen mit glänzenden Noten bestanden, schloß ihr Medizinalpraktikum im Juni 1963 ab und unterzog sich die folgenden vier Jahre ihrer chirurgischen

Fachausbildung am Kaiser Foundation Hospital in San Franzisko, an dem sie 1966 bis 1967 als leitende chirurgische Assistenzärztin wirkte. In jener Zeit besuchte sie eine Silvesterfeier im Hause von Mr. und Mrs. A, bei der sie Bea in der Küche half, als Mrs. A versehentlich den Deckel eines großen Dampftopfes öffnete. Sofort ergoß sich ein Schwall kochender Suppe über sie und durchnäßte ihre Kleidung von der Taille nach unten, rann bis in die Strümpfe und Schuhe hinein.
Dena erinnert sich an jenes schreckliche Erlebnis: »Sofort kam mir Phils Bemerkung von früher in den Sinn, und ich griff nach der Flasche Apfelessig, während ich Bea zurief, den Rock auszuziehen. Ich begoß sie überall, wo sie Verbrühungen hatte, und wir zogen ihr gemeinsam Schuhe und Strümpfe aus. Als ich ihr eine Stunde später helfen konnte, das Miederhöschen auszuziehen, stellte ich fest, daß der Apfelessig sich durch die verstärkten Stellen der Wäsche nicht vorarbeiten konnte. Auf beiden Oberschenkeln waren 10 cm große Brandblasen, und ich wußte, daß es nun zu spät war, um mit dem Essig noch helfen zu können.
In dieser Phase hatte Bea aufgrund des Schocks, den ihr Feld erlitten hatte (wie Mr. A es diagnostizierte), bereits Schüttelfrost. Phil nahm ihr den Schock, indem er ihr Energie durchs Magnetfeld schickte. Die Schmerzen verschwanden, und sie konnte schlafen. Behutsam untersuchte ich sie und stellte fest, daß ihre Haut nicht einmal gerötet war, bis auf jene beiden Brandblasen, die dort entstanden waren, wo der Apfelessig nicht hingelangt war.
Als ich einige Tage später bei Bea hineinschaute, erkannte ich, daß an diesen beiden Stellen Hauttransplantationen notwendig würden, denn sie hatten sich zu Verbrennungswunden dritten Grades entwickelt. Als ich Phil dies mitteilte, erwiderte er: ›So, das meinst du? Würdest du gern etwas über Verbrennungen lernen?‹ Er desinfizierte sich die Hände, und ich beobachtete mit Schaudern, wie er vier Finger seiner Rechten mitten in die

offene Wunde legte und anfing, Energie einzustrahlen. Augenblicklich verwandelte sich die Farbe des verbrannten Gewebes vom Gelblich-Rosa eines Fettgewebes zu Hellrot, und nach wenigen Minuten war das Wundgebiet, das zuerst stark näßte, sauber aufgetrocknet. ›So verändert man eine Verbrennung dritten Grades in eine Verbrennung ersten Grades‹, bemerkte Phil scheinbar beiläufig. ›Das ist aber noch nicht alles: Indem man die Gewebe-Energie an die Oberfläche zurückholt, kann die Wunde sich selbst schließen und so den Verlust des Körpers an kostbaren Elektrolyten verhindern.‹
Binnen drei bis vier Tagen waren jene beiden Stellen völlig verheilt und von der umgebenden Haut nicht mehr zu unterscheiden. Heute, viele Jahre später, hat Bea noch zwei ganz feine, saubere Narben an beiden Oberschenkeln, die wie die Überreste einer guten Hauttransplantation aussehen – außer, daß die Haut genau die gleiche Farbe und Struktur hat und in ihren Sinnesfunktionen völlig normal ist.«
Ich fragte Dena, was sie empfunden habe, als sie Zeugin dieses Heilungswunders war, und sie rief: »Ich war platt! Ich hatte damals schon reichlich Erfahrung im Diagnostizieren von Verbrennungen dritten Grades aus meiner Tätigkeit während des Praktikums und in der Assistenz, als Ärztin und Chirurgin. Ich dachte, die Hauttransplantation sei die einzig mögliche Lösung in einem Fall wie Bea, aber als ich die Wirkungen von Phils Eingreifen sah, wurde mir klar, daß so etwas die Behandlungen von Verbrennungen revolutionieren würde, wenn Menschen lernen könnten, auf diese Weise mit Energien umzugehen.«

Wenn andere Chirurgen am Kaiser Foundation Hospital Dena Smith außergewöhnliche Hürden in den Weg stellten, so war dies nicht das erste Mal, daß Männer versuchten, Frauen den Mut zu nehmen, eine Karriere auf dem Gebiet der Chirurgie aufzubauen. Aus Gründen, die ihnen selbst wohl am besten bekannt sind, ließen sie eine achtzigjährige Frau von der Abteilung in Vallejo nach San Franzisko verlegen, wo Dena gerade leitende chirurgische Assistenzärztin war; der Patientin mußte ein bösartiger Tumor vom Dickdarm entfernt werden. Dena erinnert sich noch lebhaft an jenen Fall, den sie operierte, und erzählt über die Patientin, die ich Berta nennen will: »Sie war schon recht senil, hatte eine generalisierte Arteriosklerose, die sich auch in Vorhofflattern und Myokard-Ischämien manifestierte, wie die EKGs deutlich zeigten. Kurzum, sie brachte nicht gerade risikolose Voraussetzungen für eine größere Dickdarm-Operation mit. Doch der Eingriff ging gut, und der Tumor konnte ohne sichtliche Kompromisse mit ihrem Herz-Gefäß-System entfernt werden.

Auch nachher entwickelte sie sich recht gut, bis sie am zweiten postoperativen Tag plötzlich einen Atemstillstand zeigte; zur Wiederbelebung wurden Herzmassage und blutdruckanregende Mittel eingesetzt. Sie sprach darauf an, fiel aber im weiteren Verlauf desselben Vormittags erneut in einen akuten Zustand, in dem sie nicht mehr reagierte, obgleich sie in der Zwischenzeit über einen Trachealtubus beatmet worden war. Wieder half eine Herzmassage – das Herz begann also erneut zu schlagen –, aber auf schmerzhaftere Reize reagierte die Patientin nicht, die Augen waren nach oben verdreht, die Pupillen geweitet, wenn auch nicht ganz. Die Haut war kalt, etwas feucht und bläulich, Extremitäten und Nacken waren steif. Obwohl der Blutdruck mit Hilfe starker chemischer Mittel aufrechterhalten werden konnte, blieb die Harnausscheidung völlig aus, und die Atmung kam allein von der Maschine. Mit anderen Worten: sie war dem Tode nahe.

Freitag nachmittag hatte ich das Krankenhaus verlassen, um an der East Bay an einer Tagung über Chirurgie in der Kinderheilkunde teilzunehmen; erst Samstag nachmittag würde ich wieder zurück sein, um meine üblichen Pflichten aufzunehmen. Am Morgen dieses Tages jedoch kam es bei Berta zu Komplikationen. Als ich um ungefähr 15.30 Uhr in die Klinik zurück-

kehrte, war Berta die erste Patientin, der ich mich zuwandte, nachdem ich schon den ganzen Tag immer wieder an sie gedacht hatte. Als ich die Intensivstation betrat und die Miene der Schwester sah, wußte ich, daß es sich um Berta handelte. Ich war entsetzt, als ich auf ihrem Krankenblatt die Aufzählung all dessen las, was ich eben wiedergegeben habe. Ich war so froh gewesen, daß die Operation ohne erkennbare Schwierigkeiten oder Blutverlust gut gelungen war, und jetzt so etwas! Es kam für mich wie ein Schock. Diese Frau hatte mir wirklich am Herzen gelegen, und nun erkannte ich, daß sie verloren war.
Dann dachte ich an Mr. A. Ich wollte ihn sofort anrufen, nicht um Hilfe, denn mir war klar, daß es hier für eine Wiederbelebung durch die Energie zu spät war, sondern weil er mir im Laufe der Jahre immer eine gute Stütze und Inspiration gewesen war, wenn es galt, die Schicksalsschläge beim Umgang mit leidenden Menschen kennenzulernen und zu verarbeiten. Ich wußte, daß er gerade in Los Angeles arbeitete. Ich wollte nicht, daß er sich wegen mir Sorgen machte, aber irgend etwas in mir sagte, ich müsse ihn zumindest benachrichtigen, daß ich meine Patientin verloren habe. Von dem Münzfernsprecher im zweiten Stock des Krankenhauses aus läutete ich ihn an. Inzwischen war es 16.40 Uhr, und Bertas Zustand verschlechterte sich zusehends. In dem Augenblick, als ich anrief, behandelte Mr. A gerade in der Tiefgarage des Hauses in Los Angeles einen Menschen, der so krank war, daß er das Auto nicht verlassen konnte. Ich wartete zehn Minuten, und rief ihn dann wieder an.
Ich teilte ihm in groben Zügen das Geschehene mit und sagte, daß ich Berta verloren hätte. Er fragte: ›Was willst du damit sagen? Wer aufgibt, kann nie gewinnen, und ein Gewinner gibt niemals auf!‹ Diese Worte hatte er im Verlauf meiner Studienjahre wiederholt gesprochen. Ich entgegnete: ›Nein, Sie verstehen nicht. Sie ist wirklich *in extremis*. Es besteht keine Hoffnung mehr.‹ Er fragte, auf welcher Seite von Bertas Bett

ich gerade stehe, aber ich warf ein, es sei zwecklos, weil ich im zweiten Stock sei und die Patientin auf der Intensivstation im siebten Stock liege; zwischen uns befinde sich eine Menge Stahl und Beton. Dann forderte er mich auf: ›Nimm den Telefonhörer vom Ohr und halte ihn so, daß er in ihre Richtung weist; nach drei Minuten melde dich wieder.‹
Ich folgte seinen Anweisungen und konnte spüren, wie es in meiner Hand kribbelte von der Energie, die er über die Telefonverbindung von Los Angeles aus sandte. Nach drei Minuten sagte er: ›Halte den Hörer jetzt fest an dein Ohr, dann schicke ich dir auch eine Ladung Energie.‹ Danach bemerkte er: ›Jetzt habe ich dich mit ihrer Sorte Energie geladen. Gehe zu ihr, beobachte ihren Zustand und lege dann deine Hände fünf Minuten lang auf ihr Feld. Rufe mich in ein paar Stunden an und teile mir mit, wie es ihr geht.‹
Ich spürte die Treppenstufen unter meinen Füßen nicht mehr, als ich die fünf Stockwerke zur Intensivstation hinaufrannte, weil ich zu aufgeregt war, um noch auf den Lift zu warten. Als ich eintrat, war Berta bei Bewußtsein und bewegte leicht die Beine. Als sie mich anblickte und erkannte, hätte ich sie vor Dankbarkeit küssen können. Dann legte ich ihr meine Hände aufs Becken, und sie schien ihre Arme und Beine leichter, freier rühren zu können. Ihre Hautfarbe besserte sich, und ich fragte mich schon, ob ich meinem eigenen Wunschdenken zum Opfer gefallen sei, bis die Patientin plötzlich nach ihrem Beatmungstubus griff. Da wußte ich, daß es kein Traum sein konnte. Ich zog ihre Hände zurück, weil ich dachte, daß sie die Atmungsunterstützung noch brauche; als sie aber energisch protestierte, nahm ich den Tubus heraus, und sie konnte selbständig atmen. Inzwischen hatte die Schwester ihr den Blutdruck gemessen, der unverändert war, da sie über ihre Infusion blutdruckstützende Mittel erhielt. Als sie ihr den Puls fühlte, war dieser viel kräftiger und regelmäßiger. Dann untersuchte auch ich den Puls und stellte fest, daß er in der Tat nicht mehr

schwach und dünn, sondern schön kräftig war. Die Haut war nun warm und trocken, und die Patientin klagte, ›wahnsinnig durstig‹ zu sein. Ja, sie war wirklich ein Fall für sich.
In der folgenden Nacht hielt ich bei Berta Wache. Sie schlief gut, abgesehen von zwei kurzen Phasen von Kammer-Tachykardie und einigen Muskelkrämpfen in den Beinen. Die Pupillen waren wieder normal, und die Patientin schien geistig wach zu sein, auch wenn sie sich an nichts von dem erinnerte, was sich im Laufe des Tages zugetragen hatte. Ich war froh. Beim Testen der Reflexe war der Babinski positiv, ein Anzeichen dafür, daß es einen Kompromiß im Bereich der Gehirndurchblutung gegeben hatte. Am nächsten Tag zeigte ein erneutes EKG weitere Hinweise auf eine subendokardiale Ischämie. Am selben Tag gewann ich den Mut, die intravenöse Verabreichung von Medikamenten zu beenden, die der Aufrechterhaltung des Blutdrucks diente. Danach genas Berta ohne weitere Zwischenfälle, konnte bald wieder normal essen, hatte Stuhlgang und ging ganz passabel umher.
Elf Tage nach der Operation bekam sie plötzlich akute Leibschmerzen und Schüttelfrost – am Tag vor ihrer geplanten Entlassung. Die Schwester rief mich, als ich gerade im Begriff war, das Krankenhaus zu verlassen und nach Hause zu gehen. Als ich Berta untersuchte, verließ mich der Mut, weil ich erkannte, daß wir sie auf der Stelle wieder operieren müßten. Jetzt hatte ich eine achtzigjährige Frau mit akutem septischen Fieber vor mir, die kurz vor dem Schock stand. Nach den notwendigen Vorbereitungen setzte ich mich mit Mr. A in Verbindung, der um diese Zeit wieder im Raume San Franzisko weilte, wie ich bei einem Anruf in seinem Haus erfuhr. Er forderte mich auf, den Telefonhörer in Bertas Richtung zu drehen und so lange zu halten, wie ich könne. Da ich dieses Mal von dem Apparat außerhalb ihrer Station telefonierte, war ich von einem Gewimmel geschäftiger Schwestern und Praktikanten umgeben, doch obwohl deren Blicke die Neugier

nicht verbergen konnten, hielt ich den Hörer weiterhin in Bertas Richtung.
Mr. A hatte ihren Energie-Code von dem früheren Notfall her nicht vergessen, und als ich ihm dankte und bemerkte, dieses Mal nicht zu den ›Aufgebern‹ zu gehören, freute er sich und wünschte mir Glück. Ich eilte zu Berta zurück, um sie erneut zu untersuchen. Der Schüttelfrost hatte bereits aufgehört, der Puls war langsamer und kräftig geworden, und ich hatte bei dem Gedanken an die Operation ein wesentlich besseres Gefühl. Wir konnten eine Perforation des Dünndarms ausfindig machen, die die Ursache der starken Schmerzen und starren Spannung der Bauchdecke war, und die Operation verlief wieder glatt und ohne Komplikationen. Nach dem Eingriff genas die Patientin ohne weitere Zwischenfälle, und ich konnte aufatmen, als Berta schließlich auf eigenen Füßen das Krankenhaus verließ. – Das ist nur eines von vielen, vielen Erlebnissen mit Mr. A und den Energien, die er durch die Luft verschicken kann.«
Eine weitere Erfahrung mit den über die Luft ausgesandten Energien hörte ich kürzlich von Mary E. Logan, einer niedergelassenen Krankenschwester, die in Santa Barbara lebt. Sie erzählt selbst:
»Im Dezember 1966 war ich gerade dienstlich unterwegs; ich kümmerte mich um eine Frau, der eine linksseitige Brustamputation wegen Krebs bevorstand. Die Patientin beharrte darauf, Mr. A während der Operation im Krankenhaus bei sich zu haben, damit er sie sofort nach dem Eingriff behandeln könne, um den Schock zu beheben. Andernfalls würde sie der Operation nicht zustimmen.
Nach dem Eingriff war ich mit ihr im Wachzimmer und wurde beunruhigt, als ihr Blutdruck gefährlich tief absank. Da ich persönlich von den erstaunlichen Erfolgen erfahren hatte, die Mr. A mit Energie erreicht, ging ich sofort in das Zimmer, in dem er wartete, und berichtete ihm besorgt über die Ver-

schlimmerung im Zustand der Patientin. Er fragte, in welcher Richtung das Wachzimmer liege, und als ich ihm die Richtung wies, begann er Energie dorthin zu strahlen.
Drei oder vier Minuten später betrat ich selbst wieder das Wachzimmer und stellte erleichtert fest, daß der Blutdruck in den normalen Bereich gestiegen war; der Puls war kräftig und voll. Innerhalb einer Viertelstunde konnten wir die Patientin in ihr Privatzimmer zurückbringen, wo Mr. A auf sie wartete. Sobald die Pflegehelfer den Raum verlassen hatten, machte Mr. A sich an die Arbeit. Zuerst legte er die rechte Hand links oben auf den Rücken der Patientin – hinter dem Operationsfeld also – und strahlte ungefähr eine halbe Minute lang Energie ein. Dann legte er die Hand über das Becken und erzeugte dort ebenfalls Energie. Dabei begann ich, ihre Beine zu bewegen, aber Mr. A sagte zu mir: ›Was wollen Sie damit erreichen, Mary?‹ Im gleichen Atemzug wandte er sich an die Patientin: ›Bewegen Sie die Beine, fahren Sie Rad!‹
Ich war ohnehin verblüfft, wie rasch die Patientin wieder munter geworden war, und nun erstaunte mich noch mehr, wie sie der Aufforderung von Mr. A folgte und radfuhr. Dann forderte er sie auf, den linken Arm zu heben, und sie tat es augenblicklich und ohne Schmerzen. Sie war völlig wach und lächelte sogar dabei. Dann fragte Mr. A: ›Wollen wir sie nicht aufstehen lassen, Mary?‹ und schon setzte die Patientin sich ohne Hilfe unsererseits auf die Bettkante. Mr. A wollte wissen, ob sie sich schwindlig fühle, und als sie antwortete, ihr Kopf sei klar, hieß er sie: ›Stehen Sie auf.‹ Sie erhob sich, und er sagte: ›Gehen Sie.‹
Vier oder fünf Schritte ging sie allein, dann forderte er sie auf: ›Machen Sie auf dem Absatz kehrt.‹ Sie folgte ihm, und nach fünf, sechs weiteren Schritten kehrte sie wieder um und wiederholte dieses Manöver rasch noch mehrere Male. Ich war so begeistert von der Szene, die ich hier beobachten konnte, daß ich lachend fragte: ›Soll ich sie jetzt nach Hause bringen und

die Krankenhausrechnung telefonisch anfordern?‹ Mr. A antwortete lächelnd: ›Sehen Sie selbst, Mary. Sie sind staatlich geprüfte Krankenschwester, und Sie müssen sich an die üblichen Wege halten.‹ Nun, das war die erstaunlichste und rascheste Genesung, die ich in allen meinen fünfundvierzig Berufsjahren erlebt habe!«

Jedesmal, wenn sie ihn traf, befragte Dena Mr. A über verschiedene Aspekte der Chirurgie, und sie erinnert sich gut an seine Worte, bevor sie mit dem Operieren begann: »Dena, denke immer daran, daß jeder chirurgische Eingriff eine Verletzung des Energiemechanismus des Körpers ist, deshalb operiere nie, wenn es nicht absolut notwendig ist. Man wird dich lehren, daß Schnitte von Seite zu Seite heilen, aber meine Eingebungen sagen mir, daß sie von einem Ende zum anderen einen Schock bedeuten, und dieser Schock ist es, der die Patienten tötet. Deshalb ist es am besten, die Schnittlänge so kurz wie irgend möglich zu halten, denn je größer der Schnitt, desto größer die Verletzung.«

»Wenn Mr. A von ›Schock‹ spricht, so handelt es sich nicht um die Art von Schock, wie wir sie aus den üblichen medizinischen Definitionen kennen«, erläuterte Dena. »Er bezieht sich dabei auf jegliche Verletzung, die dem Körper zugefügt wird und die normalen Energiemuster stört, das normale Funktionieren des Feldes behindert.

Während meiner ganzen Ausbildung hielt ich mich an diesen Rat«, erzählt Dena, »obwohl ich dauernd wegen meiner kleinen Schnitte gehänselt und manchmal auch lächerlich gemacht wurde. Aber ich beobachtete auch, daß man im Laufe der Zeit viele der früher langen Schnitte aufgab. Mr. A gab mir auch Anweisungen über das Schließen von Operationswunden: ›Berechne die Anzahl der Stiche immer schon im voraus, damit es eine saubere, gleichmäßige Naht wird; je enger – innerhalb vernünftiger Grenzen – die Abstände zwischen den Fäden sind, desto weniger Bewegung wird es bis zum Verheilen in der

Wunde geben. Je weniger Bewegung, desto weniger Reizung, und desto rascher die Heilung mit weniger Narbengewebebildung.‹ Das erschien mir sinnvoll, doch im Laufe unserer Diskussionen sagte er wiederholt: ›Warum fragst du mich? Ich bin doch kein Chirurg!‹ Freilich wurde ich auch gehänselt, daß ich so viele Stiche beim Vernähen von Operationswunden zu setzen pflegte, aber es hat sich sehr bewährt.
Von Anfang an lehrte er mich, wie wichtig es ist, die Unversehrtheit der Nervenstrukturen des Körpers nicht zu stören, und er zeigte mir eine neue Art von Sensitivität im Umgang mit dem menschlichen Organismus. Ich erinnere mich, wie ich Mr. A einmal in Washington D. C. anrief, als ich auf dem Weg in den Operationssaal war, wo ich einem zehnjährigen Knaben eine abgebrochene Nadel aus dem Fuß entfernen sollte. Ich hatte bereits Erfahrung mit ähnlichen Fällen und wußte, daß die präoperativen Röntgenaufnahmen fatalerweise wertlos waren, wenn es galt, die Nadel im Operationsfeld zu finden, weil diese sich fast ausnahmslos um einige Zentimeter verlagert hatte. Als ich ihm sagte, was mir bevorstand, meinte er: ›Mache einen kleinen Schnitt und lege ihn einen Zentimeter mehr nach innen und zwei Zentimeter mehr zur Ferse hin, als du normalerweise geschnitten hättest.‹
Als ich geschrubbt und kostümiert im OP stand, bemerkte der Anästhesist: ›Ich möchte wetten, daß Sie die Nadel nicht beim ersten Versuch finden werden.‹ Ich erwiderte: ›Wollen Sie im Interesse des Patienten nicht besser hoffen, daß ich sie finde?‹ Dann folgte ich den Anweisungen von Mr. A und entdeckte die Nadel genau unterhalb der Schnittlinie des Skalpells – und ich genoß das Grinsen des Krankenpflegers, als er triumphierend zum Anästhesisten blickte.«
Es ist anzunehmen, daß Mr. A in jenen Fällen, in denen er den Patienten nicht einmal gesehen hatte, sein Wissen aus einer höheren Quelle bezog.
Dena erzählte mir, daß sie während ihres Dienstes als leitende

chirurgische Assistenzärztin im Kaiser-Krankenhaus aus Los Angeles benachrichtigt wurde, daß ihr Vater einer Notoperation wegen Verdachts auf Blinddarmentzündung unterzogen worden sei. Doch als die Chirurgen seinen Leib öffneten, stellten sie einen wesentlich kritischeren Zustand fest. Dena rief Mr. A an, der auf der Stelle mit ihr nach Los Angeles flog. Sie berichtet selbst: »Als wir Vaters Krankenzimmer betraten, wurde mir klar, daß er im Sterben lag. Er war aschgrau, konnte nur mit Mühe atmen und bekam Kortison und Chloromycetin per Infusion. Er erkannte mich nicht, aber Phil begann sofort, ihm Energien zu übermitteln, und binnen fünfzehn Minuten war Vaters Gesichtsfarbe wieder rosig, und er konnte langsam, tief und gleichmäßig atmen. Nach vier Tagen verließ er das Krankenhaus und hatte keinen Rückfall mehr.«

Mr. A behauptet nicht, daß seine Methode unfehlbar sei. Er gibt sogar an, daß seine normale Trefferquote ungefähr 90 Prozent sei. In vielen Fällen hängt der Erfolg davon ab, daß die Patienten weiter zur Behandlung kommen. Nach den ersten Energie-Ladungen fühlen sie sich erheblich wohler und halten sich schon für gesund. Ob sie dann wiederkehren oder nicht, ist allein ihre Entscheidung, denn Mr. A überläßt es seinen Patienten, ob sie die Behandlung fortsetzen möchten.

Wahrscheinlich gehöre ich zu den verbleibenden zehn Prozent, denn obgleich Mr. A mich schon oft rasch von Schmerzen und Beschwerden befreien konnte, hatte ich doch nie genug Zeit, lange genug in der Bay-Gegend zu bleiben oder häufig genug hinzureisen, um einen dauerhaften Erfolg zu erlangen. Vielleicht war es mir nur bestimmt, über die ganz besondere Gabe dieses Mannes zu schreiben, aber nicht von ihr zu profitieren, denn seine anderen Patienten sind zweifellos hingerissen von den Resultaten seiner Behandlungen.

Mr. A versucht nicht, das Hörvermögen wiederherzustellen, nachdem das Trommelfell zerstört ist, oder Trübungen durch Grauen Star aus den Augen zu entfernen. Eine lange bestehende arthritisch-rheumatische Erkrankung bedarf gewöhnlich einer so umfangreichen Serie von Behandlungen, um genügend Energie in das Feld zu laden und die Kalzium-Ablagerungen aufzulösen, daß viele Kranke nicht die Zeit aufbringen konnten, sich diesem Prozeß zu unterziehen. Eine ältere Patientin jedoch erzählte mir, daß Mr. A ihr durch seine Behandlungen aus Knorpel einen neuen Kieferknochen gebildet habe, nachdem Chirurgen einen Krebstumor mit einem Teil des Knochens entfernt hatten. Sie sagte, sie habe nicht einmal mehr den Mund öffnen können, um zu essen, bevor sie Mr. A aufsuchte. Andere berichteten von Tumoren, die während seiner Behandlung wie durch einen Zauber verschwanden.

Ich fragte ihn einmal, wie er wisse, was in jedem einzelnen Fall zu unternehmen sei, und er antwortete: »Ich lausche auf das Herz, um mir ein Bild vom körperlichen Zustand zu machen. Der Ton des Pulsschlages sagt mir, wo das Problem liegt, und wenn ich den Impuls von den Mächten erhalte, mache ich mich an die Arbeit. Es ist im Grunde ganz einfach. Es gibt sechsunddreißig verschiedene Frequenzen, die eine Vielzahl von Kombinationen zur Kontrolle des Magnetfeldes ergeben. Oft geschieht es, daß sich in dem Augenblick, wenn ein Mensch auf mich zukommt, seine Lebensgeschichte vor mir abläuft. Mit solchem Wissen ist der Rest bloße Routine.«

Während Dena noch studierte, pflegte Mr. A zu ihr zu sagen: »Wenn du dein ganzes formelles Training hinter dir hast, dann beginnt deine Ausbildung erst richtig, das heißt das Wissen und Verstehen, wie mit Menschen umzugehen ist. Denke daran: Jeder Mensch ist so einzigartig und individuell wie sein Fingerabdruck.«

KAPITEL XII

Mr. A geht nach Washington

Ich traf Bea zum erstenmal im April 1972, als ich Material für dieses Buch sammelte. Die lebhafte Endfünfzigerin mit blauen Augen und grauem Haar ist 1,72 m groß bei einem Körpergewicht von 57 kg. Mr. A sagt, daß er selbst 1,83 m groß zu sein pflegte, aber »im Laufe der Jahre ein wenig geschrumpft« sei.

Bea erzählte mir, daß sie in jenen Jahren, als sie das Café des Hotels in Salt Lake City leitete, »kränklich« gewesen sei; sie habe an Anämie gelitten und hatte Schwierigkeiten mit ihrem Fuß, den die Ärzte gern operieren wollten. Mit einem Lächeln erinnert sie sich, wie damals ein Hotelpage ihr verriet: »Hier ist ein Mann im Hause, der sagt, daß er Sie heiraten wird, aber er hat im Moment keine Zeit, sich darum zu kümmern.«

»Ich wußte nicht, von wem der Junge sprach«, erzählte Bea, »aber wer auch immer es sei, er mußte reichlich großspurig sein, und so dachte ich nicht weiter darüber nach. Als Phil aber nach dem Besuch bei seiner Familie zurückkam und wir einander vorgestellt wurden, fand ich, daß er recht gut aussah, und wir verabredeten uns einige Male. Als ich etwas über seine eigenartigen Kräfte zu erfahren begann, hatte ich seltsamerweise nie irgendwelche Zweifel daran. Es schien mir irgendwie verständlich, sogar schon bevor die Energien meine eigenen Krankheiten heilten. Ich bin als Mormonin erzogen worden, aber ich glaube, mit wenig Erfolg, denn ich rauchte viel. Phil rauchte seinerzeit Pfeife und Zigarren, aber dann sagte er, er würde nicht zulassen, daß eine Gewohnheit Macht über ihn gewinne, hörte auf zu rauchen und überredete auch mich, die Zigaretten aufzugeben.«

Freunde der As kamen, um Bea ins Tal zu fahren, und ich unterhielt mich mit ihnen, während Mr. A jeden kurz mit Energie auflud. Betty, eine staatlich geprüfte Krankenschwester, erzählte mir, daß sie vor fünf Jahren unter schlimmster Übelkeit und Erbrechen litt, so daß sie bei der Arbeit ständig eine Tüte mit sich tragen mußte, um für alle Fälle gerüstet zu sein.
»Das hatte schon ein Jahr gedauert und wurde immer schlimmer, obwohl ich dauernd Ärzte konsultierte, die meinten, es handele sich um Symptome verfrühter Wechseljahre, und mir Hormone und andere Behandlungen verpaßten«, erinnert sie sich. »Ich konnte unmöglich essen, und die Bluttests zeigten Anämie. Bevor ich zum erstenmal zu Mr. A kam, hatte ich zehn Pfund verloren, aber nach ein paar Behandlungen von ihm fühlte ich mich wohl. Dann ging ich zu meinem Arzt zurück, der mich erneut untersuchte und bemerkte: ›Was auch immer Sie angestellt haben – bleiben Sie dabei. Diese Besserung Ihres Zustandes ist bemerkenswert.‹ Vor einem Jahr bemerkte ich Blut im Urin, und die Röntgenbilder erwiesen, daß es sich um Nierenblutungen handelte. Die Ärzte verordneten mir Antibiotika, aber sobald Phil wieder an die Bay kam, suchte ich ihn auf und ließ mich behandeln. Die Blutungen kamen zum Stillstand, und als ich zum Arzt zurückging, war auf den Röntgenaufnahmen nichts mehr von Tumor oder inneren Blutungen festzustellen.«
Jerry, der neunzehnjährige Sohn des Zahnarztes, dessen Heilung in einem früheren Kapitel geschildert wurde, weilte auch im Hause der As wegen einer Behandlung. Er und seine Mutter gaben an, daß er mit sechs Jahren an Osteomyelitis, einer Knochenmarksentzündung, gelitten habe. Kürzlich nun kam es zu einer Schwellung am rechten Schienbein, und die Röntgen- und anderen Untersuchungen ergaben einen Knochenmarksabszeß. Der Patient wurde sofort ins Krankenhaus zur Operation eingewiesen. Mr. A war gerade nicht am Ort, und Jerry bekam während zehn Tagen seines Klinikaufenthaltes Fieber

und mußte Infusionen mit starken Antibiotika erhalten. Nach seiner Entlassung aus dem Krankenhaus sollte er mindestens einen Monat lang auf Krücken gehen. Jerry sagt selbst, daß er nicht im geringsten den Wunsch gehabt habe, diese Anweisung zu ignorieren, denn er konnte das rechte Bein nicht belasten, ohne stärkste Schmerzen zu leiden. Dann kehrte Mr. A zurück, und nach einer einzigen Behandlung waren die Schmerzen verschwunden; Jerry brauchte keine Krücken mehr.
Als ich mich an der Bay aufhielt, sprach ich mit einer Reihe von Mr. A's Patienten, darunter auch Mrs. Nellie Read, die in Middletown, im Lake County, wohnt. Sie berichtete, Phil schon zu konsultieren, seit er seine erste Praxis in der Market Street in San Franzisko hatte. »Er heilte mich von meiner Leberzirrhose«, berichtete sie, »und später von einer Hautgeschwulst, die nach einer einzigen Behandlung verschwand.«
Sie fuhr fort: »Vor vier oder fünf Jahren wurde ich aus Nevada, wo ich einen Besuch machte, zurückgerufen, weil mehrere Ärzte meiner Nichte mitgeteilt hatten, sie habe ein Emphysem im Endstadium und nicht mehr länger als drei Monate zu leben. Weil ihr Zustand schon so weit fortgeschritten war, konnte ich sie überreden, mit mir zu Mr. A zu gehen. Damals konnte sie nicht mehr sprechen, ohne nach zwei Wörtern Luft zu holen und zu husten, und sie war so geschwächt, daß sie sich beim Gehen an mich lehnen mußte. Mr. A begann, die Energien durch sie zu schicken, und forderte sie auf, tief bis ins Becken zu atmen. Sie vermochte es tatsächlich, zum erstenmal seit vielen Jahren. Nach der Behandlung kam ich fast nicht mehr zu Wort, weil meine Nichte ohne Punkt und Komma redete; von Atemnot, Husten oder Pfeifgeräuschen war nichts mehr zu bemerken. Später gingen wir mit ihr zu einem anderen Arzt, der ein Röntgenbild nach dem anderen machte und schließlich fragte: ›Wer hat denn behauptet, Sie hätten ein Emphysem? Auf den Bildern ist nichts davon zu sehen.‹ Man stelle sich das vor! Zahlreiche frühere Röntgenaufnahmen und Tests hatten

zweifelsfrei gezeigt, daß sie sich im fortgeschrittenen Stadium eines Emphysems befand, und ihr Arzt hatte ihr die Diagnose und Prognose mitgeteilt. Mr. A rettete ihr das Leben, und ich kann ihn dafür gar nicht genug loben. Als ich Mr. A übrigens fragte, warum meine Nichte ein Emphysem bekommen habe, antwortete er, sie hätte nicht den richtigen, für sie passenden Nervenkraftstoff erhalten, was in ihrem Falle zu einem Lungenemphysem geführt habe. Ihr Feld sei so schwach gewesen, daß es den Lungen nicht genügend Energie zur Verfügung stellen konnte, um sich normal auszudehnen.«

Miss Edna Piercy in San Franzisko besuchte ich unangemeldet. Als ich sie fragte, wann sie Mr. A kennengelernt habe, rief sie: »Das werde ich nie vergessen; jener Tag hat mein Leben verwandelt! Es war der 20. März 1953. Die Arthritis hatte mich im Laufe der Zeit schrecklich zugerichtet, und ich war schon zwei Jahre beim besten Spezialisten San Franziskos in Behandlung, aber nichts wurde besser. Ich war vollgestopft mit Hormonen, bekam zweimal wöchentlich Spritzen und lebte wegen eines Geschwürs nur noch von Püree und Babynahrung. Ich hatte schon ein richtiges Mondgesicht, wie man es von den Hormonen bekommt, und verlor allmählich die Kontrolle über meine Beine. Ständig litt ich unter Schmerzen, und der Spezialist diagnostizierte sowohl rheumatoide als auch Osteo-Arthritis mit einer Entzündung des Gewebes. Sie können sich meine Verzweiflung vorstellen. Schließlich ging ich zu einem Physiotherapeuten in der Universitätsklinik, der mich betrachtete und meinte: ›Wenn Sie es für sich behalten, werde ich Ihnen einen Mann nennen, der Ihnen helfen kann.‹

Ich war an sich medizinisch orientiert und hatte größte Zweifel, aber dann dachte ich, es könne nicht schaden, einen Versuch zu wagen. Seine Art, vom ›Schmieren der Gelenke‹ zu reden, verwirrte mich anfänglich, aber ich ging jeden Tag zu ihm, als ich merkte, daß ich wieder tief durchatmen konnte. In der zweiten Woche rief ich: ›Sehen Sie doch: Die geschwollenen Fingerge-

lenke werden wieder schmaler!‹ Dann begannen sich die Kalzium-Ablagerungen auch in den anderen Gelenken so rasch aufzulösen, daß meine Nieren nicht mehr nachkamen und Störungen zeigten, und ich kam ins Krankenhaus. Aber Mr. A behandelte meine Nieren, und die Sache kam sofort ins reine.
Ich hatte im ganzen Körper Arthritis, in Schultern, Händen, Füßen und Hüftgelenken. Überall, nur nicht in der Wirbelsäule. Nach den ersten sechs Behandlungswochen stellte ich eine stetige Besserung fest, aber es dauerte ungefähr ein Jahr, bis Mr. A die ganze Krankheit aus meinem Organismus geschafft hatte. Ich war noch nie bei guter Gesundheit, vermutlich aufgrund meiner komplizierten Geburt, und hatte eine lange Vorgeschichte mit chronischen Allergien; aber seit jenen Behandlungen vor mittlerweile sechzehn Jahren ist mein Gesundheitszustand besser, als ich es je gekannt habe.«
Miß Piercy, die Tochter eines bekannten Chemikers, mußte einst ihre Karriere als Gebrauchsgraphikerin und Tapeten-Designerin aufgeben, weil die Arthritis ihr die Fingergelenke verkrüppelte. Heute berichtet sie, daß keine Spur der Krankheit mehr geblieben sei, und bestätigt es durch sichtbar blühende Gesundheit.
In Hollywood lernte ich Mrs. Isabel H. Briggs kennen, die reizende Mutter von Marta Burleigh, Gattin eines Regierungsbeamten, den ich vor Jahren in Washington D. C. kennengelernt hatte. Mrs. Briggs erzählte mir, daß sie 1957 wegen einer Routine-Untersuchung des Augendrucks – sie hatte Grünen Star und nahm Tropfen dagegen – zu ihrem Augenarzt gegangen sei, der sie »entsetzt eilends in die Augenklinik schickte«.
»Innerhalb von drei Tagen wurde ich an beiden Augen operiert«, berichtet Mrs. Briggs weiter. »Irgend etwas ging schief, und das rechte Auge wurde am fünften Tag erneut operiert. Ich war drei Wochen in der Klinik. Als eine Freundin kam, um mich abzuholen und nach Hause zu bringen, rief sie erschreckt, ich sähe aus wie neunzig. Ich war selbst entsetzt, als ich in den

Spiegel blickte. Zum Glück besorgte mir Mrs. Nell Hickman, die Tochter eines Arztes, einen Behandlungstermin bei Mr. A, und schon nach einer einzigen Konsultation konnten meine Bekannten den Unterschied in meinem Aussehen nicht fassen. Damals war ich in den Sechzigern. Zehn Jahre später bekam ich eine schlimme Lungenentzündung und stellte hinterher Schwierigkeiten mit dem Herzen fest. Meine Knöchel schwollen an, und der Arzt meinte, Druck vom Bauchraum belaste mein Herz. 1969 und 1970 folgten Augenoperationen wegen Grauen Stars, erst am rechten, dann am linken Auge. Jedesmal hatte ich das Glück, von Mr. A nach der Operation behandelt zu werden, um den Schock aufzulösen, und jedesmal genas ich rasch und ohne Komplikationen. Ich schien mich nach den Behandlungen soviel kräftiger zu fühlen! Meine Hautfarbe wurde besser, und auch das lästige Tränen der Augen war abgestellt.

Im Mai darauf merkte ich, daß ich schwächer wurde. Ich konnte nicht mehr von einem Zimmer ins andere gehen, ohne schwindelig und atemlos zu sein, und mein Herz klopfte wie wild. Ich ging zu einem Arzt, der ein EKG machte und ein Herzmittel verordnete. Die Freundin, die bei mir wohnt, machte sich Sorgen über meinen Zustand und schrieb meiner Tochter Marta, daß ich hin und wieder umkippte. Als Marta anrief, erzählte ich ihr aber nichts von meinem häufigen Erbrechen. Sie wohnte in Washington, und ich wollte ihr keine Sorgen bereiten. Sie führte ein Ferngespräch mit meinem Arzt, der bemerkte: ›Schließlich hat Ihre Mutter ein vierundachtzigjähriges Herz.‹

Nach dieser Auskunft rief Marta Mr. A an, der ihr versprach, in drei Tagen nach Hollywood zu kommen, um mich zu behandeln. Mir war so übel, daß ich ins Krankenhaus wollte, aber Marta stieg sofort ins Flugzeug. Noch bevor sie hier eintraf, wurde ich schon wieder ohnmächtig.

Sobald Marta meinen Zustand erkannte, rief sie Mr. A noch

einmal an und teilte ihm mit, daß ich nichts essen oder im Magen behalten konnte. Er gab ihr folgende Anweisungen: ›Geben Sie Ihrer Mutter alle fünfzehn Minuten einen Natronkeks, gefolgt von einem Schluck Whiskey. Sie soll den Keks sehr gut kauen, einspeicheln und über den oberen Gaumen reiben, bevor sie ihn hinunterschluckt.‹ Dann reichte Marta mir den Hörer, und Mr. A schickte mir eine Energieladung über die Telefonleitung. Ich fühlte mich sofort wohler und konnte etwas leichter atmen; Marta sagte, daß sich auch meine Gesichtsfarbe gebessert habe. Dann bekam ich meine Kekse und den Whiskey, und es dauerte in der Tat nicht lange, bis ich auch wieder ein Stück Apfel und etwas Speck essen konnte und auch bei mir behielt.

Am nächsten Tag blieb ich im Bett, weil ich große Schwierigkeiten beim Atmen hatte und ohne Hilfe nicht gehen konnte. Mein Arzt erklärte Marta, daß es sich um ein elektrisches Problem im Herzen handele, das völlig außer Kontrolle schlug. Die Folge sei, daß es nicht genügend Blut pumpe, und ein erneuter Ohnmachtsanfall bedeute vermutlich den Tod. Er wollte mich auf der Stelle ins Krankenhaus bringen lassen, aber Marta bestand darauf, auf Mr. A zu warten, der am Abend desselben Tages eintraf. Meine Haut war aschgrau, die Augen eingesunken, und ich war schwach und schnappte nach Luft, als er kam. Als er anfing, die Energie durch mein Feld zu schicken, konnte ich zum erstenmal seit einer Ewigkeit wieder tief atmen und hatte tatsächlich das Gefühl, als ob mir ein großes Gewicht von der Brust genommen würde. Ich begann zu gähnen und schlief in der folgenden Nacht seit vielen, langen Wochen zum erstenmal tief und fest.

Ab dem nächsten Tag spürte ich, wie meine Kraft bei jeder Behandlung wuchs. Auf einmal hatte ich einen guten Appetit und konnte nach über zwei Wochen endlich wieder ohne Übelkeit essen. Am dritten Tag klang meine Sprache nicht mehr unzusammenhängend und undeutlich, sondern klar und normal.

Auch mein Kopf wurde klar, und ich vermochte wieder zu denken. Nach dem ersten Behandlungstag verschwand mit einer Menge Sekret auch eine lästige, lang bestehende Verstopfung der Nase. Statt mich, wie jeden Morgen, mit zwanzig Papiertaschentüchern abzuplagen, kam alles auf einmal zum Vorschein.
Schon einige Monate fühlte ich ein eigenartiges Druckgefühl im Oberbauch, und als Mr. A an meiner Brust lauschte, stellte er eine Blockade im Bereich Leber/Bauchspeicheldrüse fest. Er beschrieb es als brachliegendes Gewebe, das das lebende Gewebe beeinträchtige. Er hoffte genügend Energie in das gute Gewebe schicken zu können, um diesem zu helfen zu überleben und das brachliegende Gewebe abzulösen. Am vierten Tag kamen während einer Behandlung plötzlich summende, zischende, brutzelnde Geräusche unter seinen Händen aus meinem Bauch. Kurz darauf, als die rechte Seite dieses Bereiches sich löste, konnte selbst meine Tochter, die am anderen Ende des Zimmers stand, ein knallendes Geräusch aus meinem Leibe vernehmen. Welch eine Erleichterung! Ich war nicht mehr kurzatmig und hatte seit jenem aufregenden Tag vor einem Jahr keinerlei Schmerzen oder Beschwerden mehr gehabt. Vor den Behandlungen durch Mr. A fehlte mir praktisch jede Kontrolle über meinen rechten Arm und die Hand, und ein geschäftlicher Brief wurde mir sogar als unlesbar zurückgesandt, aber jetzt kann ich wieder schnell und mit Leichtigkeit schreiben. Meinen ganzen Körper empfinde ich als elastisch und jugendlich, und mit inzwischen fünfundachtzig Jahren fühle ich mich wie ein neuer Mensch.«
Als ich Mrs. Briggs zum erstenmal sah, schritt sie energisch durch die Halle des Hotels auf mich zu, in dem ich mich einquartiert hatte. Als wir uns später unterhielten, wurde offenkundig, daß ihr Geist und Denken so präzise und klar waren wie bei einer Frau, die erst die Hälfte ihres Alters zählte. Die Augen funkelten, und sie bewegte sich mit jugendhafter Anmut.

Marta Burleigh erzählte mir, daß sie zwei Operationen hinter sich hatte, bevor sie durch Vermittlung von Nell Hickman und ihrer Mutter Mr. A kennenlernte. In den letzten Jahren, stellte sie fest, sei es ihr zunehmend schwerer gefallen, aufrecht zu stehen, weil »irgend etwas meinen Brustkorb hinabzuziehen schien; es war, als seien meine Rippen nach unten gebunden, und ich konnte nicht genug Luft holen«. Während Mr. A ihre Mutter behandelte, schickte er auch Energie durch Marta, die sich daran erinnert: »Jetzt sind die Stahlbänder fort, meine Rippen wieder beweglich, und ich kann die Lungen und den Brustkorb so weit ausdehnen, daß ich einen größeren Büstenhalter trage als je zuvor, obwohl ich dreißig Pfund weniger wiege, als ich schon einmal hatte.«

Marta fuhr fort: »Ich hatte immer eine Gichtzehe, die manchmal schmerzte, als träte ich auf glühende Kohlen; jahrelang war ich damit hilfesuchend von Arzt zu Arzt gegangen. Als der Zeh mich eines Tages wieder quälte, suchte ich Mr. A auf, und er verfolgte die Nervenbahnen zurück bis zum Ursprung des Problems, den er unter den rechten Rippen fand: die Folge einer früheren Bauchoperation. Nachdem ich fünfzehn Jahre lang immer wieder höllische Schmerzen auszustehen hatte, schaltete er sie augenblicklich ab, als er den Punkt unter den Rippen berührte, und nach kurzer Zeit kam es nie mehr zu Rückfällen.«

Wesentlich ernster jedoch waren die körperlichen Beschwerden von Marta Burleighs Mann, den ich ebenfalls kenne. Vor rund zehn Jahren war er im Laufe seiner Karriere als Regierungsbeamter nach Bolivien versetzt worden. Dort litt er sehr unter der Höhe, was ihn körperlich schwer belastete. Als schließlich seine Rückversetzung bevorstand, flog Marta schon vor ihm nach Kalifornien, um ihre Verwandten zu besuchen; sie gab ihm eine Telefonnummer, unter der er sie erreichen konnte, sobald er wüßte, mit welchem Flug er wieder in den Vereinigten Staaten eintreffen würde. Nach ihrer Abreise ging er zu einem Arzt, der ihn untersuchte und ihn drängte, seinen Hausarzt aufzusuchen, sobald er wieder in den Staaten sei. An dem Tage, als er in Miami landen sollte, um ins Flugzeug nach Los Angeles umzusteigen, wartete Marta am Telefon auf seinen Anruf, aber das Telefon blieb stumm. Das Flugzeug, mit dem sie ihn erwartete, kam, aber über ihren Mann hörte sie nichts. Drei Stunden später klingelte das Telefon endlich. Es war ihr Gatte, der stundenlang an einer Straßenecke, drei Blocks von ihrem Hotel entfernt, »wie betäubt und gelähmt« gestanden hatte, bis er schließlich einen Bekannten anrief, der ihm sagen konnte, wo Marta zu erreichen war.

Marta brachte ihren Mann eilends zu Mr. A, der an diesem Tag glücklicherweise gerade in Los Angeles praktizierte. Sobald dieser sich an die Brust des Mannes gebeugt hatte, rief er Dr. Smith und Marta herbei, um ebenfalls zu lauschen. »Ich glaube, daß sein Herz nicht richtig klang«, meinte Marta, »aber von solchen Dingen verstehe ich nichts. Doch ich sah die Miene von Frau Dr. Smith, die mir verriet, daß ihm etwas fehlte. Auf Drängen von Mr. A teilte Dena mir zögernd mit: ›So klingt ein Herz, das unter dem Druck einer Krankheit im Endstadium leidet.‹ Bei ihrer Untersuchung stellte sie eine starke Vergrößerung seiner Leber fest.

Mr. A behandelte meinen Mann vier Tage lang. Danach mußte er sich bei seiner Dienststelle in Washington zurückmelden und ärztlich untersuchen lassen. Aufgrund der Behandlungen durch Mr. A und der durch sie neugewonnenen Vitalität und Gesundheit war bei der amtsärztlichen Untersuchung in Washington nichts festzustellen, was zur weiteren Suche nach einem Problem Anlaß gegeben hätte. Doch unsere Hausärztin in Baltimore stellte eine schwere Erkrankung der Leber fest und war überrascht, daß mein Mann sich mit einem solchen Leiden so wohl fühlen und so gut aussehen konnte. Also flogen wir wieder nach Kalifornien, um ihn von Mr. A weiter behandeln zu lassen. Als mein Mann zu unserer Ärztin in Baltimore zurückkehrte, untersuchte sie ihn noch einmal gründlich, bevor sie erklärte, daß die Leber nun wieder ihre normale Größe habe und so normal funktionierte wie ein gesundes Organ.«

Marta Burleigh gehörte zu jenen Freunden von Mr. A, die ihn ursprünglich drängten, auch in Los Angeles zu praktizieren. Nach ihrem Umzug nach Washington D. C. bat sie ihn immer wieder, zu einer Vorführung seiner Kräfte in die Hauptstadt zu kommen. Schließlich wurde ein Termin für 1962 vereinbart, und unter den Anwesenden war eine Reihe von Schädel-Osteopathen aus den Staaten an der Ostküste. Viele dieser Ärzte litten schon seit Jahren an den verschiedensten Krankheiten, die den Bemühungen innerhalb des Kollegenkreises und weiterer Spezialisten trotzten; einen nach dem anderen behandelte Phil und brachte ihm Schmerzlinderung und rasche Besserung. Die Ärzte waren so begeistert vom Erfolg seiner Behandlungen, daß sie Mr. A um eine weitere Vorführung baten, zu der sie ihre problematischsten Fälle mitbringen wollten. Einige der Dankesbriefe, die sie ihm hinterher schickten, sagten sinngemäß: »Wir brachten unsere schwierigsten Fälle zu Ihnen, um zu sehen, ob auch Sie in Verlegenheit kommen, aber nun sind Sie es, der uns in Verlegenheit bringt.«

Unter den Patienten in Washington war auch ein sehr bekanntes Kongreßmitglied aus den Reihen der Republikaner, der von Freunden in Kalifornien über Phils einzigartige Heilmethode gehört hatte und sie nun selbst erleben wollte. Dieser Parlamentsangehörige hat sich seitdem jedes Jahr einer Behandlungsreihe bei Mr. A unterzogen und gesteht offen: »Ich habe ihm mein Leben zu verdanken.«

Mr. A setzte nun auch die Hauptstadt auf seinen Reiseplan und besuchte sie sechs- bis achtmal im Jahr. Der begeisterte Kongreßangehörige schickte ihm noch eine Reihe von Senatoren und anderen Regierungsbeamten. Bei einem dieser Aufenthalte in Washington wurde ich mit Mr. A im Frühjahr 1966 von Marta Burleigh und den Gattinnen zweier hochstehender

Regierungsbeamter bekannt gemacht; meine persönlichen Erfahrungen mit seinen magnetischen Behandlungen wurden in *A Search for the Truth* dargestellt.
Einer der Beamten, die Mr. A in Washington aufsuchten, hatte zuvor praktisch jeden der besten Herzspezialisten an der Ostküste konsultiert. Er trug einen Herzschrittmacher und lag schon häufig auf der Intensivstation – aber nichts schien seinem unregelmäßigen Herzrhythmus abhelfen zu können, den man als eine Art von Reizleitungsblockade bezeichnete. Mr. A setzte die Energien ein und beseitigte die Blockade offenbar, denn nach zwei Behandlungen behauptete der Patient, daß er sich in seinem ganzen Leben noch nicht besser gefühlt habe. Später teilte seine Gattin Dena mit: »Sie können sich gar nicht vorstellen, was es für mich bedeutet, nun einen Mann mit normalem Pulsschlag zu haben. Mein Leben war eine schreckliche Qual; ständig mußte ich darauf gefaßt sein, ihn jeden Augenblick zu verlieren.«
Eine bekannte selbständige Krankenschwester, die Pflegefälle in einigen der wohlhabendsten Häuser Amerikas betreut und etliche Bücher über Entbindung und Geburt geschrieben hatte, entführte Mr. A nach einer seiner Vorführungen regelrecht, damit er einige ihrer Patienten behandelte. Phil gelang es, bei einem Halt unterwegs Bea anzurufen, und als sie fragte, was los sei, erwiderte er: »Ich weiß nicht. Ich bin mitten in der Nacht mit einer Krankenschwester unterwegs.«
Dr. Dena L. Smith war von Anfang an bei den Behandlungen einer achtundsiebzigjährigen Frau anwesend. Diese hatte von den Erfolgen von Mr. A in Washington erfahren und ihre Tochter dazu gebracht, sie von New York aus dorthin zu bringen. Sie trug Arztberichte bei sich, aus denen eine schwere Zuckerkrankheit hervorging, so daß sie täglich 60 Einheiten Insulin spritzen mußte. Ihr Herz war schwer in Mitleidenschaft gezogen und ihr Puls auf 30 statt der normalen 72 gesunken. Ihre Lippen waren blau, und sie verlor häufig das Bewußtsein.

Während der ersten Behandlung durch Mr. A jedoch erreichte ihr Herz das normale Volumen, und die Pulsfrequenz stieg an.
Über die folgenden zwei Jahre ließ sich die Patientin immer wieder mit Energie aufladen und konnte allmählich die Insulindosis verringern; schließlich war es ihr möglich, ganz auf die Spritzen zu verzichten. Bei ihrem achtzigsten Geburtstag vor kurzem rief sie an, um zu berichten, daß sie sich ausgezeichnet fühle, kein Insulin mehr brauche und keine Ohnmachten oder sonstigen Beschwerden mehr habe. Ihre Tochter kam an den Apparat, um dies zu bestätigen, und ich fragte Mr. A: »Packt einen da nicht freudige Erregung, wenn man so etwas hört?«
»Nein«, entgegnete er. »Ich denke nicht einmal darüber nach. Ich bin einfach den Mächten dankbar, die mir die Fähigkeit geben, Menschen zu helfen.«

KAPITEL XIII

Will man einmal fischen gehen...

Barbara und Harold Gabrielson besitzen eine Ferienanlage in Orr, Minnesota, wo Mr. A vor vier Jahren ein Häuschen mietete, um angeln zu gehen. Damals wußten die Gabrielsons noch nicht von den geheimnisvollen Kräften, die man Phil nachsagte. Nach seiner Abreise erfuhr Barbara von einer Bekannten, daß sie mehr über ihren Gast erfahren könnte, wenn sie das Kapitel »Die uralte Weisheit« in Ruth Montgomerys Buch *A Search for the Truth* läse.

Barbara beschaffte sich sofort ein Exemplar, und als Mr. A im folgenden Sommer wieder nach Orr kam, lag das Buch auf dem Tisch beim Empfang. Mr. A erkundigte sich, wie es ihnen gehe, und die Mutter bemerkte, daß ihre Schultern so schmerzten. Mr. A entdeckte das Buch und fragte: »Oh, haben Sie schon Kapitel 17 darin gelesen? Ich habe von diesem Mann gehört, und wenn er hier wäre, bräuchte er vielleicht bloß so die Hand auf Ihre Schulter legen, und die Schmerzen wären fort.« Dabei legte er seine Hand auf die Schulter von Barbaras Mutter, und im gleichen Augenblick rief diese überrascht: »Die Schmerzen sind weg!« Dann verriet Harold Gabrielson, daß er schreckliche Rückenschmerzen habe. Lächelnd witzelte Mr. A: »Nun, wenn jener Mann hier wäre, bräuchte er Sie vielleicht bloß hier – so – berühren?«, legte die Hand oben auf den Brustkorb des Mannes und lud ihn mit Energie auf. Binnen einer Minute konnte dieser seine Schmerzen nicht wiederfinden, obwohl er sich drehte, wand und beugte, was ihm vorher eine Qual gewesen war. Da rief er: »Jetzt habe ich schon jahrelang unter mei-

nem Rücken zu leiden gehabt und oft wegen der höllischen Schmerzen die ganze Nacht kein Auge zugetan – und da kommen Sie und zaubern es mir in weniger als einer Minute fort: Das kann ich einfach nicht glauben!«
Als ich das Material zu diesem Buch zusammentrug, sprach ich zum erstenmal mit Barbara Gabrielson, die mir erlaubte, ihren wirklichen Namen zu verwenden, und aussagte, daß die Rückenschmerzen ihres Mannes seit jener spontanen Behandlung durch Mr. A nie wiedergekehrt seien. Sie erzählte mir auch folgende Geschichte:
»Vor fünf Jahren wurde mir die Gebärmutter entfernt, und seitdem mußte ich alle drei Monate zur Untersuchung. Letzten Sommer fühlte sich mein Kopf an, als wöge er tausend Pfund, die Beine waren wie aus Gummi, und ich mußte mitten in der Hochsaison hier unsere Ferienanlage leiten, da mein Mann im Begriff war, wegen seiner akuten Herzbeschwerden in die Mayo-Klinik zu gehen. Zum Glück kam Mr. A wieder nach Orr, und nach einer Behandlung an Harold konnten die Ärzte nichts Krankes mehr an ihm finden, und das Herz hat ihm seither auch keine Probleme mehr bereitet.
Ich hatte damals einen gewaltigen Bauch und sah aus wie eine Schwangere im achten Monat, aber nach einigen Tagen, an denen Phil die Energien durch mich schickte, ging meine Konfektionsgröße von 16 auf 10 zurück, ohne daß ich ein Pfund Gewicht verlor. Bis Phil anfing, mich zu behandeln, glaubte ich, sterben zu müssen. Ich hatte eine gewaltige Masse im Leib, die sich wie ein Klotz Blei anfühlte, aber nach den ersten beiden Behandlungen schied ich zwei große, blutige Klumpen aus, und mein Bauch war nicht mehr geschwollen. Seit der Unterleibsoperation mußte ich unter so gräßlichen Kopfschmerzen leiden, daß ich praktisch von Anacin lebte, aber mit Phils Behandlungen verschwand auch das Kopfweh, und nun brauche ich keine Medikamente mehr.«
Mrs. Gabrielson erzählte weiter, daß sie sieben Jahre lang ein

nässendes Ekzem in beiden Ohren gehabt habe, das sich hartnäckig der Therapie verschiedener Ärzte und Dermatologen widersetzte. »Letzten Herbst gingen meine Ohren zu, und mein ganzes Gesicht war von dem Ekzem befallen und geschwollen; die Schmerzen wurden unerträglich. Harold führte ein Ferngespräch mit Mr. A, und nach dessen Anweisungen hielt ich den Hörer eine Minute lang auf den Bauch und dann ans Ohr, und das Ohr öffnete sich sofort. Daraufhin folgte eine weitere Behandlung, bei der Mr. A mir eine Energieladung unter den Rippenbogen gab, danach in beide Ohren zugleich, um die Sache ins Kreuzfeuer zu nehmen. Schmerzen oder Beschwerden habe ich seitdem nicht mehr, aber ich gehe zweimal im Jahr zu Mr. A, um meine Energie nachladen zu lassen. Ich finde das einfach fabelhaft!« Und sie sieht auch fabelhaft aus, diese schlanke, adrette Frau aus Minnesota.

Auch Cal Ferguson aus Rockford, Illinois, verbringt seinen Urlaub während der Angelsaison gern in Minnesota, aber während er sich 1969 am Pelikan-See aufhielt, wurde er krank und mußte in eine Klinik in Virginia, Minnesota. Aufgrund der Röntgenuntersuchung diagnostizierte der Arzt eine Divertikulitis und verordnete eine Medizin, die jedoch keine Linderung brachte. Im Laufe des nächsten Winters verlor der Patient, der nichts mehr essen konnte, 20 Kilo Gewicht. Er fühlte sich so übel, daß er seinen Arzt in Rockford aufsuchte, der abermals Röntgenaufnahmen machte und die gleiche Diagnose stellte: Divertikulitis.

Im Sommer 1970 fuhr Mr. A wieder nach Orr in Urlaub und behandelte dort auf Bitten von dessen Familie Cal Ferguson. Danach konnte Cal wieder essen und war beschwerdefrei. Er nahm knapp zehn Kilo zu und beschloß auf der Heimfahrt, seinen Arzt wieder zu konsultieren und sich untersuchen zu lassen. Der Mediziner traute seinen Augen nicht, als er seinen Patienten so wiedersah, und fragte, was dieser unternommen habe. Cal erwiderte: »Wenn ich Ihnen das erzähle, glauben Sie es mir sowieso nicht!«

»Wenn Sie Zeit haben, es mir zu sagen, dann habe ich Zeit, Ihnen zuzuhören«, erwiderte der Arzt und erklärte, nachdem er Cals Geschichte vernommen hatte: »Ich möchte jetzt noch einmal Röntgenbilder machen um zu sehen, wie sich das jetzt darstellt.« Die neuen Aufnahmen wurden mit den früheren verglichen. Alles war gesund und normal, und der Arzt meinte: »Ich bin froh, dies zu sehen, Cal. Ich habe von solchen Behandlungen schon gehört und weiß, daß sie erfolgreich sein können. Sie haben viel Glück gehabt, Mr. A zu begegnen.« Cal Ferguson gibt an, nun wieder sein Normalgewicht von 98 Kilo zu haben und sich seit der einen Behandlung durch Mr. A hervorragend zu fühlen.

Die Gabrielsons überredeten Mr. A auch, einen anderen Mann zu behandeln, der schon seit Jahren einen ständig wiederkehrenden Blasentumor hatte und alle drei Monate ins Krankenhaus mußte, um die Geschwulst operativ entfernen zu lassen. Mr. A gab ihm zwei oder drei Energie-Behandlungen. Als er im Jahr darauf nach Minnesota zurückkehrte, berichtete ihm der Mann, daß er nach wie vor alle drei Monate den Arzt aufsuche, der jedoch inzwischen keine Anzeichen des Blasentumors mehr habe finden können. Dann schlug er vor: »Ich würde Sie gern zum Fischen einladen, vor allem nach Kettle Falls, aber ich kenne die Felsen unter der Wasseroberfläche dort nicht gut genug, um mein Boot zu nehmen. Der einzige gute Lotse für dieses heimtückische Gewässer kann uns auch nicht mehr dienen: Er hatte einen Schlaganfall, geht auf Krücken und trägt an einem Bein eine Schiene. Sein Arzt meint, er befinde sich im letzten Stadium eines Lungenemphysems – aber«, fügte er lachend hinzu, »wenn Sie ihn auf die Beine bekommen können, dann haben wir unseren Lotsen.«

Mr. A antwortete: »Schauen wir uns den Mann doch einmal an.« Er wurde mit Energie aufgeladen und konnte zum erstenmal seit Jahren wieder tief atmen. Überglücklich angesichts dieser Veränderung stieß er die Krücken fort; am nächsten

Morgen stand er am Steuer seiner eigenen Barkasse und brachte die kleine Gruppe nach Kettle Falls. Freunde berichteten, daß er seitdem auch alle Treppen ohne Probleme bewältige.

Im gleichen Sommer bat auch die Familie einer siebenundsiebzigjährigen Frau, die ein Ferienhaus besaß, Mr. A um Hilfe. »Sie hatte bereits das Todesröcheln, und ihre Lungen waren voller Flüssigkeit«, erzählte mir später eine Bekannte. »Außerdem litt sie unter einem stark geschwollenen Kniegelenk, das schon seit fünfzig Jahren steif und völlig unbeweglich war. Als Mr. A den Energiestrom durch ihr Feld schickte, öffneten sich die Lungen sofort. Sie atmete frei und verbrauchte bis zum nächsten Morgen vierzehn Schachteln Kosmetiktücher, um das ganze Sekret aufzufangen, das nach und nach zum Vorschein kam. Dann begann die alte Frau das Knie zu beugen und das Bein über den Stuhl zu schwingen, nachdem Mr. A das steife Gelenk von beiden Seiten mit Energie bombardiert hatte. Bis zu jenem Tag hatte sie eine jeden Winter drei- bis viermal wiederkehrende chronische Lungenentzündung, die sich aber seit Mr. A's Behandlungen vor nunmehr vier Jahren nicht wieder einstellte; und auch die neue Beweglichkeit ihres Knies demonstriert die Patientin immer wieder. Jetzt ist sie wirklich mobil!«

Mr. A, der diesen Aussagen augenzwinkernd zugehört hatte, lachte in sich hinein: »Will man einmal fischen gehen, kommt weiß Gott was auf einen zu!«

Ein weiterer von Mr. A's Patienten ist Robert Roy Goodell aus Santa Monica in Kalifornien, ein Rehabilitationsberater für die Veteranenbehörde. Mit seinen einundsechzig Jahren sieht er aus wie die Verkörperung menschlicher Gesundheit, ist Mitglied in zwei Sportvereinen, ein begeisterter Eiskunstläufer, Jogger und Schwimmer. Als wir uns in Kalifornien kürzlich unterhielten, sagte er: »Es ist für mich überhaupt keine Frage,

daß es Phil war, der mein Leben rettete. Im Jahre 1966, als ich für McDonald Douglas Aircraft arbeitete, erlitt ich einen Herzinfarkt. Die Betriebsärzte sagten, mein Blutdruck sei auf 220 gestiegen, der Puls stark erhöht, und ich hatte akute Schmerzen in Brust und Arm. Man rief einen Herzspezialisten, der ein EKG und andere Untersuchungen machte und feststellte, daß ich auf der Stelle ins Krankenhaus müsse und mindestens drei Monate, möglicherweise ein ganzes Jahr, nicht arbeiten dürfe. Zu meinem Glück kam Mr. A nach Los Angeles, bevor man mich in die Klinik einliefern konnte, und gab mir ein paar Behandlungen. Nach einigen Tagen ging ich wieder zu den Ärzten, die vor und nach einem Belastungstest, bei dem ich innerhalb von drei Minuten zweiunddreißigmal ein dreistufiges Leiterchen auf- und absteigen mußte, ein EKG machten. Der Kardiologe schien überrascht, wie schnell ich zu einem gleichmäßigen und normalen Atemrhythmus zurückgelangte, wollte sich aber aller weiteren Kommentare enthalten, bis die Auswertungen der übrigen Tests im St. John's Hospital fertig wären, dazu gehörten Blut-, Nieren- und Röntgenuntersuchungen.
Ich fühlte mich strotzend vor Gesundheit und Lebenskraft und machte mir keine Sorgen bezüglich der bevorstehenden Testergebnisse. Der Chefarzt der Kardiologie jedoch zog alle Register: vollständige Blutuntersuchung, doppelter Belastungstest, Kontrastaufnahmen der Nieren mit Isotopenaufzeichnung, die IVP-Schnellmethode von zehn aufeinanderfolgenden Röntgenaufnahmen, nachdem ein radioaktives Mittel in die Gefäße injiziert wurde, ein weiterer Nieren- und Blasentest, vier Röntgenaufnahmen des Herzens, nachdem ich Barium zu schlucken bekam, die Ergometer-Belastungstests, weitere Blutuntersuchungen und eine Unzahl von Elektrokardiogrammen.
Zum großen Erstaunen meiner Ärzte waren die T-Wellen im EKG wieder normal, und ich hatte alle Tests außer einer Belastungsprüfung gut bestanden. Von Phil bekam ich noch einige weitere Behandlungen, dann schickten mich die Betriebsärzte

wieder an den Arbeitsplatz – elf Wochen früher als geplant –, und ich hatte seither keine Probleme mehr. Um aber ganz sicherzugehen, suche ich Mr. A drei- bis viermal im Jahr auf und lasse mich neu aufladen. Kürzlich entdeckte ich eine Schwellung der Schilddrüse am Hals, und da Phil nicht in der Nähe war, ging ich zum Arzt. Er machte Röntgenaufnahmen, die eine Vergrößerung von Walnußgröße zeigten. Ich bekam fünf Kügelchen Schilddrüsenhormon täglich verordnet, aber seitdem Mr. A zurückkehrte und die Sache behandelte, ist die Schwellung verschwunden.«

Ich war vor kurzem zufällig dabei, als Mrs. Dorothy Traube aus Belleville, Illinois, Mr. A zum erstenmal begegnete. Sie erzählte uns, daß ihr vor dreißig Jahren die Gallenblase entfernt worden sei, und seit jener Operation habe sie sich »nicht mehr richtig wohl gefühlt. Ich litt unter Hals- und Nackenschmerzen, Druck im Kopf, und die Ärzte sagen, mein Herz setze manchmal einen Schlag aus. Seit der Operation hatte ich viel Pein mit Verklebungen am Narbengewebe und war eigentlich nie ganz frei von Leibschmerzen.«

Mr. A legte das Ohr auf ihre Brust und schickte ihr Energie in den Bauchraum. Der Herzschlag wurde sofort regelmäßig, und nach einigen weiteren Behandlungen berichtete sie mir: »Jetzt fühle ich mich wohl. Der vernarbte Bauchbereich ist weicher geworden, und ich werde nicht mehr von Druck oder Schmerzen geplagt, auch lange bestehende Nebenhöhlenbeschwerden und Schmerzen an meinem Tennis-Ellenbogen wurden augenblicklich behoben.«

Die Patienten kommen zu Mr. A in der Regel wegen eines bestimmten, vorrangigen Leidens, aber schon bald lernen sie, ihm auch ihre weiteren Schmerzen oder Beschwerden mitzuteilen, denn er fragt sie freundlich lächelnd: »Sie zeigen mir's, und ich schieße es ab, einverstanden?«

Bei den Vorarbeiten zu diesem Buch lernte ich Olive Stuart

kennen, die Opernsängerin aus Phoenix, die schon in einem früheren Kapitel erwähnt wurde. Sie erzählte mir, daß sie als Kind einen Blinddarmdurchbruch hatte, »der eine scheußliche Narbe hinterließ und mich körperlich schwächte«.
Die attraktive, muntere Frau fuhr fort: »Fast mein ganzes Leben lang war ich am Kränkeln – Asthma, Erkältungen, totale Erschöpfung. Die Ärzte verschrieben mir immer nur Tabletten, aber geholfen haben sie nicht. Eines Tages stand ich gerade auf dem Bürgersteig, als mir sehr übel wurde, und ich betete um Hilfe. In der folgenden Woche erzählte mir Mrs. Hickman von einem Wundermann in San Franzisko, und obgleich ich an so etwas nicht glaube, war ich doch so verzweifelt, daß ich hinflog. Als ich Phil erblickte, war mir, als springe ein Funke über. Ich weiß nicht, wie ich das anders beschreiben sollte. Mir war furchtbar übel, aber nachdem er mit den Behandlungen begann, habe ich drei Tage lang nichts anderes getan, als zur Toilette zu gehen und zu schlafen. Er schien die ganzen Giftstoffe aus meinem Organismus zu spülen, als er meine Energiebahnen öffnete und das geschwächte Feld wieder aufbaute. Bis ich zu ihm kam, hatte ich täglich fünf Tedral-Tabletten gegen das Asthma eingenommen, die meine Bronchien weiteten; seit den Behandlungen habe ich sie nie mehr benötigt. Nun bin ich eine gesunde Frau, aber wenn ich spüre, daß sich Spannungen aufbauen, melde ich mich bei Mr. A, wenn er hier in Los Angeles ist.«
Ich sprach auch mit Leslie Stuart, Olives Mann, der zur Zeit ihrer ersten Begegnung mit Mr. A Theaterinspizient der Hollywood Bowl und Produktionsinspizient des Pilgrimage-Theaters war, das jeden Sommer die Geschichte Christi aufführte. Später wurde er Direktor der Phoenix Civic Light Opera Company und ist nun leitender Beamter der Van-Nuys-Abteilung des Stadtgerichtes von Los Angeles. Er schilderte mir, wie Mr. A ihm seine »Macken, Wehwehchen und Schmerzen« beseitigte, und erzählte mir dann noch zwei Hunde-Geschichten, die er und Olive zu beschwören bereit sind:

Sie besitzen zwei Terrier-Mischlinge, Rocky und Beegee. Eines Morgens kam Rocky heim, und sein von Natur aus nach oben geschwungener Schwanz hing matt herab. Er schlüpfte unters Bett und jaulte jämmerlich, daraufhin brachten sie ihn schleunigst zu einem Tierarzt, der ihm ein Beruhigungsmittel gab und dann feststellte, daß Knochen an der Schwanzbasis gebrochen waren. Der Tierarzt behielt den Hund eine Woche bei sich, und als die Stuarts Rocky wieder abholten, teilte er ihnen mit: »Ich bedaure, hier nicht helfen zu können; er wird wohl nie mehr mit dem Schwanz wedeln.« Zum Glück aber kam Mr. A in die Stadt und schickte dem Tier Energie durch den Brustkorb. Mr. Stuart sagte, daß Rocky daraufhin drei Tage lang geschlafen habe. »Daraufhin stand er auf, kam stolz erhobenen Schwanzes auf uns zu, und wedelt mit ihm bis heute. Später gab es Probleme mit Beegee«, fuhr er fort, »und der Tierarzt meinte, wir müßten ihr die Gebärmutter entfernen lassen. Wir versuchten, Phil telefonisch zu erreichen, aber er war nicht da, und so erklärten wir uns mit der Operation einverstanden. Als wir das Tier nach Hause brachten, lag Beegee flach auf dem Rücken; sie war zu steif, um sich zu bewegen.« Nach mehreren Anläufen gelang es ihnen, Phil in Washington D. C. ausfindig zu machen. Er forderte sie auf, den Telefonhörer eine Minute lang auf die Operationsnarbe zu legen, während er Energien in die Hündin schickte. »Sie hätten selbst sehen müssen, was da passierte, um es glauben zu können. Sofort begann Beegee im Hause umherzurennen wie ein verspielter Welpe, und sie hatte keine weiteren Probleme.«
Ich fragte die Stuarts nach der Vorführung seiner Heilkräfte, die Mr. A vor etlichen Jahren in ihrem Haus in Phoenix gegeben hatte, und Olive reagierte prompt: »Erzähl ihr von unserem Freund Don, der Mononukleose hatte.« Leslie Stuart lachte in sich hinein, als er sich erinnerte: »Ja, als Phil die Energie auf Don abfeuerte, der in den Dreißigern war, wurde ein älterer Mann, der hinter Don saß, schlagartig kreideweiß und verlor das Bewußtsein. Er war in der Schußlinie!«

Als ich Mr. A das nächstemal sah, sprach ich ihn auf jenen außergewöhnlichen Zwischenfall an, und er antwortete: »Der Mann, der vor mir saß, war nicht leicht zu behandeln; er brauchte eine sehr hohe Potenz der Energie, um sein Leiden zu kurieren. Im Laufe der Jahre habe ich festgestellt, daß die meisten Menschen leicht zu behandeln sind und den Energiestrom spüren, der erzeugt wird, aber ungefähr drei von zehn Patienten fühlen nichts, erhalten jedoch die gleichen Resultate. In jenem Fall war die Energieladung, die notwendig war, um dem Manne zu helfen, unverträglich für den älteren Mann, der hinter ihm saß und dessen Feld eine solche Menge gegensätzlicher Schwingungen nicht verarbeiten konnte.« Der Mann aber habe sich rasch erholt und sei nicht weiter mitgenommen gewesen.

Rose Goodspeed aus San Franzisko erzählte mir von einem schweren Herzinfarkt, den sie vor fünfundzwanzig Jahren erlitten hatte, als sie eine Immobilienfirma in Cambria Pines, Kalifornien, leitete. »Ich konnte weder atmen noch sprechen«, berichtete sie, »und als ich im Krankenhaus lag, teilte mir der Herzspezialist mit, daß ich, wenn ich vorsichtig sei, vielleicht noch ein Jahr zu leben hätte. Sie können sich vorstellen, wie verzweifelt ich war. Dann erzählte mir jemand über Mr. A und ich fuhr zu ihm. Er fing an, meine Beine und meine linke kleine Zehe zu bearbeiten und schickte mir dabei seine Energien. Nach einer Viertelstunde legte er seine Finger in den Bereich meiner unteren Rippen, und plötzlich konnte ich frei und tief atmen und mich aufrichten. Nach fünf derartigen Behandlungen in zwei Wochen ging ich wieder zu meinem Arzt, der mich erneut untersuchte und rief: ›Das ist doch nicht möglich! So etwas gibt es doch nie!‹ Ich war wieder gesund.

Viele Jahre danach, 1960, ließ ich mich in einer Krebsklinik durchuntersuchen, und als die Berichte abgeschlossen waren, bestellte mich der Gynäkologe und teilte mir mit, daß ich Gebärmutterhalskrebs hätte und noch am selben Abend ins Krankenhaus müsse. Ich lehnte ab und ließ mich statt dessen von

Mr. A behandeln. Drei Monate danach kehrte ich zu dem Gynäkologen zurück, und obwohl er über meine frühere Verweigerung einer Krankenhauseinweisung und Operation murrte, veranlaßte er doch erneute Untersuchungen. Diesmal stand im Bericht, daß alle Spuren des Krebstumors verschwunden waren. Inzwischen habe ich meinen achtzigsten Geburtstag gefeiert und bin immer noch gut in Form.«

Während ich in Mr. A's Vorzimmer saß, sprach ich mit einer Reihe von Patienten vor und nach ihrer Behandlung. Einer von ihnen war Charles E. Emmerson aus Arcadia, Kalifornien, Verkaufsleiter der Firma Featherrock, Inc. Er hatte von Mr. A zum erstenmal 1955 gehört, als er sich in Virginia aufhielt. Nach seiner Rückkehr nach Kalifornien suchte er ihn auf, »weil Schmerzen von einer alten Operation mir die Belastung des linken Beines zur Qual machten.
Nach der ersten Behandlung durch Mr. A wurden die Schmerzen stärker«, fuhr er fort, »aber ich ließ mich am gleichen Tag noch einmal behandeln, und von da an konnte ich gehen wie früher. Vor vier Jahren lag ich wegen eines Autounfalls im Krankenhaus. Die Oberseite meines linken Unterarms war von einem riesigen Bluterguß verfärbt, aber nach einigen wenigen Behandlungen von Mr. A staunten die Ärzte, wie rasch das Hämatom verschwunden war. Meine Frau Frieda hatte eine Rippe gebrochen, was auf dem Röntgenbild zu sehen war, und sie litt beim Atmen unter starken Schmerzen; nach zwei Behandlungen durch Mr. A war sie wieder beschwerdefrei.
Letztes Jahr zeigten bei der jährlichen Generaluntersuchung die Röntgenbilder und ein Pyelogramm einen Nierentumor, und man teilte mir mit, daß ich mich so rasch wie möglich operieren lassen müsse. Statt dessen ging ich zweimal zu Mr. A und kehrte am folgenden Tag zu dem gleichen Arzt zurück, um ein Nieren-Tomogramm machen zu lassen, das sind Röntgenbilder von der Niere in jeder Ebene. Wie durch ein Wunder konnte er von dem Tumor keine Spur mehr finden.«

Viola Allee, eine freundliche Frau mit liebem Gesicht, berichtete mir, daß sie bis vor zwölf Jahren ständig Schmerzen in Rücken und Beinen gehabt habe; laut Aussage ihres Arztes hätte sie für den Rest des Lebens Kortison einnehmen müssen. Sie erfuhr wenig später über die Heilmethode von Mr. A, und als dieser an ihrer Brust lauschte, erklärte er, die Ursache ihrer Probleme sei der Schock einer trockenen Geburt gewesen. Sie war erstaunt, erfuhr aber von ihrer Mutter, daß Mr. A's Aussage über ihre Geburt der Wahrheit entsprach. Zwei bis drei Jahre lang ging sie wiederholt zu Phil zur Behandlung und kann heute stolz verkünden: »Jetzt besteige ich regelmäßig und ohne Schwierigkeiten Dreieinhalbtausender im Süden Utahs, und seit den Behandlungen habe ich keinerlei Beschwerden mehr; doch ich komme gelegentlich wieder herein, um mich nachladen zu lassen und fit zu bleiben.«

Vor einigen Jahren arbeitete Viola Allee mit einer Gruppe minderbegabter Kinder – darunter zwei mongoloide – in einer katholischen Tagesschule in Santa Barbara. Eine befreundete Musiklehrerin gebar zu dieser Zeit ein Mädchen, und Viola Allee konnte fast auf den ersten Blick feststellen, daß das Baby mongoloid war. Die Mutter aber bemerkte dies erst anderthalb Jahre später und beschloß, das Kind selbst großzuziehen, anstatt es den entsprechenden Einrichtungen anzuvertrauen. Vor zehn Jahren, als Alice vierzehn war, konnte sie noch nicht verständlich sprechen oder lesen. Sie war körperlich entstellt, die Hüften und Oberschenkel waren plump und schief. Mrs. Allee brachte sie zu Mr. A, und nach ein, zwei Jahren wiederholter Behandlungen vermochte Alice verständlich und klar zu sprechen.

»Inzwischen denkt Alice ganz vernünftig und zeigt einen recht klaren Verstand«, teilte Mrs. Allee mir mit. »Aber das ist noch nicht alles: Seit Beginn der Behandlungen wurde auch der Körper harmonischer, und Alice kümmert sich sehr um ihre äußere Erscheinung. Heute, mit vierundzwanzig, erfreut sie sich guter Gesundheit und kann arbeiten. Ich habe nun gelernt, daß die Erfolge absolut verblüffend sein können, wenn man mongoloide Kinder so früh wie möglich als solche erkennt und zu Mr. A zur Behandlung bringt.«

Eine der reizendsten Frauen, mit denen ich in Mr. A's Wartezimmer sprach, wurde mir als Bea Harding vorgestellt. Im Laufe unseres Gesprächs erfuhr ich, daß sie die Witwe von John »Jack« Harding III. war, dem berühmten Flieger, der im Jahre 1924 eine der vier »Weltumrunder« steuerte.

Nach seinem Tod im Jahre 1968 erkrankte Bea Harding schwer, und als sie von einer Bekannten über den Wundermann in San Franzisko hörte, fuhr sie hin, um ihn zu konsultieren. Sie schildert ihr Erlebnis folgendermaßen: »Ich schien eine solide, harte Masse in meinem Bauch zu haben, aber nach wenigen Behandlungen gab ich mit dem Urin blasige Fetzen ab und die Härte und Geblähtheit verschwanden. Die Ärzte erklärten mich für geheilt, und als ich Mr. A letzten November noch einmal wegen einer Nachuntersuchung konsultierte, bat er mich, im Interesse meiner Lungen mit dem Rauchen aufzuhören. Ich war Kettenraucherin gewesen, und das seit Jahren.

Im Dezember stürzte ich, dabei verstauchte ich mir den Knöchel und stieß mir die Wirbelsäule sehr hart. Von jenem Moment an fühlte ich mich überhaupt nicht mehr wohl, und es wurde von Tag zu Tag schlimmer. Ungefähr drei Monate später ging ich zu meinem Internisten, um mich durchuntersuchen zu lassen. Als keiner der Tests etwas Auffälliges ergab, fiel mir ein, daß ich vergessen hatte, um ein Röntgenbild des Brustkorbes zu bitten. Angesichts dessen, was Mr. A mir über meine Lungen und das Rauchen gesagt hatte, ließ ich noch eine Thoraxaufnahme machen. Nach eingehender Prüfung des Röntgenbildes bestand der Arzt auf einer Lungenbiopsie, da eine kleine Verschattung zu erkennen war.

Da Mr. A nicht zur Verfügung stand, erklärte ich mich mit dem Eingriff einverstanden, dabei entfernte man den mittleren Lap-

pen meiner rechten Lunge. Eine Woche später kehrte Mr. A nach Kalifornien zurück, und als ich ihn aufsuchte, hatte ich große Schwierigkeiten mit meinem Herzen; es schlug völlig unregelmäßig. Die Ärzte hatten diagnostiziert, daß dies ein Zeichen von Vorhofflattern sei, und auch das Narbengewebe der Operationswunde war über einen Zentimeter breit. Ich konnte nicht richtig atmen und empfand es so, als schnüre mir ein Seil den Brustkorb zusammen. Nach drei Minuten Behandlung durch Mr. A schlug mein Puls wieder regelmäßig, und ich konnte tief durchatmen. Nach weiteren Behandlungen am gleichen und am folgenden Tage wurde das Narbengewebe so schmal und weich, daß es kaum noch sichtbar war, und das Gefühl der Einschnürung schien ganz verschwunden. Mr. A ist wirklich ein Wunder! Wenn ich ihn nur rechtzeitig genug kennengelernt hätte, um Jacks Leben zu retten!«
Auch Manly P. Hall kam, in Begleitung seiner Frau Maria, in die Praxis zu einer routinemäßigen Aufbau-Behandlung und, um mit seinem Freund Phil wieder einmal chinesische Dame zu spielen. Mrs. Hall erzählte mir ihre Erinnerungen an jenen denkwürdigen Tag im Jahre 1951, als sie Mr. A kennenlernte: »Ich kam zum erstenmal in Phils Praxis, und ich war äußerst skeptisch hinsichtlich der Wunder, die man Phils Heilungskräften zuschrieb. Während wir warteten, bis Manly an die Reihe kam, brachten zwei Leute einen alten Mann auf einer Trage herein; er war durch Arthritis schrecklich verkrüppelt. Seine Finger waren in die Handflächen hinein verbogen, und die Hände wie Klauen zum Unterarm empor. Kurze Zeit später kam der alte Mann aus dem Behandlungsraum heraus und starrte mit weit aufgerissenen Augen auf seine offenen Handflächen und geraden Finger. Die Gelenke waren offensichtlich völlig gesund, und der Mann verließ die Praxis auf eigenen Füßen. Ich traute meinen Augen nicht!«
Manly Hall fuhr fort: »1963 lag ich mit Gallenblasenbeschwerden im Bett und konnte mehrere Tage nicht aufstehen. Mein

Bauch war gebläht, und ich erbrach grüne Galle. Die Ärzte sagten, ich hätte zuviel Übergewicht, um die notwendige Operation riskieren zu können, und es ging mir wirklich übel. Maria rief Phil an, der gerade in Los Angeles arbeitete, und er kam zu uns ins Haus. Nach unserer Begrüßung meinte er: ›Nun, Manly, es sieht aus, als ob du wirklich Schwierigkeiten hättest. Wir wollen mal sehen, was die Energien für dich tun können. Wenn es nicht klappt, werden sie mich bestimmt als Sargträger nehmen, und dazu bist du mir einfach zu schwer.‹ Phil und ich haben uns schon immer so angepflaumt, aber diesmal ging es mir zu schlecht, um auch nur zu grinsen. Er schickte die Energie durch mich, und bald darauf stand ich wieder fest auf den Beinen.«

Mrs. Gardner W. Carr aus La Jolla, Kalifornien, lud Mr. A ein, eine Vorführung seiner Kräfte in der Edgar-Cayce-Studiengruppe von La Jolla zu geben, und bat ihn danach um eine Behandlung. »Ich war damals verzweifelt«, erzählte sie mir, »denn mein Arzt sagte, daß meine rechte Niere sich rapide verschlechtere und ich so bald wie möglich operiert werden müsse. Ich litt unter gräßlichen Nierenschmerzen, als ich mich an Mr. A wandte, aber nach der ersten Behandlungsserie wurde ich völlig schmerzfrei, und das ist auch bis heute so geblieben. Ich ging wieder zu meinem Arzt, um mich röntgen zu lassen, und er war sehr überrascht, wie meine Niere sich erholt hatte. Zwei Jahre danach wurde noch einmal eine Aufnahme gemacht, doch seitdem sind keine Untersuchungen mehr nötig, denn alles ist in Ordnung.

Einige Monate nach meinen Behandlungen brachte ich eine junge Bekannte in den Dreißigern zu Mr. A. Sie war wegen einer schweren Herzkrankheit bettlägerig, und schon drei Ärzte hatten sie aufgegeben. Seit jenem Tag erfreut sie sich strahlender Gesundheit und führt ein neues Leben als Lehrerin auf Hawaii.«

KAPITEL XIV

Lebensweise und Ernährung

Bei meinen zahlreichen Begegnungen mit Mr. A, seit wir uns 1966 erstmalig trafen, habe ich seine ungewöhnlichen Eßgewohnheiten beobachtet. Er reist mit einer elektrischen Bratpfanne und speziellen Lebensmitteln, wo auch immer er unterwegs ist, um so Restaurants vermeiden und sich seine eigenen Mahlzeiten zubereiten zu können. Er hat sogar gefrorenes Fleisch und andere Delikatessen bei sich und pflegt ein Zimmer oder eine Suite mit Kühlschrank zu mieten, um sein Essen bis zum Verzehr frischhalten zu können. Ich hatte diese Dinge als ein Zeichen von Exzentrik ignoriert, bis ich bei der Vorbereitung dieses Buches alle guten Manieren einmal vergaß und ihn um eine Erklärung bat. Seine Antwort war so interessant, daß ich sie für einen wesentlichen Teil der Geschichte dieses Mannes halte.

»Vor dem Zweiten Weltkrieg«, begann er, »genoß ich das Essen, ob zu Hause oder unterwegs, wenn es nur richtig zubereitet war. Später aber fand ich heraus, daß es immer mehr Dinge gab, die ich einfach nicht vertrug. Die Eingebungen und mein Magen sagten mir, daß unsere Nahrung allmählich immer mehr belastet wurde mit Konservierungsmitteln und Chemikalien – später auch mit Hormonen –, so daß das meiste gar nicht mehr für den menschlichen Verzehr geeignet ist, zumindest, was mich betrifft. Zum Glück ist mein Magen auf Draht, und jedesmal, wenn er verfälschte Nahrungsmittel bekommt, verweigert er die Annahme, und dann kommt das Essen binnen zehn Minuten wieder hoch, bevor es dem Organismus schaden konnte.«

Ich fragte ihn, wie es ihm gelinge, solche Nahrungsmittel zu vermeiden, und er antwortete: »Um Fleisch zu bekommen, das ich essen kann, kaufe ich es auf dem Land, direkt vom Hof in den Bergen, wo das Vieh wohl kein Gras gefressen hat, das mit DDT und anderen Pestiziden besprüht wurde, und wo ich sicher sein kann, daß die Tiere keine Hormone gefüttert oder gespritzt bekommen, damit sie überschnell wachsen und Profit bringen. Dann wird das Fleisch, nachdem es gut abgehangen war, unter meiner Aufsicht geschnitten, verpackt und schockgefroren, damit ich einen Jahresvorrat habe. Wenn ich unterwegs bin, nehme ich ein tiefgekühltes Roastbeef oder anderes Fleisch mit, das Bea schon im voraus zubereitet hat.«

Auf meine Frage, warum an Schlachtvieh verfütterte Konservierungsmittel und Hormone schädlich seien, erklärte er: »Jedes Konservierungsmittel in der Nahrung ist wie eine Einbalsamierungsflüssigkeit, und ich will nicht, daß mein Körper mit verfälschter oder synthetischer Nahrung verzerrt wird. Konservierungsstoffe fördern das Devitalisieren von Gewebe, was wiederum – wie mir die Eingebungen sagen – zu bösartigen Erkrankungen führen kann. Schon vor etlichen Jahren habe ich begonnen, die Menschen davor zu warnen. Hormone werden dem Vieh gegeben, damit es an Gewicht und damit an Wert auf dem Markte zunimmt. Meiner Meinung nach wird dadurch aber das Gewebe der Tiere devitalisiert, und weil ich in meinem eigenen Körper nicht die gleiche Reaktion will, esse ich das Fleisch nicht. Vor Jahren aß ich mit Vergnügen in chinesischen Restaurants, aber seit nun schon einige Zeit chemische Geschmacksverstärker auch diesem Essen beigefügt werden, spielt mein Magen nicht mehr mit, und ich muß mir nun meine chinesischen Gerichte selbst zubereiten.

Ein weiteres Problem sind Geflügel und die Eier von Hühnern, die mit Hormonen behandelt wurden. Mein Magen kann Geflügel oder Eier nicht vertragen, wenn die Vögel nicht freien Auslauf und Körner gegessen hatten, die nicht mit Antibiotika

oder anderer Chemie versetzt waren. Ich verspeise auch keine Hühner (oder ihre Eier), die sogenannte Kraftnahrung bekommen haben. Manchmal, wenn ich bei Freunden zum Essen eingeladen bin und mir versichert wurde, daß alles, was auf den Tisch kommt, biologisch erzeugt sei, können Gastgeber oder Gastgeberin mich wohl täuschen, aber meinen Magen nicht. Innerhalb von zehn Minuten kommt das Essen wieder zum Vorschein, wenn es nicht in Ordnung ist.
Vor dem Zweiten Weltkrieg war das Leben viel leichter für mich; ich konnte viel reisen und noch unverfälschte Lebensmittel bekommen. Heutzutage gehe ich nicht mehr in Restaurants, weil ich nirgends sicher sein kann, saubere Mahlzeiten zu erhalten. Ich habe eine elektrische Bratpfanne für das gefrorene Fleisch bei mir, nehme Brot mit, das Bea gebacken hat, und versuche, Gemüse zu finden, das wirklich biologisch erzeugt wurde. Und was nicht in Ordnung ist, kommt eben wieder hoch. Aus dem gleichen Grunde trinke ich nur ungekochte und unbehandelte Milch, von der ich weiß, woher sie kommt.
Margarine verwende ich nie, nur Butter, deren Quelle ich kenne, und das einzige andere Fett, das ich unbeschadet vertragen kann, ist Erdnußöl. All diese sogenannten pflanzlichen Öle bleiben einfach nicht unten. Wegen der Chemikalien, mit denen es versetzt wurde, trinke ich nie mehr Leitungswasser. Zu Hause und auf Reisen kaufen wir uns Quellwasser in Flaschen. Ich hatte immer gedacht, daß in einer ausgeglichenen Ernährung genügend Vitamine für den Organismus enthalten seien, aber seit dem Krieg hat man mit unserer Nahrung so viel angestellt, daß vielleicht der eine oder andere Vitamin-Ersatz notwendig wurde.«
Bea, Dena und ihre Freunde sagen, daß Mr. A ein hervorragender Koch sei, der so wohlschmeckende Gerichte zubereite, daß selbst der verwöhnte Gaumen eines Feinschmeckers auf seine Kosten komme. Er soll auch Energie in das Essen schicken, die den Geschmack hebt und das Fleisch zarter werden läßt.

Dena, die ihre Leidenschaft für Tomaten aus dem eigenen Garten offen zugibt, setzte einmal einige Pflanzen in den Garten von Mr. und Mrs. A und berichtet darüber: »Jedesmal, wenn ich vorbeikam, um hoffnungsvoll nach meinen Pflanzen zu sehen, war ich von ihrem Fortschritt mehr enttäuscht. Dann kaufte Phil vier Pflanzen, setzte sie neben den meinen ein und meinte lachend: ›Jetzt paß auf, wie diese wachsen!‹ Als er die Tomatenpflanzen eingrub, lud er eine nach der anderen mit Energie – und was ich dann im Sommer erlebte, werde ich nie vergessen. Meine Pflanzen blieben mager und dürr, aber die vier, die Phil eingesetzt hatte, wurden so groß, daß sie kleinen Bäumchen mit dicken, kräftigen Stielen glichen, und sie waren überladen mit riesigen, köstlichen Tomaten.«

Bea nahm die Geschichte auf und fuhr fort: »Da muß ich noch von den Stiefmütterchen erzählen. Kurz nachdem Phil und ich geheiratet hatten, brachte Phil zwei Kartons Stiefmütterchen nach Hause, die ich an eine bestimmte Stelle im Garten setzen wollte. Phil jedoch sagte, er hätte sie lieber woanders hingepflanzt. An beiden Plätzen hätten die Blumen gleichviel Sonne bekommen. Schließlich einigten wir uns auf einen Kompromiß und teilten die Pflänzchen auf. Ich setzte meine, wo ich sie haben wollte, und er pflanzte die übrigen ein; was ich damals aber nicht merkte, war, daß er jedes seiner Stiefmütterchen mit Energie lud, bevor er es einsetzte. Nach kurzer Zeit blühten meine wie alle normalen Stiefmütterchen, aber die von Phil eingegrabenen Pflanzen waren jede zu einem Busch angewachsen mit dicken, 35 cm hohen Stielen und mit ca. 10 cm großen Blüten. Die Nachbarn trauten ihren Augen nicht!«

Dena begann plötzlich zu lachen und sagte: »Ich muß noch von einer anderen Begebenheit erzählen, die mich – selbst wenn ich Phils erstaunliche Heilkräfte bei Menschen nicht schon beobachtet hätte – endgültig davon überzeugen würde, daß er eine Gabe besitzt, die uns anderen fehlt. Bea begeisterte sich, wie zart und köstlich ihr Fleisch sei, weil Phil es mit Energie lud, bevor sie es zubereitete, und ich meinte: ›Das will ich einmal sehen.‹ Also beschlossen wir, zwei identische Steaks Seite an Seite zu braten, um die Sache zu prüfen. Bevor wir das eine Steak in die Pfanne gaben, legte Phil seine Finger darauf und bestrahlte das Fleisch, um es zarter zu machen. Dann legten wir beide Stücke nebeneinander, wendeten sie gleichzeitig und nahmen sie zur selben Zeit heraus. Das eine Steak war recht zäh, aber das andere, mit Energie bestrahlte, war so zart, daß man es nirgends hätte besser bekommen können.«

In dem Wissen, daß viele Seher und Weise des Orients, die außerordentliche Heilungskräfte besitzen, vom Fleischverzehr Abstand nehmen, fragte ich Mr. A nach seiner Meinung, und er antwortete: »Der Körper braucht eine gewisse Menge Fleisch, um Gewebe aufzubauen, aber ich esse ohnehin nicht viel davon.« Mit nun siebenundsiebzig Jahren hat Phil übrigens immer noch alle eigenen Zähne im Mund, die sogar noch strahlend weiß sind.

Ich fragte Mr. A, ob er die Energien auch einsetzen könne, um sich selbst zu heilen, und Dena rief: »Er kann diese Energie sogar durch die Zähne leiten! Einmal verlor eine übergewichtige Frau das Gleichgewicht und Phil streckte seine linke Hand aus, um sie zu halten. Sie aber packte seinen Daumen, bog ihn aus dem Gelenk und brach auch noch die Knochen um das Gelenk. Der Daumen hing schlaff zum Unterarm herunter, aber Phil zog ihn rasch an Ort und Stelle zurück. Das Wartezimmer war voll von Menschen, die auf eine Behandlung warteten, und so hielt er während des übrigen Tages den linken Daumen zwischen den Zähnen – und behandelte seine Patienten solange mit der Rechten. Bis zum Abend hatten die Energien den Daumen völlig wiederhergestellt.«

Wenn der Energiehaushalt des Menschen normal ist, sagt Mr. A, erhält die Energie den Körper beweglich, die Haut geschmeidig, die Knochen flexibel und die Zähne frei von Zerfall. Der Körper braucht Nahrung und Lebensenergie, um seine

Funktionen aufrechtzuerhalten. Phil sagt darüber: »Es ist also sehr wichtig, daß man nicht nur die genau passende Energieergänzung erhält, sondern daß auch die Energie in der Nahrung, die man zu sich nimmt, nicht verfälscht ist. Meine Eingebungen haben mir von Kindheit an erklärt, daß die Menschen ihr Energie-Optimum vielleicht besser aufrechterhalten könnten, wenn sie den Energien der Jahreszeiten Beachtung schenkten.«

Auf meine Frage, was er darunter verstehe, fuhr er fort: »Einfach folgendes: Der 21. Juni ist der Gipfel der Energie in der nördlichen Hemisphäre, der 21. Dezember ist der Tiefpunkt. Auf der südlichen Erdhalbkugel gilt es natürlich umgekehrt. In der Phase schwacher Energie, die wir hier besonders in November, Dezember, Januar und Februar spüren, sinkt unsere Widerstandskraft ab, und die meisten Menschen erleben eine Neigung zu Erkrankungen. Wenn die Säfte in den Bäumen sinken, sinkt auch die Energie in den Menschen, und wenn die Lebenskräfte in den Bäumen wieder steigen, können wir in uns auch ein Zunehmen der Energien spüren. Meine Eingebungen haben mir gesagt, daß eine Zeit kommen wird, in der die Menschen auf der Nordhalbkugel die Bewohner der südlichen Hemisphäre – und umgekehrt – während ihrer jeweiligen Energiehöhepunkt-Saison sozusagen nähren werden, indem sie einander Energie erzeugen und zustrahlen. Wir werden auch noch lernen, unsere eigenen astrologischen Grundmuster zu studieren und diejenigen der Menschen, mit denen wir eine Ehe eingehen wollen, um zu verhindern, daß unverträgliche Energiemuster vereint werden. Wir stehen erst ganz am Anfang der Erschließung von verlorengegangenem Wissen über das, was Lebensenergie in diesem Universum bewirken kann.«

Solange er sich zurückerinnern kann, hat Mr. A die Leute vor dem Sonnenbaden gewarnt mit der Begründung, daß Hautkrebs und Energieschwächung die Folge sein können. Als Dena ihn kennenlernte, war sie eine wahre Sonnenanbeterin, die es genoß, beim Elternhaus am Strand zu bräunen. Eines Tages sagte Mr. A zu ihr: »Dena, wenn die Sonne Wasser aus Seen und Flüssen zieht – was, meinst du, tun ihre Strahlen mit deinem Körper? Angekleidet empfängt der Mensch von der Sonne Energie. Ansonsten aber bewirkt sie eine Austrocknung und Energieschwächung bei denen, die ihren Strahlen ungeschützt ausgesetzt sind.«

Im Laufe des ersten Semesters verbrachte Dena ein Wochenende am Strand und legte sich nach dem Schwimmen zwanzig Minuten auf den Sand, um ihre Sonnenbräunung etwas aufzufrischen. Als sie ins Haus zurückkehrte, fühlte sie sich unwohl, nervös und zappelig, statt entspannt zu sein. Am Abend ging sie zur Behandlung zu Mr. A, und als er an ihrer Brust lauschte, bemerkte er: »Du mußt draußen in der Sonne gewesen sein.«

»Aber nur zwanzig Minuten«, protestierte sie.

»Ja«, erwiderte er, »aber das hat ausgereicht, um deine Energien zu schwächen.«

Es gibt wohl kein Ende der Reihe faszinierender Theorien, die mühelos aus der Quelle dieses bemerkenswerten Mannes zu sprudeln scheinen. So sagt er beispielsweise, daß viele angebliche Herzattacken in Wirklichkeit Gas-Attacken seien, die von unterschiedlichen Ursachen, darunter auch Spannung, unverträgliches Essen und Nervenschwäche, herrühren.

Ich fragte ihn nach dem Grund für Senilität, und er gab sofort die Auskunft: »Eine Schwächung des Magnetfeldes ist eine Schwächung des Gehirns. Wenn die natürliche Energie-Ergänzung im ausreichenden Maße vorhanden ist, kann das Feld die notwendige Energie zur Verfügung stellen, um das Nebengehirn wach und aktiv zu halten sowie die Verlangsamung der Gehirntätigkeit und das Altern des Körpers auszuschalten, die sonst im Laufe der Jahre eintreten. Wenn das Magnetfeld die Energie nicht erhält, führt dies allmählich zu Kindlichkeit im Alter und Senilität.«

Ich blickte Dena fragend an, die jedoch nickte. »Mr. A sagte mir das schon während meines Studiums, und ich konnte inzwischen eine ganze Reihe älterer Menschen beobachten, die in der Regel von ihren Angehörigen zu Mr. A gebracht werden. Wenn sie die Energien von ihm bekommen haben, läßt sich eine erstaunliche Steigerung ihres Denkvermögens und ihrer geistigen Klarheit feststellen, und sie können sich wieder über Dinge begeistern, die ihnen vorher gleichgültig geworden sind.«

KAPITEL XV

Die Philosophie des Lebens

Mr. A hat eine große Achtung vor allem Leben zu Wasser, zu Lande und in der Luft. Er scheint eine phänomenale Fähigkeit zu besitzen, sich auf Tiere »einzustimmen«, und sagt über diese: »Tiere verstehen sich auf die Erzeugung von Energie und praktizieren sie, wenn es notwendig ist. Sind Sie je in Eiseskälte in einen Stall gegangen und haben bemerkt, wie warm es sich darin anfühlt? Das ist so, weil die Pferde und Rinder wissen, wie man Energie erzeugt und den Überschuß abgibt. Ein Tier wird selten wegen Kälte sterben – was bei Menschen jedoch durchaus möglich ist. Denn der Mensch weiß nichts darüber, die Energie-Erzeugung anzukurbeln, um sich warm zu halten, wenngleich er in alter Zeit die Fähigkeit noch besaß, dies zu tun, und es war eine lebenswichtige Praxis.

Tiere verständigen sich durch Wellen. Die wild lebenden Tiere suchen sich ihre Partner und wählen dabei instinktiv den Gefährten aus, mit dem ihr Energiestrom am besten harmoniert. Sie können auch spüren, was wir denken und verstehen das gesprochene Wort nach seinem Schwingungsklang, auf diese Weise lernen sie zu unterscheiden, welchen Sinn wir mit ihm verbinden. Viele sagen, daß der Hund einen Menschen am Geruch erkenne oder anerkenne, aber ganz so einfach ist es nicht. Es ist die Erzeugung der individuellen Wellenlänge, die der Hund erkennt. Ein Hund wird auch Befehlen folgen, die ihm nur gedanklich gegeben werden. Der Fuchs dagegen ist so intelligent, daß er nicht nur die Gedanken des Menschen lesen kann, sondern auch einen scharf ausgeprägten Verstand besitzt. Nur wir Menschen scheinen den Schlüssel dazu verloren zu haben: Die mentalen Schwingungswellen können als Kommunikationsmethode genutzt werden, wie die Wissenschaft ganz allmählich herausfindet. Zwischen zwei Menschen einander verträglicher Zeichen läßt sich diese Methode sehr weit entwickeln.«

Mr. A äußert zuversichtlich, daß wir alle mit diesem Wissen geboren werden. Nur durch die sogenannte Zivilisation, Erziehung und Bildung verlieren wir die Kraft. Beispiel: Eine Krankenschwester, die mit Mr. A zusammenarbeitete, als er regelmäßige Sprechzeiten hatte, erinnert sich an den ersten Fall eines Spastikers, den er vor ihren Augen »löste«. Sie berichtete über jenen ereignisreichen Tag vor langer Zeit: »Das Baby war fünfzehn Monate alt, und die Mutter erzählte, daß sie schon bei zahlreichen Ärzten gewesen seien, die ihr nicht mehr Hoffnung machen konnten, als daß ihr Kind eventuell eines Tages aus diesem Zustand ›herauswachsen‹ könnte. Die Beine des Babys waren starr gestreckt, und der Kopf rollte heftig hin und her. Die Kleine hatte ihren Kopf noch nie selbst gehoben. Wir legten sie auf den Tisch, während Mr. A die Finger über den Unterleib legte und den Energiestrom einige Minuten lang durch das Kind schickte.

Die kleinen Beinchen entspannten sich, wurden angezogen, gebeugt und strampelten in der Luft, die Fäuste öffneten sich, und das Kind machte spontan einige Gesten, wie sie typisch für sein Alter sind. Mr. A forderte die Mutter auf, das Baby aufrecht sitzend zu halten, legte seine Hand auf den unteren Teil der Wirbelsäule und sagte zu dem Kind: ›Jetzt hebe deinen Kopf. Ja, so geht es. Halte ihn oben. Schön – fühlt sich das nicht besser an?‹ Der Kopf schwankte und zuckte ein wenig, dann folgte er langsam Mr. A's Anweisungen und nahm eine aufrechte Haltung an. Die Mutter floß über vor Dankbarkeit, und nachdem sie die Praxis verlassen hatten, fragte ich Mr. A: ›Dieses Mädchen war noch nicht alt genug, um die Worte zu verstehen, die Sie zu ihm sprachen, und doch hat sie Ihnen gefolgt?‹

Glücklich lächelnd antwortete er: ›Nein, sie hat die Worte nicht verstanden, aber ihre Nerven sprachen auf den Befehl der Energie in den Schwingungen meiner Stimme an.‹
Das nächste spastische Baby war nur ein Jahr alt, folgte aber auch seinem Kommando, streckte die Beine aus, öffnete die Fäustchen und hob den Kopf zum erstenmal selbst in eine normale Position. Als Mr. A die Finger auf den Bauch des Kindes über das Magnetfeld legte, entspannte und stärkte er dieses und gab ihm so die Möglichkeit, mehr Energie von den Lungen zu beziehen. Als die Energie über die Relaisstellen im Nebengehirn und Rücken floß, wurde der Strom hergestellt.«
Als ich Phil nach jenen Behandlungen fragte, erklärte er: »Die Lebenskraft ist von menschlicher Strahlenenergie; also muß der menschliche Körper so konstruiert sein, daß er den menschlichen Energiestrom leitet, übermittelt und sich von ihm aktivieren läßt. Gedankenkontrolle, Gedankenausrichtung und Unterscheidung sind nur einige der vielen Energie-Impulse. Die Energie im Magnetfeld des einzelnen wird aus den zahlreichen Energien bezogen, die wir mit der Luft einatmen. Sie versorgt das Nebengehirn im Schädel, alle Organe des Körpers und die Relaisstellen – die gesamte menschliche Struktur –, und macht so jeden zu einem individuellen Mechanismus. Diese Energie-Aktion und Reaktion auf alle Intelligenz-Zentren des Körpers ist das Leben.«
Ich fragte Mr. A nach seiner allgemeinen Anschauung, und er antwortete: »Wir müssen den Körper als einen individuellen Planeten betrachten. Kein Mensch sollte versuchen, einen anderen zu besitzen. Wir sollten unser Leben dem gegenseitigen Dienen und Helfen widmen, aber nie versuchen, zu haben oder zu besitzen. Eifersucht ist eine tödliche Krankheit, die den Körper auffrißt. Man sollte jedem eine offene Hand entgegenstrecken. Jeder Mensch sollte die Freiheit haben, seinen eigenen Planeten zu regieren, ohne durch irgendwelche Ketten gebunden zu sein. Wo Eifersucht Einlaß findet, folgt Zorn. Wut

und Angst aber sind die tödlichsten Feinde unseres menschlichen Mechanismus, die jene Spannung verursachen, die den Energiefluß von den Lungen ins Magnetfeld beschneidet.
Ich glaube an ›leben und leben lassen‹. Was du aussendest in Gedanken oder Taten, kommt auf dich zurück, das nenne ich das Gesetz des Ausgleichs. Auch das Ego ist ein Todfeind, denn es setzt dir Grenzen. Wenn du ganz und gar zufrieden mit dir bist und dir einbildest, auf alles eine Antwort zu haben, dann versperrst du dir den Empfang von Weisheit aus dem magnetischen Ring.«
Ich fragte Mr. A nach seiner Einstellung zur Religion, und er antwortete: »Meine Weisungen sagen mir, daß die Kirche im Innern ist. Jeder Mensch ist der Macht aller Mächte aufgrund des Gesetzes des Ausgleichs verantwortlich. Das höchste universale Gut ist, zufrieden und im Frieden mit sich zu sein. Je zufriedener, desto entspannter ist man auch, und desto mehr kann sich der menschliche Geist auf die Weisheit vom magnetischen Ring und der Macht aller Mächte einstellen. Je mehr Weisheit man hat, desto leichter ist das Leben, denn was der Mensch versteht, das fürchtet er nicht. Mit Weisheit wird man geboren, Bildung muß man erwerben. Weisheit kann durch Bildung verdrängt oder entstellt werden. Wenn wir nicht bei der Geburt ein klares Feld haben oder wenn der Geburtsschock nicht gelöst wird, müssen wir uns allein auf unsere Bildung stützen.«
Auf die Frage nach biblischem Himmel und Hölle antwortete Mr. A: »Nach dem, was ich von den Mächten erfahre, sind Himmel und Hölle genau hier, Zeit unseres Lebens. Man sagte mir, daß einer von zehn Menschen geboren wird, um den übrigen neun Schwierigkeiten zu bereiten; wenn wir aber die Weisheit haben, sie zu erkennen, können wir solchen Unruhestiftern aus dem Wege gehen. Als Knabe erhielt ich die Erklärung, daß die Menschen der alten Zeit ein Zehntel ihrer Zeit damit verbringen sollten, Weisheit von jenen zu erwerben, die

mehr Weisheit besaßen, und ein weiteres Zehntel mit der Weitergabe von Weisheit an solche, die weniger besaßen als sie selbst. Wir müssen uns dem Höheren entgegenstrecken und dem Tieferen weitergeben, je nach unserer eigenen Stufe der Weisheit.
Würde jeder sich nach dieser Regel richten, dann bräuchten die Menschen nicht mehr ihre Gesundheit zu untergraben, indem sie einander ausspielen, sei es auf der finanziellen oder einer anderen Basis. Dann wäre der Zyklus des Menschen auch noch enger mit den natürlichen Zyklen des Universums verbunden. Wie du säst, so wirst du ernten. Das größte Gut ist die Zufriedenheit im Innern, und um sie aufrechtzuerhalten, müssen wir daran arbeiten.«
Auf meine Frage nach der neugegründeten Life Energies Research Foundation hin erklärte Mr. A: »Zweck ist, die Erforschung der menschlichen Strahlenenergien und ihrer Auswirkung auf unseren Körper und unser Leben zu vertiefen; außerdem soll sie unser derzeitiges medizinisches und chirurgisches Wissen mit den uralten Weisheiten verbinden, die uns buchstäblich verlorengegangen sind. Teil der Arbeit dieser Stiftung wird auch ein Umbildungs-Programm sein, das die Menschen lehrt, sich selbst und einander durch ein umfassenderes Wissen über die Energien zu helfen.«
Nach meinem Verständnis ist Life Energies Research eine Bildungseinrichtung, die auch Methoden und Werk von Mr. A erforschen soll. Phil bemerkte hierzu: »Wir haben noch nicht einmal die Oberfläche der Macht der Lebensenergien berührt und dessen, was mit ihr erreicht werden kann. Diese Kraft gelangt in Sekundenbruchteilen um den Globus und steht jedem zur Verfügung, der sie empfangen und mit ihr umgehen kann. So konnte zum Beispiel meine Tochter mit fünf Jahren alles tun, was auch ich mit den Energien erreichte. Auch sie wurde mit dem Sternzeichen in der rechten Handfläche geboren, aber nachdem sie die Kraft den größten Teil ihres Lebens vernach-

lässigte, sind einige der Zacken ihres Sternes zurückgetreten; inzwischen ist der Stern kaum noch zu erkennen.«
Sei dies, wie es will – seine Tochter ist eine schöne, schlanke, überraschend jugendlich aussehende Frau, die bald ein weiteres Enkelkind auf die Welt bringen wird.
Dr. Dena L. Smith, die ärztliche Leiterin der Stiftung, sagte mir: »Ich habe schon immer gestaunt über die Geschwindigkeit, mit der Mr. A Veränderungen im Körper erreichen kann. Meist ist das eine Angelegenheit von Sekunden. Aber er sagt, daß es der einfache Aspekt beim Erzeugen von Energien sei, sofortige Erfolge zu erreichen – ›eine Schau abziehen‹, nennt er es –; die *wirkliche* Kunst aber bestehe darin, den menschlichen Mechanismus so aufzubauen, daß er die Korrektur aufrechterhalten kann.
Ich bin stets aufs neue beeindruckt von der großen Fähigkeit, die Energien so bereitzustellen, daß Frequenz, Wellenlängen und komplementäre Energie genau stimmen, um den jeweiligen Zustand zu korrigieren. Selbst nach all den Jahren, die ich ihn bei der Arbeit beobachtete, kann ich noch lange nicht tun, was er vollbringt. Aber ich hatte immer den Willen zu lernen. Ich habe ihn und seine Arbeit schon lange studiert, auch weil ich vielen Menschen damit helfen konnte, indem ich sie an Mr. A verwies. Was ich von ihm gelernt habe, ist für mich und meine Arbeit sehr wertvoll.
Ich wandte mich ursprünglich der Medizin zu, um den Menschen mit meinen bescheidenen Mitteln helfen zu können, aber nun habe ich das Gefühl, daß ich der Menschheit einen größeren Dienst erweisen kann, indem ich die Erforschung und Dokumentierung der Wirkungen menschlicher Strahlenenergie auf die Mechanismen des Körpers – vor allem in der Verhütung von Krankheiten vor deren Ausbruch – fördere.«
Frau Dr. Smith sagt, daß sie im Lauf der Jahre, die sie Mr. A und seine Patienten beobachtete, immer wieder beeindruckt gewesen sei von der Tatsache, daß Mr. A – ganz gleich, wie kri-

tisch oder dramatisch eine Situation auch war – niemals die Ruhe oder Fassung verlor. Statt dessen strahle er eine so vollkommene Zuversicht aus, wie sie es noch bei keinem anderen Menschen erlebt habe, und als sie ihn einmal auf diese außergewöhnliche Eigenschaft hin ansprach, antwortete er: »Warum sollte ich mir Sorgen machen? Die Energien werden sich damit beschäftigen.«
Dena erinnert daran, daß Mr. A kein Krankenhaus und keine Klinik habe, die seine Last zu tragen helfen, und doch kommen zu ihm in der Regel jene Fälle, die von den Ärzten bereits aufgegeben wurden. Solche oft hoffnungslosen Fälle nehme er an, »und binnen zehn Minuten stellt er sie wieder auf die Füße«. Und selbst in dieser kritischen Phase von Gesundheit und Krankheit, Leben und Tod habe sie ihn noch niemals nervös oder besorgt erlebt.
Ich fragte Mr. A, was für ein Gefühl es sei, so viele Leidende zu behandeln, die zu ihm mit ihrer letzten Hoffnung kommen, nachdem die medizinische Wissenschaft mit ihrem Latein ans Ende gelangt war und sie aufgegeben hatte, und er antwortete achselzuckend: »Mein Leben soll kein leichtes sein. Das habe ich immer gewußt.«
Erwartungsvoll wollte ich wissen, ob er die Leitung der neuen Stiftung übernehmen werde, und er erwiderte: »Nein, das ist eine Arbeit für andere. Ich bin willens, der Stiftung zu helfen, aber ich gehe jetzt auf den Ruhestand zu und sehe mich nicht nach zusätzlicher Arbeit um. Es ist von den Menschen abhängig, ob sie es wünschen oder nicht.«

Seine Worte erinnerten mich irgendwie an die Bibelstelle: »Bittet, und es wird euch gegeben; suchet, dann werdet ihr finden; klopfet an, und es wird euch aufgetan.«
Dessenungeachtet bitte ich meine Leser, »es« nicht von mir zu verlangen. Mr. A wünscht, anonym zu bleiben, und dies aus zwei einleuchtenden Gründen. Im Alter von siebenundsiebzig

Jahren hat er das Recht, sich vom aktiven Dienst zurückzuziehen, und wäre auch nicht imstande, eine schlagartig und gewaltig zunehmende Zahl von Patienten zu bewältigen. Zudem hat ihn seine innere Quelle geheißen, nicht den persönlichen Ruhm anzustreben. Ich wurde dringend gebeten, mich bei ihm nicht für Heilungssuchende einzusetzen, und nachdem das Kapitel über ihn in meinem Buch *A Search for the Truth* bereits viele Tausende von Anfragen ausgelöst hat, kann ich nicht einmal mehr versuchen, solche Briefe zu beantworten.

Mein Verleger hat mich schon lange gedrängt, ein komplettes Buch über diesen Mann mit der außergewöhnlichen Heilungsgabe zu schreiben, aber ich konnte mich nicht dazu überwinden, denn ich wußte niemanden, auf den ich die Flut der zu erwartenden Post abwälzen könnte. Da ich keinerlei medizinische Erfahrung einer Krankenschwester oder Ärztin besaß, war ich nicht vertraut mit den Einzelheiten der schrecklichen Krankheiten, unter denen die Menschheit leidet. Deshalb schmerzte mich fast jede Leidensgeschichte, die in den Briefen dargestellt wurde – und ich vermochte nichts anderes zu tun, als den unglücklichen Schreibern mitzuteilen, daß Mr. A nach wie vor anonym bleibe.

Doch nun wurde eine Stiftung ins Leben gerufen, und alle Anfragen bezüglich Mr. A sollten gerichtet werden an: Life Energies Research, Suite 406, 3808 Riverside Drive, Burbank, CA 91505, USA. Mr. A selbst wird für individuelle Behandlungen nicht zur Verfügung stehen, aber wir wollen hoffen, daß der Tag kommen wird, da viele andere begabte Menschen mit einem Überfluß an Energien und der Fähigkeit, sich auf die Macht aller Mächte einzustimmen, die wie Zauber anmutenden Heilungen des Mr. A fortführen.

Dena Smith sagt über das hier zusammengetragene Material: »Dies ist nur eine Auswahl aus dem gewaltigen Spektrum von Mr. A's Weisheit. Die Arbeit der Stiftung wird das Ziel verfolgen, dieses Wissen zu erforschen und zu erweitern.«

Im Gespräch bezieht sich Mr. A häufig auf den Universalen Ring der Weisheit. Als ich ihn danach fragte, antwortete er: »Nach den Weisungen, die ich seit Kindheit dauernd erhalte, gelangt Wissen zu uns von dem schützenden Magnetring der Erde, der diesen Planeten umgibt. Hier ist alle Weisheit, alles Wissen gespeichert. Es gibt nichts Neues unter der Sonne, wenn ich es recht verstehe. Es ist alles einfach eine Frage des Eingestimmtseins, um empfangen zu können. Die Schwingungswellen kommen vom Ring durch mein Gehirn und werden automatisch in Worte umgesetzt. Die gleichen Wellen kommen auch zu Menschen anderer Nationalitäten und werden in die jeweilige Sprache übertragen.

Diese Energie des menschlichen Strahls hat ihren Ursprung in einem Teil der Macht aller Mächte, und dieser Teil besteht aus unserer Sonne sowie den Sonnen von zwei weiteren Planetensystemen. Dies wurde als die uralte Trinität bezeichnet.«

Ich verstehe nicht, wie diese Methode wirkt, aber ich kann auch nicht begreifen, wie es möglich ist, daß mir, wenn ich einen Schalter im Wohnzimmer betätige, ein gleichzeitig stattfindendes Baseball-Spiel aus Japan, Fußball aus England, der Präsidentenbesuch aus China und Rußland oder ein Spaziergang auf der Mondoberfläche ins Haus kommen können. Man sagt, diese Fernsehbilder würden gleichzeitig mittels Schwingungen übertragen, die von künstlichen Satelliten reflektiert werden – aber wer von uns kann das Prinzip begreifen, das hinter dieser Technik steht? Mr. A wurde schon mit einer Funkstation verglichen, die Signale empfängt und sendet. Er selbst sagt einfach, daß er sich auf den schützenden Magnetring einstelle, der diesen Planeten umgebe und in sich alles Wissen seit Anbeginn der Zeit enthalte.

Kürzlich war in einem Artikel des sehr sachlichen *U.S. News & World Report* (vom 17. April 1972) von den vielen »rein wissenschaftlichen«, automatischen Satelliten zu lesen, die von den Vereinigten Staaten ausgesetzt wurden und »im Detail das höchst komplexe Magnetfeld um die Erde aufzeichneten«. Da stoßen wir schon wieder auf den Begriff Magnetfeld! Selbst unsere Spitzen-Wissenschaftler sprechen nun davon, daß es existiert, aber ein Geheimnis bleibt immer noch, wie es zum größeren Wohle der Menschheit genutzt werden kann.

Noch vor hundert Jahren hätte man uns aufgefordert, unser Phantasieren bleiben zu lassen, wenn wir über die Möglichkeit geredet hätten, daß eines Tages Amerikaner auf dem Mond spazierengehen und im Hause Bildröhren stehen, die es uns miterleben lassen. Sollten wir die Heilungswunder auch als leeres Gerede abtun, die dieser Mann vollbringt, der automatisch die sogenannten Wunder des Universums versteht und offensichtlich geboren wurde, um zu heilen?

Goldmann-Posch, Ursula
Tagebuch einer Depression
Eindringlich und ehrlich schildert Ursula Goldmann-Posch in ihrem Buch die Hölle ihrer Depression und ihre verzweifelte Suche nach Hilfe. Mit einem aktuellen Anhang versehene Ausgabe! 192 S. [3890]

Graff, Paul
AIDS – Geißel unserer Zeit
700 000 Bundesbürger dürften in 5 Jahren mit dem Erreger infiziert sein. Das Buch gibt mit solider Kenntnis Auskunft über die bisher verfügbaren AIDS-Fakten.
176 S. [3815]

Johnson, Robert A.
Der Mann. Die Frau
Auf dem Weg zu ihrem Selbst.
Aus der Analyse der Gralslegende und des Mythos von Amor und Psyche entwickelt der Psychoanalytiker Robert A. Johnson ein neues Bild der weiblichen und der männlichen Psyche. 192 S. [3820]

Kneissler, Michael
Gebt der Liebe eine Chance
Liebe hat Menschen in die Verzweiflung getrieben, zu Ungeheuern gemacht, ihnen alles Lebensglück genommen. Dieses Buch ist all jenen gewidmet, die sich mit dieser Tatsache nicht abfinden wollen und für Veränderungen offen sind. 256 S. [3823]

Bogen, Hans Joachim
Knaurs Buch der modernen Biologie
Eine Einführung in die Molekularbiologie.
280 S. mit 116 meist farbigen Abb. [3279]

Hodgkinson, Liz
Sex ist nicht das Wichtigste
Anders lieben – anders leben.
Die Illusionen der 60er und 70er Jahre, ein ungehemmtes Sexualleben werde die Menschen befreien, haben sich nicht bestätigt. Liebe kann nur zwischen zwei Menschen stattfinden, die sich respektieren. Diese und andere Thesen stellt Liz Hodgkinson in ihrem Buch auf und kommt zu der Erkenntnis: Liebe ist nur möglich im zölibatären Leben.
Ca. 176 S. [3886]

Kubelka, Susanna
Endlich über vierzig
Der reifen Frau gehört die Welt.
Eine Frau tritt den Beweis an, daß man sich vor dem Älterwerden nicht zu fürchten braucht. Ihre amüsanten und ermunternden Attacken auf überholte Vorstellungen garantieren anregende Lektürestunden.
288 S. [3826]

Anders leben

Ferguson, Marilyn
Die sanfte Verschwörung
Persönliche und gesellschaftliche Transformation im Zeitalter des Wassermanns. Mit einem Vorwort von Fritjof Capra. 528 S. [4123]

Walsh, Roger
Überleben
Wir produzieren unter unbiologischen Bedingungen Feldfrüchte und Fleisch im Übermaß – während ein großer Teil der Weltbevölkerung hungern muß. Roger Walsh untersucht die Triebfedern unseres selbstmörderischen Tuns und gibt Anregungen für eine neue und sinnvolle Richtung. 176 S. [4155]

Aeppli, Ernst
Der Traum und seine Deutung
Der Psychoanalytiker Ernst Aeppli schrieb dieses Traumbuch im Geiste des großen Seelenforschers C.G. Jung. Er wendet sich an alle, die wirklich Zugang zu ihren Träumen und somit zu ihrem Unbewußten suchen. 416 S. [4116]

Boot, M.
Das Horoskop
Dies ist sowohl ein Einführungswerk für den interessierten Anfänger als auch ein Nachschlagewerk für den praktizierenden Astrologen. Alle Interpretationen stützen sich auf empirische Ergebnisse der Astrologie in Verbindung mit modernen psychologischen Erkenntnissen. 336 S. mit Abb. [4172]

Szabó, Zoltán
Buch der Runen
Das westliche Orakel. Das Buch enthält eine ausführliche Anleitung für die Orakel-Praxis und erklärt die besondere Bedeutung der Runen und der germanischen Götter als lebendige Symbole. Zusammen mit einem Satz von 18 Runensteinen in Klarsichtkassette. 256 S. [4146]

Tietze, Henry G.
Imagination und Symboldeutung
Wie innere Bilder heilen und vorbeugen helfen. Henry G. Tietze führt uns ein, in die Welt der inneren Bilder, erklärt, was sie bedeuten, wie sie hervorgerufen und genutzt werden können. 352 S. [4136]

Wilson, Colin
Gurdjieff – Der Kampf gegen den Schlaf
Georg Iwanowitsch Gurdjieff (1865–1949) ist eine der geheimnisumwittertsten Persönlichkeiten des Jahrhunderts. Colin Wilson ist seiner Philosophie und seinem Einfluß auf andere Menschen nachgegangen. Sein Buch ist eine brillante Einführung in Leben und Werk dieses Psychologen-Magiers des 20. Jahrhunderts. 176 S. [4162]

Boyd, Doug
Swami Rama
Erfahrungen mit den heiligen Männern Indiens. Swami Rama, in Indien aufgewachsen, ist eine Persönlichkeit, für den Wunder alltäglich sind. In den USA experimentiert er mit quantitativen Untersuchungsmethoden über höhere Bewußtseinszustände. 320 S. [4140]

ESOTERIK

**Musashi, Miyamoto
Das Buch der fünf Ringe**
»Das Buch der fünf Ringe«
ist eine klassische Anleitung zur Strategie – ein
exzellentes Destillat der
fernöstlichen Philosophien. 144 S. [4129]

**Dowman, Keith
Der heilige Narr**
Das liederliche Leben und
die lästerlichen Gesänge
des tantrischen Meisters
Drugpa Künleg. 224 S. mit
1 Karte [4122]

**Brunton, Paul
Von Yogis, Magiern
und Fakiren**
Begegnungen in Indien.
Der amerikanische Journalist Paul Brunton bereiste
in den dreißiger Jahren
Indien. Seine Erlebnisse
eröffnen das ganze Spektrum indischer Spiritualität. 368 S. und 12 S.
Tafeln. [4113]

**Deshimaru-Roshi, Taisen
Zen in den Kampfkünsten
Japans**
Deshimaru-Roshi demonstriert, wie die Kampfkünste zu Methoden geistiger Vervollkommnung
werden. 192 S. mit 19 s/w-
Abb. [4130]

**Brugger, Karl
Die Chronik von Akakor**
Erzählt von Tatunca Nara,
dem Häuptling der Ugha
Mongulala. Der Journalist
und Südamerika-Experte
Karl Brugger hat einen
ihm mündlich übermittelten Bericht aufgezeichnet,
der ihm nach anfänglicher
Skepsis absolut authentisch erschien: die Chronik
von Akakor.
272 S., Abb. [4161]

**Rawson, Philip
Tantra**
Der indische Kult der Ekstase. Diese Methode, die
zur inneren Erleuchtung
führt, erobert heute in
zunehmendem Maße die
westliche Welt.
192 S. mit 198 z.T. farb. Abb.
[3663]

**Rawson, Philip /
Legeza, Laszlo
Tao**
Die Philosophie von Sein
und Werden. Mit ungewöhnlicher Eindringlichkeit und großer Sachkenntnis erschließt sich
hier den westlichen Menschen die Vorstellungswelt
des chinesischen Volkes.
192 S. mit 202 Abb. [3673]

ESOTERIK

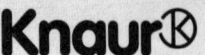

Nakamura, Takashi
Das große Buch vom richtigen Atmen
Mit Übungsanleitungen zur Entspannung und Selbstheilung für jedermann mit altbewährten Methoden der fernöstlichen Atemtherapie. 336 S., 120 s/w-Abb. [4156]

Ram Dass
Reise des Erwachens
Ein Handbuch zur Meditation.
Ram Dass nimmt uns mit auf eine Reise, die »Reise des Erwachens«, und er eröffnet uns dabei ein vielfältiges Angebot, aus dem wir wählen können: Mantra, Gebet, Singen, Visualisierung, »Sitzen«, Tanzen u. a. Er ermöglicht uns somit einen Zugang zum spirituellen Pfad. 256 S. [4147]

Faraday, Ann
Die positive Kraft der Träume
Die Psychologin und Traumforscherin Ann Faraday hat eine Methode entwickelt, die jedem die Möglichkeit gibt, die individuelle Symbolik seiner eigenen Träume zu entschlüsseln. 267 S. [4119]

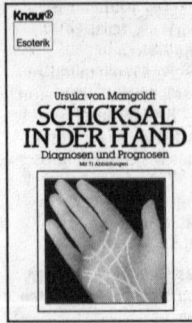

Mangoldt, Ursula von
Schicksal in der Hand
Diagnosen und Prognosen.
Die Deutung der Anlagen und Möglichkeiten, wie sie in den Signaturen beider Hände sichtbar werden, sind die Schwerpunkte dieses Buches.
256 S. mit 72 Abb. [4104]

Monroe, Robert A.
Der Mann mit den zwei Leben
Reisen außerhalb des Körpers.
Dieser sensationelle Bericht beruht auf 12jähriger Beobachtungszeit, in der der Autor über 500mal seinen Körper verließ. Monroe tritt damit den Beweis an, daß der Mensch einen physischen Körper besitzt und sich sogar von diesem trennen kann.
288 S. [4150]

Der Eingeweihte
Eindrücke von einer großen Seele.
Der Autor berichtet von einem »Eingeweihten«, der sein Leben entscheidend beeinflußte, ohne aber jemals seine Entscheidungsfreiheit einzuschränken. 256 S. [4133]

Jones, Marthy
In die Karten geschaut
Marthy Jones hat sich des mündlich tradierten Zigeunerwissens um das Kartenlegen angenommen und in diesem Buch zusammengefaßt. Die verschiedenen Legesysteme werden erläutert und alle 52 Spiel-Karten gründlich interpretiert.
288 S. mit Abb. [4153]

Kirchner, Georg
Pendel und Wünschelrute
Handbuch der modernen Radiästhesie. Georg Kirchner geht auf alle radiästhetischen Anwendungsbereiche ein, erklärt sie anhand zahlreicher Beispiele. 336 S. mit 50 s/w-Abb. [4127]

ESOTERIK

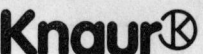

Pollack, Rachel
Tarot – 78 Stufen der Weisheit
Tarot kann Lebenshilfe, Entscheidungshilfe, Wegweiser durch schwierige Situationen und Schlüssel zur Selbstfindung sein – wenn wir verstehen, die Geheimnisse seiner Bilder und Symbole zu dechiffrieren.
400 S. mit 100 Abb. [4132]

Das Tarot-Übungsbuch
Während das überaus erfolgreiche erste Buch der Autorin, ›Tarot‹, eine Einführung darstellt, setzt dieses Buch gewisse Grundkenntnisse voraus. Die hier geschilderten markanten Beispiele werden dem Leser zahlreiche Anregungen für die eigene Tarot-Praxis vermitteln.
240 S. mit s/w-Abb. [4168]

Tietze, Henry G.
Entschlüsselte Organsprache
Krankheit als SOS der Seele. Verdrängte und unterdrückte Gefühle schlagen sich in ganz bestimmten Körperregionen nieder, wo sie schließlich psychosomatische Krankheiten verursachen. Der Psychotherapeut Henry G. Tietze gibt einen Überblick über das Wesen dieser Krankheiten, ihre Ursachen und ihre Behandlungsmöglichkeiten.
272 S. [4175]

Sasportas, Howard
Astrologische Häuser und Aszendenten
Neben dem Tierkreiszeichen-System ist das Häuser-/Aszendenten-System die zweite, überaus bedeutsame Quelle astrologischer Interpretationsmöglichkeit. Seltsamerweise gibt es hierzu kein einziges, für die Deutungspraxis brauchbares Buch.
624 S. mit s/w-Abb. [4165]

Sakoian, Frances / Acker, Louis S.
Das große Lehrbuch der Astrologie
Wie man Horoskope stellt und nach neuesten wissenschaftlichen Erkenntnissen Charakter und Schicksal deutet. 551 S. mit zahlr. Zeichnungen. [7607]

Schwarz, Hildegard
Aus Träumen lernen
Mit Träumen leben. Dieses Traumseminar geleitet uns über einen Zeitraum von acht Abenden in die Welt der Träume. Ein Symbolregister ermöglicht es, diese tiefgehende Einführung auch als Nachschlagewerk zu benützen.
272 S. [4170]

Garfield, Patricia
Kreativ träumen
Die Autorin erläutert ausführlich und leicht verständlich jene Techniken, mit Hilfe derer jedermann innerhalb kurzer Zeit entscheidenden Einfluß auf seine Träume nehmen kann. 288 S. [4151]

ESOTERIK

Sterne lügen nicht!

430 Seiten
Leinen

Was die Sterne über unsere Männer, Frauen,
Liebsten, Kinder, Vorgesetzten, Angestellten
und über uns selbst zum Vorschein bringen.

»Die bekannte Astrologin hat hier die Menschen mit viel Sachkenntnis, sprühendem Witz und psychologischem Fingerspitzengefühl bis in die verstecktesten Winkel ihrer Seele untersucht. Man findet sich selbst und seine Mitmenschen mit einer unglaublichen Bildhaftigkeit und äußerst präzise gespiegelt.«
Hessischer Rundfunk